21世纪高职高专精品教材
新税制纳税操作实务系列

U0873806

税务检查

主　编／司宇佳　王　卓　李忠瑞
副主编／李　新　武玲娟　贾杏玲　杨凯茹　韩　娟
参　编／安立明　王建辉　张　娜　严　萍　郭　怡
袁永辉　赵　静　刘凤梅　曾庆艳

中国人民大学出版社
·北京·

图书在版编目（CIP）数据

税务检查／司宇佳，王卓，李忠瑞主编．--北京：中国人民大学出版社，2020.11
21世纪高职高专精品教程．新税制纳税操作实务系列
ISBN 978-7-300-28521-4

Ⅰ.①税… Ⅱ.①司… ②王… ③李… Ⅲ.①税收管理-中国-高等职业教育-教材 Ⅳ.①F812.423

中国版本图书馆CIP数据核字（2020）第165703号

21世纪高职高专精品教材·新税制纳税操作实务系列
税务检查
主　编　司宇佳　王　卓　李忠瑞
副主编　李　新　武玲娟　贾杏玲　杨凯茹　韩　娟
参　编　安立明　王建辉　张　娜　严　萍　郭　怡
　　　　袁永辉　赵　静　刘凤梅　曾庆艳
Shuiwu Jiancha

出版发行	中国人民大学出版社		
社　　址	北京中关村大街31号	**邮政编码**	100080
电　　话	010－62511242（总编室）		010－62511770（质管部）
	010－82501766（邮购部）		010－62514148（门市部）
	010－62515195（发行公司）		010－62515275（盗版举报）
网　　址	http://www.crup.com.cn		
经　　销	新华书店		
印　　刷	固安县铭成印刷有限公司		
开　　本	787 mm×1092 mm　1/16	**版　　次**	2020年11月第1版
印　　张	14.5	**印　　次**	2024年1月第2次印刷
字　　数	346 000	**定　　价**	36.00元

前　言

随着国地税合并、减税降费、纳税评估的推行，我国从“以票控税”进入了“数据管税”时代，这对企业而言既是“机遇”也是“挑战”。2018 年《中华人民共和国个人所得税法》进行了第七次修正。2019 年开始，社保由税务部门征收。在“降税负、严征管”的管理思想下，国家税务稽查重点显而易见。对于税务稽查人员而言，只有掌握税收违法行为的特点，才能够一一鉴别涉税问题；对于纳税人、扣缴义务人而言，只有了解了税务检查的思路、手段和技巧，才能提高财务管理价值、降低税负成本。本书以习近平新时代中国特色社会主义思想为指导，全面融入党的二十大精神，始终把提高学生的思想道德素质与专业素养融为一体，培养学生诚实守信、爱岗敬业等优秀品质，为中国式现代化建设提供高技能人才支撑。

本书由大学专业教师与行业专家合作编写而成，力求培养读者发现涉税问题、降低税务风险的能力。本书可以作为高校财税专业、会计专业教材，也可以作为税务机关干部、财税岗位工作人员提升专业技能的学习参考书。本书的主要特点如下：

1. 内容新颖、权威性高

本书针对“互联网＋税收”带来的大数据下的税务稽查，对单个税种税务检查的侧重点、方法和技巧进行了讲解，还对税务稽查的重点行业的所有税种的稽查重点进行了分析。政策依据更新到 2020 年 8 月，充分体现了教材的权威性和新颖性。

2. 项目教学、实用性强

在课程设计上，本书遵循项目教学、单元设计和任务驱动的教学模式。将分税种及分行业的纳税检查分别安排教学，在项目下又设计了具体的任务，实用性强。

3. 注重实践技能操作

本书注重实践操作，安排了任务导入和解析等栏目，采用做中学的教学模式进行单元实训，将理论知识应用于实践，从而达到以点带面、举一反三的目的。

本书由石家庄信息工程职业学院司宇佳负责总编纂，具体编写人员安排如下：项目一由韩娟、王建辉、张娜、曾庆艳编写；项目二由王卓、杨凯茹、刘凤梅编写（其中任务一由杨凯茹编写，任务二、任务三、任务四由王卓编写，任务五、任务六由刘凤梅编写）；项目三由武玲娟编写；项目四由李忠瑞、严萍编写；项目五由李新、安立明编写；项目六由李忠瑞、赵静、杨凯茹、郭怡编写；项目七为校企共同编写，由河北华文税务师事务所经理曾庆艳负责提供最新政策和案例，由石家庄信息工程职业学院老师组织编写（其中任务一、任务二由司宇佳编写，任务三由贾杏玲编写，任务四、任务五由李忠瑞、袁永辉编写）。

本书在编写过程中得到了行业专家的大力支持，其中河北华文税务师事务所曾庆艳、刘凤梅及河北省税务局稽查局干部提供了大量稽查案例。教材编写组依据真实稽查案例共同讨论编写了实训案例，供读者学习所用。在此对各位深表感谢！

尽管编写组对本教材的编写已经付出了最大的努力，但是由于编者的水平和精力有限，书中难免有疏漏和不足之处，恳请广大读者批评指正。

编者

目　录

项目一　大数据时代税务检查

学习目标

知识目标

1. 了解大数据对税收征管的影响。
2. 掌握纳税检查常用的方法和手段。
3. 掌握错账调整的方法和技巧。

能力目标

1. 会运用税务检查的常用方法。
2. 会运用不同检查方法发现纳税人的涉税疑点。
3. 会对错账进行相应账务调整。

任务一　税务检查的形式和环境

任务导入

国家税务总局稽查局关于印发《2017年税务稽查重点工作安排》的通知（税总稽便函〔2017〕29号）第16条规定："建好库——各级税务机关全面完成包括本级随机抽查对象名录库（含异常对象名录）和执法检查人员名录库的'双名录库'建设，并向社会发布。"请问建好库的内容和内涵是什么？

解析：

随机抽查对象名录库是指市（地、盟、州以及直辖市和计划单列市的区，下同）以上税务局根据税务稽查随机抽查工作要求，针对随机抽查对象的不同类别，按照不同层级建设和管理的信息库。

税务稽查随机抽查执法检查人员名录库（以下简称"执法检查人员名录库"），是指国家税务总局和省（自治区、直辖市和计划单列市，下同）、市（地、盟、州及直辖市和计划单列市的区，下同）、县（县级市、旗，下同）税务局根据税务稽查随机抽查工作要求，按照不同层级建设和管理的执法检查人员相关信息库。

税务稽查随机抽查执法检查人员（以下简称"执法检查人员"），是指各级税务机关中取得《中华人民共和国税务检查证》的从事稽查实施工作的人员。

[知识回顾与提升]

一、税务检查

税务检查又称税务稽查，税务检查是税务局稽查局（以下简称“稽查局”）依法对纳税人、扣缴义务人和其他涉税当事人履行纳税义务、扣缴义务的情况及涉税事项进行检查处理，以及围绕检查处理开展的其他相关工作。

税务检查的基本内涵主要包括以下四个方面：

（1）税务检查的主体是稽查局，即省（自治区、直辖市）以下税务局的稽查局。稽查局在所属税务局的领导下开展税务检查工作。

（2）税务检查的对象是纳税人、扣缴义务人和其他涉税当事人。其中“其他涉税当事人”包括车站、码头、机场、邮政企业及其分支机构，银行或者其他金融机构，其他有关单位和个人等非纳税人、扣缴义务人。

（3）税务检查的内容有纳税义务、扣缴义务情况及涉税事项。其中“涉税事项”包括需查证的事项，例如纳税人托运、邮寄应纳税商品、货物或者其他财产的有关单据、凭证和有关资料；纳税人、扣缴义务人在银行或者其他金融机构的存款账户；案件涉嫌人员的储蓄存款；其他与纳税或者代扣代缴、代收代缴税款有关的单项；纳税人涉及发票的违法行为等。

（4）税务检查的职责是检查处理以及围绕检查处理开展的其他相关工作。其中“检查处理”包括选案、实施、审理和执行四个环节；“围绕检查处理开展的其他相关工作”是指除“检查处理”之外的诸如税务检查计划制订、检查成果分析与利用以及检查管理等工作。

这里需要说明的是，根据税收法律的规定，稽查局具有检查处理涉嫌偷税、逃避追缴欠税、骗税、抗税以及虚开发票等税收违法行为的法定职责。

二、税务检查的分类

按照税务检查对象来源性质的不同，税务检查可以分为日常稽查、专项检查和专案检查三类。

（一）日常稽查

日常稽查是稽查局有计划地对税收管辖范围内的纳税人及扣缴义务人履行纳税义务和扣缴义务的情况进行检查和处理的执法行为。

日常稽查与征管部门负责的日常检查主要区别如下：

1. 目的不同

日常稽查的目的在于发现、分析和掌握税收违法活动的动向和规律，查处税收违法行为；日常检查针对的是检查对象的管理行为，目的在于掌握检查对象履行法定义务的情况，提高税收管理水平。

2. 内容不同

日常稽查是对纳税人和扣缴义务人履行各项法定义务的全面核查，具有系统审计的功能；日常检查是指税务机关清理漏管户、核查发票、催报催缴、评估问询，了解纳税人生产经营和财务状况等不涉及立案检查与系统审计的日常管理行为。

3. 程序不同

日常稽查程序通常包括选案、检查、审理、执行四个环节；而日常检查则不必履行上述程序。

（二）专项检查

专项检查是稽查局按照上级税务机关的统一部署或下达的任务对管辖范围内的特定行业（或特定的纳税人、特定的税务事宜）所进行的专门检查。

专项检查和税收专项检查既有共同点，也有不同点。共同点在于二者均应按照统一部署，集中人力、物力和财力解决带有普遍性的问题，都具有收效快、反响大的特点。不同点在于专项检查由稽查局组织和实施，而税收专项检查则由税务局统一安排，稽查局牵头组织，有关部门共同参与实施。从后者的角度讲，也可以将专项检查看作税收专项检查的组成部分。目前，各地在税收专项检查实践中，积极探索不同的组织方式，如集中检查、交叉检查、下查一级等组织方式，并收到一定效果。

1. 集中检查

集中检查即各级税务机关在税收专项检查中按照总体部署，在要求的时间内，集中力量完成专项检查任务。集中检查主要包括两个方面：一是对税收违法情况严重的行业和区域，税务机关可按照专项检查的总体部署，统一抽调检查人员组成检查组，直接对其开展集中性的检查整治；二是下级税务机关按照上级税务机关的统一部署，在要求的时间内集中力量，组织开展税收专项检查工作。

2. 交叉检查

交叉检查即上级税务机关在税收专项检查中根据各地实际情况，从各省（自治区、直辖市）抽调检查人员组成若干检查组，组织对不同地区的相互检查。采用交叉检查时，检查组统一使用所在地税务机关的税务检查文书，以所在地税务机关的名义依法开展税收专项检查工作。所在地税务机关应按照上级税务机关的总体部署，在人力、财力、物力、纳税人资料信息等方面积极配合检查组开展税收专项检查工作。在专项检查终结期间，所在地税务机关应按照上级税务机关和检查组的意见和要求，依法做好税收违法案件的处理和执行工作。专项检查结束后，检查组和所在地税务机关可根据专项检查工作的开展情况和取得的成效，联合向上级税务机关报送总结报告，也可就各自的工作情况，分别向上级税务机关报送总结报告。

3. 下查一级

下查一级即上级税务机关在税收专项检查中根据各地税收问题的严重程度，直接抽调检查人员组成检查组，按照专项检查的总体部署，对下级税务机关管辖的纳税人、扣缴义务人进行检查。下级税务机关根据日常掌握的情况，对认为由本级税务机关实施专项检查有一定困难的纳税人、扣缴义务人，可报请上级税务机关统一组织实施下查一级。有的税务机关创新检查用追尾式检查方式，即各级税务机关在专项检查中根据上级税务机关的总体部署，第一个税务机关对第二个税务机关管辖的纳税人、扣缴义务人进行检查，第二个税务机关对第三个税务机关管辖的纳税人、扣缴义务人进行检查，依此类推，税务机关之间不进行相互交叉检查。

实务中需要注意：采取交叉检查、追尾式检查和下查一级的方式组织检查时，应关注执法主体的一致性问题，尤其是在调查取证方面，必须保证取证主体的合法性。

（三）专案检查

专案检查是指稽查局依照税收法律法规及有关规定，对纳税人、扣缴义务人履行纳税义务、扣缴义务的情况所进行的调查和处理的执法行为。

专案检查具有两个明显的特点：一是检查对象特定。专案检查的对象来源于确定的线索，具有明显的税收违法嫌疑。二是适用范围广。专案检查适用于举报、上级交办、其他部门移交或转办，以及其他所有涉嫌税收违法案件的查处。

三、税务检查的重要性

税务检查是税收征收管理体系中的有机组成部分，其重要性主要体现在以下三个方面。

（一）税务检查是税收征收管理体系中的最后一个环节

纳税人、扣缴义务人以及其他涉税当事人是否依法履行税法所规定的义务，需要税务机关对其进行管理和监督。税务机关的管理和监督活动依次通过税务登记管理、税款征收管理和税务检查等税收征收管理体系来实现。在这个征管体系中，税务检查处于税收征管的最后一个环节，起着最后一道防线的作用，其地位是显而易见的。

（二）税务检查可以弥补税收征管漏洞，提高税收征管质量和效率

税收征管过程中存在的管理问题会直接或间接地表现在纳税人自觉履行纳税义务的过程中，税务检查通过检查和处理发现涉税违法问题，可以反馈给税收征管部门，税收征管部门针对检查中发现的问题进行总结并提出加强管理的措施和办法，从而进一步规范征管工作，弥补税收征管漏洞。同时，通过对税收违法行为的有效检查和公正处理，能够在很大程度上提高税收征管水平、降低征税成本和纳税成本，从而提高税收征管的质量和效率。

（三）税务检查可以提升整个社会的纳税遵从度

税务机关通过有效的税务检查来查处税收违法行为，不仅可以增加纳税人违法成本，对违法程度严重、触犯刑法导致违法犯罪的，还可以通过移送司法机关等手段对其追究法律责任，从而迫使纳税人在实施涉税违法行为的选择上，更多地选择“守法”而放弃“违法”。税务检查在引导纳税遵从方面实现了国家税务总局关于“依法治税”的总体要求，对提高纳税人税法遵从度发挥了不可替代的作用。

四、税务检查原则

税务检查原则是指税务检查执法应遵循的准则。这里主要介绍税务检查的合法原则、依法独立原则、分工制约原则和坚持公平、公开、公正、效率的原则。

（一）合法原则

合法原则是“以事实为根据，以法律为准绳原则”的具体体现，它要求检查执法必须依照法定权限和程序进行。其基本内涵如下：

1. 主体合法

检查执法首先应确保执法主体的合法性，否则，执法行为就不会受到法律的保护，执

法结果也不具有法律效力。在税务检查过程中，选案、检查、审理、执行的执法主体要保持一致，并具有合法主体资格。

2. 权限合法

《中华人民共和国税收征收管理法》（以下简称《税收征管法》）及相关法律法规规定了稽查局的执法权限，检查执法不得超越和滥用这些法律法规赋予的权限，否则，其执法行为即构成违法。

3. 程序合法

为了保护行政管理相对人的合法权益，相关的法律法规均对行政主体的行政执法程序予以严格的规定。因此，税务检查的立案、调查、取证、定性、处理、处罚等程序必须符合法律法规的规定。

4. 依据合法

稽查局对税收违法事实的认定和处理的依据，必须符合法律法规的规定。

（二）依法独立原则

依法独立原则表现在两个方面：一方面，省级以下的稽查局在行使法律法规赋予的职权时，其执法行为受法律的保护，任何部门、任何人不得以任何理由进行干涉；另一方面，选案、检查、审理和执行四个环节是税务检查内部的执法程序，不能外分。

（三）分工制约原则

稽查局设立选案、检查、审理、执行部门，分别实施选案、检查、审理、执行工作。稽查局查处税收违法案件时，实行选案、检查、审理、执行分工制约原则。

（四）坚持公平、公开、公正、效率的原则

公平、公开、公正、效率的原则是指在税务检查工作中，稽查局应依法查明涉税事实，在兼顾客观与效率的前提下正确处理税收违法案件。公平、公开、公正是客观性原则的具体体现，是指稽查局必须实事求是、客观地查明检查对象履行法定义务的情况及存在的问题，作出符合法律事实的检查结论，正确评价纳税人、扣缴义务人履行法定义务的情况，处理与量罚适当，不因执法人员的主观意志影响行政处理、处罚结果。效率是客观性原则的具体保障，是指稽查局在确定被查对象、调查税收违法案件、作出处理处罚决定时，可以从效率的原则出发，集中时间和精力查处重大案件。例如，严格控制对纳税人、扣缴义务人的税务检查次数，在生产经营场所进行询问时可以不送达询问通知书，符合条件的可以经批准中止或终结税务检查程序等。同时，税务检查应当依靠人民群众，加强与有关部门、单位的联系和配合。

五、税务检查基本职能

税务检查职能是指税务检查执法活动所固有的功能。一般而言，税务检查的基本职能主要包括惩戒职能、监控职能、收入职能和教育职能。

（一）惩戒职能

惩戒职能是指稽查局在查处税收违法行为的过程中，通过依法给予检查对象行政处罚及其他制裁，起到惩罚与诫勉税收违法行为的作用。惩戒职能来源于法律赋予稽查局的税收行政处罚权，体现了税收的强制性。

（二）监控职能

监控职能是指稽查局通过检查纳税人和扣缴义务人有关生产经营情况、会计核算情况以及有关申报纳税与代扣代缴税款情况，起到监控检查对象是否全面、准确、及时履行法定义务的作用。

（三）收入职能

收入职能是指稽查局通过检查执法活动所起到的增加税收收入的作用。检查的收入职能由税收的财政职能所决定，是惩处税收违法行为及实现检查以查促管结果的体现。

（四）教育职能

教育职能是指通过检查执法对税收违法案件的查处，可以教育检查对象和其他纳税人、扣缴义务人，从而起到引导纳税遵从的作用。税务检查的教育职能一方面可以通过对检查对象的检查、处理和处罚过程来实现；另一方面还要通过公告、新闻发布会、媒体曝光等宣传手段扩大检查执法的影响面，以形成教育广大纳税人、震慑税收违法行为的效果。

六、税务检查的新形式和新环境

（一）检查信息化应用管理和大数据应用

1. 金税三期系统的优化

全面优化金税三期工程检查模块业务需求，完善检查业务领域现有内部流程，拓展随机抽查、联合检查、联合惩戒、举报管理等新增业务流程，为规范执法流程、支撑检查改革、转变工作方式提供信息化支撑。

2. 强化检查大数据应用

重点推进检查选案大数据分析机制和全国检查工作总体统计监控分析平台，探索建立重大税收违法案件涉案企业和涉案人员信息库。各地税务机关切实提高检查精准度，提升检查案件管理和检查成果统计分析水平，实现精准制导、定向打击。

3. 研发检查应用软件

税务机关以满足检查工作实际需要为出发点，按照税务总局统一的技术标准和业务标准，积极研发推广应用选案分析、电子查账、电子取证、移动办公、办案指挥协调等检查外挂软件，确保与金税三期系统（以下简称“金三系统”）相关检查业务模块规范对接，不断提高检查信息化应用水平，不断提高检查工作的质量和效率。

4. 改造升级协查系统

税务总局稽查局对协查系统实施改造升级，扩大增值税抵扣凭证协查范围，增加协查要素，修改回复结果代码。规范协查发函，普遍推行要素协查，增强发函的必要性。优化系统操作，增加业务操作个性化定制功能。引入电子签章，确保回函的真实性、权威性，使协查系统更适合检查工作需要。

（二）国地税合并后的检查形势

自 2018 年 6 月 15 日省级以下国地税合并，“金三系统”征管信息大整合，对纳税人涉税行为管理更加集中，实现了全面税种监管和信息比对，尤其是对原国地税两分离交叉管理中的漏户和归属权限追究的盲区，将逐户进行彻底的清理。检查合并后的大数据储存信息将更加全面、透明，日常监管纳税评估及纳税人财务数字分析抓取比对，也会更加精准和便捷。

（三）税务管理前置化、过程化、多元化

征管改革确定以风险管理为导向，将风险管理贯穿税收征管的全过程，形成风险分析识别、等级排序、应对处理和绩效评价的闭环管理系统，进而对不同税收风险等级的纳税人实施差异化和递进式的风险管理策略。风险分析识别作为实施风险管理的首要环节，需要采集纳税人的纳税申报信息、财务报表信息、第三方信息等进行分析比对，找出风险点。将事后税务检查向纳税评估、税源监控、税务自查、纳税审核转化。

做中学

2018 年 10 月 3 日，演员范某某偷税案水落石出。税务机关检查结果为：范某某在电影《大轰炸》剧组拍摄过程中实际取得片酬 3 000 万元，其中 1 000 万元已经申报纳税，其余 2 000 万元以拆分合同的方式偷逃个人所得税 618 万元，少缴税金及附加 112 万元，合计 730 万元。此外，还查出范某某及其担任法定代表人的企业少缴税款 2.48 亿元，其中偷逃税款 1.34 亿元。

对于上述违法行为，根据国家税务总局指定管辖，江苏省税务局依据《中华人民共和国税收征收管理法》第三十二条、第五十二条的规定，对范某某及其担任法定代表人的企业追缴税款 2.55 亿元，加收滞纳金 0.33 亿元。依据《中华人民共和国税收征收管理法》第六十三条的规定，对范某某采取拆分合同手段隐瞒真实收入偷逃税款处 4 倍罚款，计 2.4 亿元；对其利用工作室账户隐匿个人报酬的真实性质偷逃税款处 3 倍罚款，计 2.39 亿元；对其担任法定代表人的企业少计收入偷逃税款处 1 倍罚款，计 94.6 万元。依据《中华人民共和国税收征收管理法》第六十九条和《中华人民共和国税收征收管理法实施细则》第九十三条的规定，对其担任法定代表人的两家企业未代扣代缴个人所得税和非法提供便利协助少缴税款各处 0.5 倍罚款，分别计 0.51 亿元和 0.65 亿元。

任务二　税务检查、纳税评估、税源监控、税务自查和纳税服务

任务导入

税务检查、纳税评估、税源监控、税务自查和纳税服务有何异同？

［知识回顾与提升］

一、税务检查、纳税评估、税源监控、税务自查和纳税服务的概念

（一）税务检查

见“任务一”。

（二）纳税评估

纳税评估是税务机关对纳税人履行纳税义务的情况进行事中税务管理、提供纳税服务的方式之一。通过实施纳税评估发现征收管理过程中的不足，强化管理监控功能，体现服务型政府的文明思想，寓服务于管理之中。纳税评估在帮助纳税人发现和纠正履行纳税义务过程中出现的错漏，矫正纳税人的纳税意识和履行纳税义务的能力等方面具有十分重要的作用。

（三）税源监控

税源监控指对税收的来源进行监督、管理、调节和控制。具体来讲，就是在税收征管过程中，以掌握应征税款为目的，采取税务登记、纳税鉴定、纳税申报、税务检查等一系列科学的方法对税源进行监督和管理，对纳税人、征税对象等税源要素进行控制，保障税收收入的总体规模及发展趋势，并通过对收入状况的信息反馈，更进一步、更及时地了解和掌握税源的发展变化趋势。

（四）税务自查

税务自查是税务机关通知企业进行自查，而后将自查结果反馈给税务机关的检查方式。税务自查的效果弱于税务检查，更弱于税务稽查，在税务自查中纳税人可以自行检查、诊断企业存在的涉税问题，也可以委托中介机构进行自查，从而规避税务检查中的涉税风险。

（五）纳税服务

纳税服务是指税务师凭借专业知识和技能，根据委托方的委托，对委托方或委托方指定的第三人的涉税事项信息进行分析、认定、核对、计算的行为，以协助发现企业涉税问题，提高企业税收遵从度的专业服务行为。

二、税务检查、纳税评估、税源监控、税务自查和纳税服务的异同

（一）主体不同

税务检查、纳税评估、税源监控的主体是税务机关，但是税务机关又细分为不同主体，执行三种不同的管理工作。税务检查一般由税务稽查局负责，纳税评估的负责部门为税收征管部门，税源监控由税源管理部门牵头负责。

税务自查一般是纳税人自我检查或委托中介机构进行检查；纳税服务一般由中介机构接受纳税人或税务机关委托提供服务活动。

（二）效力与程序不同

税务检查法律效力最高，但是在检查过程中要求有严格的程序，一般属于事后检查和督查，对纳税人的涉税问题可能会根据征管法和相关法律规定进行相应处罚，补缴税款和滞纳金，缴纳罚款，甚至涉及刑事责任。

纳税评估和税源监控均是随着税收征管信息化时代的到来而出现的新的税收管理方式，属于事中税务风险控制，对纳税人监管发现的问题提请约谈，自我纠正，处罚较轻。

税务自查和纳税服务是由纳税人或中介机构进行的一种主动、自觉、自律的行为，不具有强制性。

（三）方法基本相同

以上几种征管或服务业务，虽然存在差异，但对涉税问题的诊断方法基本一致，所以本教材所述的业务基本适用于所有管理活动。

任务三　税务检查的常用方法和手段

任务导入

2019 年 12 月，某市税务稽查局到某公司进行日常税收检查时，发现该公司有偷税嫌疑，并立案，然后到中国工商银行调取老板的个人存款账户进行检查。在检查中，检查人员又到中国银行调取了老板爱人的私人存款账户并进行检查。检查发现公司有几笔账外收入，但这几笔账外收入都是从个人存款账户中查出的。该税务稽查局依法作出了对该公司进行补税罚款的处理决定。

请问该市税务稽查局的处罚是否正确，是否有权查询老板和其爱人的私人存款账户？

解析：

该市税务稽查局有权查询公司老板和个人的银行存款账户。但是，该市税务稽查局的检查要符合有关规定，具备相应的手续，才可进行查询。根据《税收征管法》第五十四条第六项的规定：经县以上税务局（分局）局长批准，凭全国统一格式的检查存款账户许可证明，税务机关有权查询从事生产、经营的纳税人、扣缴义务人在银行或者其他金融机构的存款账户。税务机关在调查税收违法案件时，经设区的市、自治州以上税务局（分局）局长批准，可以查询案件涉嫌人员的储蓄存款。

也就是说，该市税务稽查局在检查有关个人的银行存款账户时，必须经过该市税务局局长的批准，并持全国统一格式的检查存款账户许可证，否则，个人所在的存款银行有权拒绝检查。

[知识回顾与提升]

税务检查基本方法是指检查人员实施税务检查时，为发现税收违法问题，通常采取的手段和措施的总称。

一、账务检查方法

账务检查方法，即书面资料检查方法，是指对检查对象的会计报表、会计账簿、会计凭证等有关资料进行系统审查，据以确认检查对象缴纳税款的真实性和准确性的一种方法。账务检查既可以对纳税人进行实地检查，也可以进行调账检查。

账务检查方法按照查账的顺序分为顺查法和逆查法，按照查账的详细程度分为全查法和抽查法，按照查账的技术方法分为审阅法和核对法。

（一）顺查法与逆查法

1. 顺查法

（1）顺查法的概念。

顺查法，又称正查法，是指按照会计核算的顺序，从检查会计凭证开始，以凭证核对账簿，再以账簿核对会计报表，通过逐步审查核对，从中发现账证不符、账账不符、账实不符，以及涂改、计算差错等问题。

（2）顺查法的工作程序。

顺查法从审阅和分析原始凭证开始，依次进行证证核对、账证核对、账账核对、账表核对、账实核对，最后对会计年末结转数进行审查。

（3）顺查法的特点。

顺查法的优点是检查系统、全面，运用简单，不易遗漏环节。顺查法的缺点是工作量大，重点不够突出。一般只适用于检查规模较小、凭证资料较少，以及经营管理和财务管理混乱、存在重大问题和一些特别重要项目的检查。

2. 逆查法

（1）逆查法的概念。

逆查法，又称倒查法，是指按照会计处理程序的相反方向，从检查分析会计报表开始，对报表分析的疑点进行追踪检查至账簿、会计凭证的一种检查方法。

（2）逆查法的工作程序。

逆查法从会计报表的审阅分析开始，依次追踪进行账表核对、账账核对，对明细账和日记账、会计凭证进行审查分析，最后进行账实核对、审查原始凭证。

（3）逆查法的特点。

逆查法的优点是省时省力，能够迅速抓住重点，及时发现问题。从检查技术上看，逆查法主要运用了审阅和分析的技术方法，根据重点和疑点，逐个进行追踪检查。逆查法一般适用于财务核算正规、账务资料健全、内部控制管理严格、会计凭证资料多的大中型企业，但不适用于某些特别重要的项目的检查。

（二）全查法与抽查法

1. 全查法

（1）全查法的概念。

全查法又称精查法或详细审查法，是指对检查对象在检查期内的所有涉及经济业务的信息资料，采取严密的审查程序进行审核检查的一种方法。

（2）全查法的特点。

全查法适用于规模较小、经济业务较少、会计核算简单、核算对象比较单一的企业，或者为了发现重大问题而进行的专案检查，以及在整个检查过程中对某些（某类）特定项目、事项所进行的检查。全查法对于管理混乱、业务复杂的企业，以及税务检查的重点项目、事项的检查十分适用，一般能取得较好的效果。

2. 抽查法

（1）抽查法的概念。

抽查法又称抽样检查法，是指从被查总体中抽取一部分资料进行审查，再依据抽查结果推断总体的一种方法。抽查法具体又分为两种：一是重点抽查法，即根据检查目的、要求或事先掌握的纳税人有关纳税情况，有目的地选择一部分会计资料或存货进行重点检查；二是随机抽查法，即以随机方法，选择纳税人某一特定时期或某一特定范围的会计资料或存货进行检查。抽查法不仅在检查的基础、环境、内容上与全查法不同，而且使用的基本方法也不同。

（2）抽查法的工作程序。

1）制订抽查方案。在制订抽查方案时要尽量考虑到各种因素的影响，使方案尽可能与实际情况相符合。抽查方案的关键是确定抽查重点和抽查对象。在抽查重点确定以后，按照抽查要求合理确定抽查的对象和内容。当某一抽查重点存在多个对象时，要按照重要性原则确定具体的抽查对象。此外，还应根据不同的抽查项目制定合理的抽查路线，确定抽查的时间、人员分工、复核等。

2）实施抽查。实施抽查是对抽查方案的具体落实，在实施抽查时要把握好抽查时间，以免影响企业的生产经营。如在抽查实物资产时，要选择资产流动量相对较小的时间进行，以免影响抽查结果的准确性。

3）分析和判断抽查结果。根据抽查结果对总体进行推断是抽查法的目的，但抽查结果只能作为对总体判断的参考，不能作为直接定案依据。对于抽查结果与实际情况差异比较大的，应进一步查明原因，必要时可以扩大抽查范围，或者放弃抽查结果。分析时应注意进行准确性和可靠性的分析。

（3）抽查法的特点。

抽查法一般适用于那些会计核算水平较高、内部控制较强、纳税态度较好的企业。

（三）审阅法和核对法

1. 审阅法

（1）审阅法的概念。

审阅法，是指对检查对象有关书面资料的内容进行详细审查、研究，发现疑点线索，取得税务检查证据的一种检查方法。

（2）审阅法的审查内容。

审阅法的审查内容主要包括两个方面：一是与会计核算组织有关的会计资料，包括原始凭证、记账凭证、账簿、会计报表的审阅；二是除了会计资料以外的其他经济信息资料以及相关资料，如一定时期的内外部审计资料、购销和加工承揽合同、车间和运输管理等方面的信息资料。

审查时需要注意两个问题：一是对于上述资料的审阅，除审阅其本身的合法、合理性外，还应结合所掌握的其他资料进行审阅；二是对于时间逻辑关系的审阅，应审核资料所反映的日期与经济业务发生日期、会计核算记录日期是否存在前后矛盾的情况。

（3）审阅法的特点。

审阅法适用于所有企业经济业务的检查，尤其适合有数据逻辑关系和核对依据内容的检查。

2. 核对法

（1）核对法的概念。

核对法，是指对书面资料的相关记录，或是对书面资料的记录和实物进行相互核对，以验证其是否相符的一种检查方法。

（2）核对法的核对内容。

核对法的核对内容包括会计资料之间的相互核对、会计资料与其他资料之间的核对、账实核对。

（3）核对法的特点。

核对法作为一种检查方法，在检查过程中用于查实有关资料之间是否相符是有一定限度的，在采用核对法对检查对象的会计资料或其他资料进行核对和验证时，必须结合其他检查方法，才能达到检查目标的要求。

二、调查验证方法

调查验证方法，是指在税务检查过程中，采用实地盘存、外部调查、观察、查询等方法，对检查对象与税收有关的经营情况、营销策略、财务管理、库存等进行检查、核实的方法总称。根据检查对象和检查目的的不同，调查验证方法可分为实地盘存法、外调法、观察法和查询法。

（一）实地盘存法

实地盘存法，是指税务检查人员到现场对被查对象的货币资产、实物资产进行盘点和清查，确定其形态、数量、价值、权属等内容，并与账簿记录进行核对比较，从中发现账实不符，财物短缺、损失，隐瞒销售和虚增成本等问题的一种方法。

实地盘存法是账务检查方法的延续和补充。通过专项盘点，可以查出纳税人有无账外经营的现象。例如，核对纳税人“银行对账单”和清点现金实物可以检查是否有白条抵库、坐支或挪用现金、私设小金库、隐瞒收入的情况。核对原材料、库存商品账户账面结存数量与库存实物账卡（盘存表）的数字是否相符、单价是否正确、账面是否红字，可以检查原材料、库存商品是升溢还是多转成本。

（二）外调法

外调法，是指对有疑点的凭证、账项记录或者其他经济业务，通过派出检查人员到检查对象以外、与该项业务相联系的单位（或个人）进行实地调查，或者委托对方税务机关协查，以查实问题的一种检查方法。

（三）观察法

观察法，是指检查人员通过深入检查现场，如车间、仓库（包括外部仓库）、营业场所以及基建工地等，对被查事项或需要核实的事项进行实地视察和了解，考察企业产、供、销、运各环节的内部管理状况、控制程序和各方面的实际情况，从中发现薄弱环节和存在的问题，获取相关证据的一种方法。

（四）查询法

查询法，是指对审查过程中发现的疑点和问题，通过调查、询问的方式，查实某些问题，取得必要的资料，以帮助进一步检查的一种调查方法。根据查询方式的不同，查询法可以分为面询法和函询法。

三、对比分析方法

对比分析方法，是指运用不同的分析技术，对与企业会计资料有内在联系的财务管理信息，以及税款缴纳情况进行系统和重点的审核分析，以确定涉税疑点和线索、进行追踪检查的一种方法。常用的对比分析方法包括比较分析法、控制计算法、因素分析法和相关分析法。

（一）比较分析法

1. 比较分析法的概念

比较分析法，是指将企业会计资料中的有关项目、数据，在相关的时期之间、指标之间、企业之间及地区、行业之间，进行静态或动态对比分析，从中发现问题、获取检查线索的一种分析方法。比较分析法的种类较多，常用的有绝对数比较分析法、相关比率比较分析法、构成比率比较分析法。

（1）绝对数比较分析法。

绝对数比较分析法，是指通过经济指标绝对数的直接比较分析来衡量企业经济活动成果和差异的方法。

绝对数比较，是通过对有关联关系的有关事项之间的总量或货币总额（数量或金额）进行对比，揭示和发现两者或多者之间存在的差异，并根据这些差异进行对比后，判断问题的性质和程度。例如，对企业各个不同时期的货物运输费用或销售收入进行对比、对各个不同时期的库存商品（存货）的购销存数量进行对比，都属于绝对数比较分析。通过这种对比，可以揭示被查事项的增减变动是否正常，是否符合经营和核算常规，从而发现存在的问题。在税务检查过程中，绝对数比较分析法适用于对资产负债表、利润表等会计报表中相关项目真实性的核查，以及成本计算表（单）、纳税申报表、有关账户余额和有关明细账户特定项目的检查。当这些项目的增减变动超出了正常的变化幅度和曲线值时，便可以认为这种变动存在某种涉税疑点或问题。

（2）相关比率比较分析法。

相关比率比较分析法，又称相对数比较分析法，是指利用会计资料中有关两个内容不同但又相关的经济指标求出新的指标比率，再与这种指标的计划比率或上期比率进行比较分析，以观察其性质和大小，从而发现异常情况的方法。相关比率比较分析法，是通过计算被查项目的百分比、比率或比值结构等相对数指标的比较，揭示其中存在的差异，并对这些差异进行对比，以判断问题的性质和程度。如应收账款周转率、存货结构、税收负担率、存货（运输）费用比率等指标的计算与对比，就属于相关比率比较分析。在税务检查中，有时运用相关比率比较分析法比绝对数比较分析法更容易发现问题。比如，检查人员在运用绝对数比较分析法对被查项目进行分析后，为了确保分析判断的客观和正确，可以运用相关比率分析法予以验证。

（3）构成比率比较分析法。

构成比率比较分析法，是通过有关联关系的经济指标各组成部分所占比率的计算，确定各组成部分的构成比例是否符合常规，从而发现企业的涉税问题。比如，通过对企业外购货物构成比率是否与销售货物和期末存货的构成比率具有同一性的计算分析，可以发现企业是否存在虚假进货或隐瞒销售收入的情况。

2. 运用比较分析法时应注意的问题

（1）比较分析之前，应对用于对比分析的被查项目的有关资料所涉及内容的正确性予以确认，即企业提供的和检查人员检查提取用于对比分析的数据资料在内容上是真实的，取数上是正确的。

(2) 运用对比分析的各项目之间必须具有可比性。可比性，是指进行相互比较的有关项目应该是同质（同一核算内容、范围、项目）、同一比较周期、同一价值取向（同一计算方法和计算依据）的，否则，各项目就失去了对比条件，比较的结果也就失去了价值。

(3) 比较内容是由比较目的确定的，而且这种目的是预置的，不是随机的。也就是说，在进行比较之前，必须明确需要比较的项目、内容以及所要达到的目的。不同的比较目的，数据的采集方向和运用的比较分析方法是不同的。

(4) 比较分析的差异，只是一种抽象的、相对的检查结果，要在检查结论中予以采纳，还必须经过分析、验证和核实。

（二）控制计算法

1. 控制计算法的概念

控制计算法，是指运用可靠的或科学测定的数据，利用数学等式原理来推测、证实账面资料是否正确、发现问题的一种检查方法。常用的方法有：以产控耗、以耗控产、以产控销、以支控销等。

2. 控制计算法的基本程序

(1) 确定需要进行分析的事项或目标。

需要进行分析的事项和目标，是指检查人员在检查过程中根据检查目的和要求，以求证某些事项是否客观存在并正确的实际事件。如分析税收负担率的实际情况时，必须将企业一定时期履行纳税义务的具体事项确定下来，而这一具体事项可以是企业全部经营的税收负担率，也可以是增值税税收负担率，或者是所得税税收负担率。

(2) 确定事项分析的参考数据和采集进行事项分析的数据。需要进行分析的事项或目标一经确定，就必须根据被分析事项的特征，确定相应的参数，同时采集供分析实体的相关数据。确定事项分析的参考数据，可以是企业同期比较值，也可以是行业平均值。如分析税收负担率时，必须获得企业同期比较值或者行业平均值，同时，采集具有可比性的相关数据。

(3) 建立事项分析的数学模型。

建立数学模型，是控制计算法的基本条件。对同一事项进行分析比较可以有多种不同的方法，也可以建立多种数学分析模型。如在分析企业增值税税收负担率时，为了求得销售对进项税额影响的足够支持，以一定时期企业实际缴纳的增值税和同期实现的销售收入为基本依据，考虑和分析同期存货购入、结存以及销售变动对进项税额的影响。这样，建立的数学模型更能反映企业真实的增值税税收负担率，更易于发现问题。

1) 以产核销，即以当期某种产品的产量和结存数量测算当期销售数量的一种方法。测算公式为：

某产品销售数量＝期初结存数量＋本期完工数量－期末结存数量

在实际工作中运用该方法分析时还应当注意，该公式的计算结果实际上是当期产品的发出数量，所以在与账面销售数量核对时，还应剔除已经发出但尚未实现销售的产品发出数量。

2) 以耗定产，即以当期材料消耗数量以及单位产品耗料定额来测算其产量的一种方法。测算公式为：

应产出数量＝实际耗用材料数量÷单位产品的耗料定额

3）以产定耗，即以耗料定额和产量来测定材料消耗是否正常的一种查账方法。

应耗材料数量＝$\sum$（当期某产品产量×该产品耗料定额）

如测定数与账面耗料数相差较大，应重点检查企业是否存在虚列材料成本或转售材料未及时做账以偷漏流转税和所得税税款的现象。

以上列举的只是控制计算分析方法的三种基本方法，类似的方法在实际工作中还有很多。如某酒厂用玉米生产粮食白酒，当月消耗玉米 10 吨，出酒率一般为 60%，测得该厂当期应生产粮食白酒 6（10×60%）吨。如果测算产量与账面记录产量差异较大，则应重点检查企业有无将完工产品不通过存货账户核算而直接进行销售、漏记产品销售收入、偷漏应纳税款的现象。

（4）数据分析结果比较。

根据控制计算法得到的数据，与企业实际数据进行比较而出现的差异，需要通过进一步检查和核实才能确定是否对税收构成实际影响。

3. 运用控制计算法应注意的问题

（1）对需要进行分析的事项或目标，必须首先进行复核，确保其正确并符合会计核算原理。

（2）对需要进行分析的事项或目标，必须是可以建立事项分析的数学模型，即关键在于确定分析事项或目标之间是否存在内在的依存关系，如果不存在相互依存关系，运用控制计算法进行审查不可能达到预期目标。

（3）运用控制计算法的目的是检查和发现企业经济活动中的不平衡状况，以帮助检查人员进一步发现涉税问题。因此，多数情况是对有关指标进行计算和测定，这就要求用于计算和测定的数学模型（关系公式）必须科学，计算过程也要进行认真演算和复核，以防结果有误，导致分析判断失误，影响检查结论的正确性。

（4）为了提高控制计算法运用的正确性和工作效率，在确定进行审查前，检查人员必须了解企业生产经营常识、被审查事项或目标的特点和内在关系，掌握企业会计核算的过程和规律，否则很难达到预期目的。

（三）因素分析法

1. 因素分析法的概念

因素分析法，是指将影响某一事项的各个因素分离出来，在此基础上分析各个因素的变动对该事项的影响及影响程度，以便进一步查明原因的一种分析方法。因素分析法包括连环替代法、差额分析法、指标分解法、定基替代法。这里主要介绍连环替代法和差额分析法。

（1）连环替代法。

连环替代法是将分析指标分解为各个可以计量的因素，并根据各个因素之间的依存关系，顺次用各因素的比较值（通常即实际值）替代基准值（通常为标准值或计划值），据以测定各因素对分析指标的影响。连环替代法的具体替换计算程序如下：

1）确定指标变动受哪些因素的影响，根据指标与因素之间的依存关系，列出计算公式，然后代入基期数字。

2）将各个因素连续依次替换，在替换时必须是在第一个因素变化后不再变化的基础上替换第二个因素；在第一、第二个因素变化后不再变化的基础上替换第三个因素，依此类推，每个因素替换一次，每次替换后计算出替换结果。

3）将每次替换计算的结果与前一次替换计算的结果相比较，所得的差异就是变动因素对指标的影响程度。

4）将各个因素变动对指标的影响程度相加，就是被分析指标的总差异。例如，某一个财务指标及有关因素的关系由如下式子构成：

实际指标：$Po=Ao\times Bo\times Co$

标准指标：$Ps=As\times Bs\times Cs$

实际与标准的总差异为 P_G（P_O-P_S），P_G 这一总差异同时受到 A、B、C 三个因素的影响，它们各自的影响程度可分别由以下式子计算求得：

A 因素变动的影响$=Ao\times Bs\times Cs-As\times Bs\times Cs$

B 因素变动的影响$=Ao\times Bo\times Cs-Ao\times Bs\times Cs$

C 因素变动的影响$=Ao\times Bo\times Co-Ao\times Bo\times Cs$

最后，将以上三大因素各自的影响数相加，应等于总差异 $Po-Ps$。

（2）差额分析法。

差额分析法是连环替代法的一种简化形式，是利用各个因素的比较值与基准值之间的差额，来计算各因素对分析指标的影响。

例如，企业利润总额是由三个因素影响的，其表达式为：

利润总额＝营业利润＋投资损益 ± 营业外收支净额

在分析当年和上一年比较的利润变化时可以分别算出当年利润总额的变化，以及三个影响因素与上一年比较时不同的变化，这样就可以了解今年利润增加或减少主要是由三个因素中的哪个因素引起的。

2. 运用因素分析法的程序

（1）确定被审查活动的影响因素及联系。

确定影响因素以及各因素之间的相互联系，是进行分析的前提和基础。如产品单位成本由原材料、燃料与动力、工资及福利费、车间经费、企业管理费等成本项目构成，它们之间是和的关系；再如原材料成本由于受产品质量、原材料单耗、单价三个因素的影响，它们之间是乘积的关系。

（2）确定因素的排列顺序。

用因素分析法测定某一因素的变动时，需要假定其他因素不变，还要遵循一定的先后顺序，否则，测定的结果差距很大。因素的排列顺序取决于分析的目的、要求和指标与因素之间的依存关系。一般来说，因素替换的顺序是：先替换数量指标，后替换质量指标；先替换实物指标，后替换价值指标；先替换基础指标，后替换派生指标；先替换主要指标，后替换次要指标；先替换外延指标，后替换内涵指标。但若按有利于明确经济责任归属的原则进行因素分析时，则不需要考虑排列顺序问题。如原材料成本的相互影响因素，按习惯排列顺序为先产品产量，再单耗，最后单价。因素分析法实际上是比较分析法的发展和补充，是以指标对比分析为基础的。

（3）依次替换各因素并测定影响效果。

一是按习惯上的因素分析法进行替换，每次一个，且在前一次的基础上进行；二是按明确责任归属的方法进行替换，虽然也是每次一个，但不依赖前一次的结果，且要单独测定共变因素的影响。由于因素分析法是一种假定抽象分析，它是在假定其他因素不变而只有一个因素变动的情况下计算其变动对指标影响的程度，而指标变动是各个因素共同变动影响的结果，故应当合理安排指标和因素之间的依存关系。

（4）进行延伸检查。

各影响因素是否真实，问题的症结何在，有无提高效益的潜力等，都应做必要的检查。如上述原材料成本，若是生产量增加引起成本增加，则应进一步查明产量的增加是否真实，有无虚构产量、伪造产量和产值计划完成的舞弊问题，或有无片面追求产量以致造成积压和浪费的情况；若是因市场急需所致，则应进一步分析产品在市场上是否有更大的潜力，以便明确是否应该扩大生产，如果可以扩大生产，则应考虑是追加投资或租赁设备，还是通过协作来扩大产量，单位内部还能在多大程度上增加产量等；若是材料单价的提高导致成本增加，则应进一步查明材料单价的提高是否真实，有无改变成本结转方法调节成本利润的问题，国家有无调整价格，单位有无因改变进货渠道、地点而使采购费用增加的情况，有无控制材料价格增加的潜力等。

（四）相关分析法

1. 相关分析法的概念

相关分析法，是指将存在关联关系的被查项目进行对比，揭示其中的差异，判明经济业务可能存在问题的一种分析方法。对于检查对象而言，一项经济业务的发生，必然会引起一连串相关活动的变动，这既是由经济活动的相关性所决定的，也是由经济活动的规律所决定的。

2. 相关分析法的基本程序

（1）分析和判断经济活动与税收关系。

企业的经济活动有些会涉及税收关系，有些不一定涉及税收关系；有些是在经济活动发生时就与税收相联系，而有些是在经济活动发生以后的一定时期内相联系。运用相关分析法进行涉税问题的检查时，必须首先分析企业的经济活动是否构成或者将要构成税收关系。

（2）分析和判断经济活动间的关联关系。

分析经济活动涉及的关联关系，主要是分析经济活动事项之间在哪些方面有关联，属于什么关联，关联的程度如何。税务检查重点关注的是直接与税收相关联的事项，不能忽略、漠视与税收相关联的间接事项，要抓住主要矛盾和主要问题。

（3）找出经济活动事项之间的关联。

一项经济业务，如果客观上与税收相联系，而在会计处理上并没有反映税收关系，也就是说，经济活动事项之间并不表现为这种关联，那么必然存在税收问题。找出经济活动事项之间的关联，是运用相关分析法的关键，否则会导致分析后不能揭示差异或出现判断失误。

（4）分析和把握问题的本质。

并不是所有的异常现象都构成税收问题，有些异常现象是由无意中的笔误或疏忽造成的，可能构成税收问题，也可能不构成税收问题。因此，对经济活动事项分析的结果，只是提供了一个抽象的判断，是否确实存在税收问题，需要从异常现象中把握实质，并在检查中得到验证。

四、账务调整的基本方法

经过以上管理程序发现企业存在涉税问题，需要根据相关规定进行相应账务调整，调整的基本方法有三种：补充登记法、反向冲销法和综合调整法。

（一）补充登记法

补充登记法，是指通过编制会计分录，将应调整的金额直接补充登记入账的一种调账方法。它一般适用于漏记账项，或者错账所涉及的会计科目正确，但核算金额小于应计金额的情况。

［例］ 税务师在审核某运输公司 2019 年 12 月纳税情况时发现，公司出租运输工具取得不含税收入 100 000 元，出租运输工具合同中约定不提供司机，企业按“交通运输业”税目计提增值税 9 000 元。该公司的账务处理为：

借：银行存款　119 000

　贷：主营业务收入　10 000

　　应交税费——应交增值税（销项税额）　9 000

分析：该公司出租运输工具，约定不提供司机，应当按照“有形动产”缴纳增值税。但公司错用税目税率，按“交通运输业”9%的税率计算增值税，少纳增值税 4 690.27（119 000/1.13×0.13－119 000/1.09×0.09）元。本例可以采用“补充登记法”将漏计金额补充登记入账。分录如下：

借：主营业务收入　4 690.27

　贷：应交税费——应交增值税（销项税额）　4 690.27

（二）反向冲销法

反向冲销法，是指先编制与原会计处理相反的会计分录，冲销错误账项，再编制正确的会计分录，重新登记账簿的一种调账方法。它一般适用于当期会计科目错误，或者会计科目正确但多计核算金额，且没有影响后续核算的情况。

（三）综合调整法

综合调整法，是指将反向冲销法与补充登记法综合运用的一种调账方法。在会计凭证中，当一方会计科目正确，另一方会计科目用错的情况下，正确一方不作调整，错误一方作转账调整。这种方法在所得税纳税审核后的账务调整中经常运用。

五、不同期间错误账项的调整

对于不同期间发生的错误账项，应当采取不同的办法进行调整。

（一）对当期错误账项的调整

对审核中发现的属于当期发生的错误账项，可以根据正常的会计核算程序，采用补充登记法、反向冲销法或综合调整法，调整当期相关账项。

对于按月结转利润的纳税人，其影响损益的错误账项，如果是当月发生的，可以直接调整错账本身；如果是以前月份发生的，则调整“本年利润”数。

（二）对上年或以前年度错误账项的调整

对审核中发现的属于上年或以前年度发生的影响损益的错误账项，应当分别以下情况处理：

（1）对影响损益的非重要的前期会计差错，在会计处理上，不调整前期损益，只调整对本年损益的影响数。但是，按照税法规定，仍需调整前期所得或损失，不能将其转移到本纳税年度。

（2）对影响损益的重要的前期会计差错，会计处理与税务处理办法基本一致，需要通过“以前年度损益调整”或“利润分配——未分配利润”账户进行调整。

六、间接查获额的账务调整

在审核中发现的错误金额，有的属于直接影响损益的项目金额，即直接查获额，在调账时直接调整损益即可；有的属于间接影响损益的项目金额，需要在各相关项目之间进行计算分摊，最终确定对损益的影响数。

比如，在材料购进、材料发出、生产成本结转中发生错误，如果尚未完成一个生产周期，其错误额会依次影响原材料、在产品、库存产成品、已销产品的成本。因此，应当根据企业的具体情况，将错误额在上述各项目之间进行合理分摊，分摊给已销产品的部分即为影响损益的金额，即间接查获额。

（一）错误金额分摊办法

在实务中，对查出的需要计算分摊的错误金额，可以采取“比例分配法”，按照成本核算程序，一步一步地往下分配。

分摊率＝(需要分摊的错误金额÷各项目成本或数量之和)×100%

某项目分摊的金额＝该项目成本或数量×分摊率

公式中的各相关项目，根据错误金额的发生环节确定：

（1）在“原材料”账户借方查出的错误金额，即多记或少记材料的购进成本：首先，应当在期末结存材料和发出材料之间进行分摊；其次，对发出材料分摊的部分，在本期在产品和完工产品之间进行分摊；最后，对完工产品分摊的部分，在库存商品和已销商品之间进行分摊。

（2）在“原材料”账户贷方、“生产成本”账户借方查出的错误金额，即多转或少转耗料成本：首先，在本期在产品和完工产品之间进行分摊；其次，对完工产品分摊的部分，在库存商品和已销商品之间进行分摊。

（3）在“生产成本”账户贷方、“库存商品”账户借方查出的错误金额，即多转或少转完工产品的成本，需要在期末库存商品和本期已销商品之间进行分摊计算。

（二）账务调整

根据计算出的各环节应当分摊的成本数额，分别调整有关账户。

练一练

一、选择题（不定项选择题）

1. 账务检查方法按照查账的顺序分为（　　）。

A. 审阅法　　B. 顺查法　　C. 逆查法　　D. 全查法

2. （　　）是指稽查人员通过深入检查现场，如车间、仓库（包括外部仓库）、营业场所以及基建工地等，对被查事项或需要核实的事项进行实地视察和了解，考察企业产、供、销、运各环节的内部管理状况，控制程序和各方面的实际情况，从中发现薄弱环节和存在的问题，获取相关证据的一种方法。

A. 比较分析法　　B. 控制计算法　　C. 实地盘存法　　D. 审核法

3. 在查账方法中，顺查法和逆查法划分的依据是（　　）。

A. 查账的详细程度　　B. 查账顺序

C. 查账的技术方法　　D. 税种

4. 账务检查方法按照查账的技术分为（　　）。

A. 抽查法　　B. 核对法　　C. 逆查法　　D. 审阅法

5. 纳税检查后发现纳税人存在涉税问题，如果涉及调账的，常用的调账方法有（　　）。

A. 反向冲销法　　B. 划线更正法

C. 补充登记法　　D. 综合调整法

6. 账务检查方法按照查账的详细程度分为（　　）。

A. 抽查法　　B. 顺查法　　C. 逆查法　　D. 全查法

二、判断题

1. 控制计算法是指将企业会计资料中的有关项目、数据，在相关的时期之间、指标之间、企业之间及地区、行业之间，进行静态或动态对比分析，从中发现问题，获取检查线索的一种分析方法。（　　）

2. 账务检查方法按照查账的顺序分为审阅法和核对法。（　　）

3. 逆查法是指按照会计核算的顺序从检查会计凭证开始，以凭证核对账簿，再以账簿核对会计报表，通过逐步审查核对，从中发现账证不符、账账不符、账实不符，以及涂改、计算差错等的检查方法。（　　）

4. 补充登记法适用于会计科目对应关系没有问题，只是金额数据有误的会计事项。（　　）

5. 经县以上税务局（分局）局长批准，可查询案件涉嫌人员的储蓄存款账户。（　　）

三、案例分析与实践操作

1. 某工业公司在进行纳税自查时发现，公司将本月生产车间管理人员的工资 20 000 元计入管理费用。该公司的账务处理如下：

借：管理费用　　20 000

　　贷：应付职工薪酬——职工工资　　20 000

请判断企业是否存在涉税问题，如有问题，该如何调整？

2. 某企业购进办公用品一批，取得一张普通发票注明总价为30 000元，企业财务人员账务处理如下：

借：管理费用　　3 000

　贷：银行存款　　3 000

请判断企业是否存在涉税问题。如有问题，该如何调整？

项目二 增值税税务检查

学习目标

知识目标

1. 掌握增值税最新政策，尤其是‘营改增”（《营业税暂行条例》废止后）后相关政策规定。

2. 掌握增值税纳税检查的常用方法、常见涉税问题。

3. 掌握增值税错账的调整方法和技巧。

能力目标

1. 会检查增值税征税范围存在的涉税问题。

2. 会检查增值税纳税义务人判定与适用存在的涉税问题。

3. 会检查增值税税率存在的涉税问题。

4. 会检查销项税额、进项税额确认存在的涉税问题。

5. 会检查增值税纳税义务发生时间和地点存在的涉税问题。

6. 会对企业享受的增值税优惠政策是否正确进行检查。

7. 会对错账进行相应账务调整。

[大数据下增值税常见税务风险评估指标及信息比对]

指标一：增值税税收负担率（以下简称“税负率”）。

税负率=(本期应纳税额÷本期应税主营业务收入)×100%

指标参照值及引发风险点：往往参照企业纵向指标和同行业横向指标进行比对，即通常所称的税务预警值。如果企业实际税负率低于预警值的，企业销项税额和进项税额易存在风险点。对进项税额的评估，应查证有无扩大进项抵扣范围、骗抵进项税额、不按规定申报抵扣等问题，对应核实销项税额计算的正确性。对销项税额的评估，应侧重查证有无账外经营，瞒报、迟报计税销售额，混淆增值税税目，错用税率等问题。

指标二：销项比对。

(1) 当期开具发票（不包含不征税发票）的金额、税额合计数应小于或者等于当期申报的销售额、税额合计数。

(2) 纳税人当期申报免税销售额、即征即退销售额的，应当比对其增值税优惠备案信息，按规定不需要办理备案手续的除外。

指标三：进项比对。

（1）当期已认证或确认的进项增值税专用发票（以下简称“专用发票”）上注明的金额、税额合计数应大于或者等于申报表中本期申报抵扣的专用发票进项金额、税额合计数。

（2）经稽核比对相符的海关进口增值税专用缴款书上注明的税额合计数应大于或者等于申报表中本期申报抵扣的海关进口增值税专用缴款书的税额。

（3）取得的代扣代缴税收缴款凭证上注明的增值税税额合计数应大于或者等于申报表中本期申报抵扣的代扣代缴税收缴款凭证的税额。

（4）取得的《出口货物转内销证明》上注明的进项税额合计数应大于或者等于申报表中本期申报抵扣的外贸企业进项税额抵扣证明的税额。

（5）按照政策规定，依据相关凭证注明的金额计算抵扣进项税额的，计算得出的进项税额应大于或者等于申报表中本期申报抵扣的相应凭证税额。

（6）红字增值税专用发票信息表中注明的应作转出的进项税额应等于申报表中进项税额转出中的红字专用发票信息表注明的进项税额。

（7）申报表中进项税额转出金额不应小于零。

指标四：应纳税额减征额比对。

当期申报的应纳税额减征额应小于或者等于当期符合政策规定的减征税额。

指标五：预缴税款比对。

申报表中的预缴税额本期发生额应小于或者等于实际已预缴的税款。

任务一　征税范围与税率的检查

任务导入

某通信设备有限公司主营手机批发零售业务，为增值税一般纳税人。2020 年实现销售收入 1 116 万元，已交增值税 8.1 万元，税负率 0.73%；2019 年销售收入 7 349 万元，已交增值税 62.4 万元，税负率 0.85%。在对该公司实施的检查中，检查人员发现库存商品明细账中三种型号的手机连续两年库存数量不变。经到企业仓库实地盘点，发现上述手机账实不符，二者相差 1 200 台（账面比实际多），请判定该企业是否存在纳税问题。

解析：

检查结论：通过查阅相关合同、协议，检查人员发现 1 200 台的差额中有 1 000 台为委托代销发出的手机，该公司因未收到代销清单，故未记账反映收入，还有 200 台用于职工福利，发放给职工。该公司应就两类业务缴纳增值税，但未申报增值税导致少缴纳增值税。

政策依据：

根据《中华人民共和国增值税暂行条例实施细则》第四条的规定，单位或者个体工商户的下列行为，视同销售货物：

(1) 将货物交付其他单位或者个人代销。

(2) 销售代销货物。

(3) 设有两个以上机构并实行统一核算的纳税人，将货物从一个机构移送其他机构用于销售，但相关机构设在同一县（市）的除外。

(4) 将自产或者委托加工的货物用于非增值税应税项目。

(5) 将自产、委托加工的货物用于集体福利或者个人消费。

(6) 将自产、委托加工或者购进的货物作为投资，提供给其他单位或者个体工商户。

(7) 将自产、委托加工或者购进的货物分配给股东或者投资者。

(8) 将自产、委托加工或者购进的货物无偿赠送其他单位或者个人。

[知识回顾与提升]

一、“营改增”前增值税征税范围及税率

(一) 增值税征税范围的一般规定

增值税征税范围包括货物的生产、批发、零售和进口四个环节，此外，加工和修理修配也属于增值税的征税范围，凡在上述四环节中销售货物、提供加工和修理修配劳务的，都要按规定缴纳增值税。增值税征税范围的具体内容如下。

1. 销售货物

“货物”是指除土地、房屋和其他建筑物等一切不动产之外的有形动产，包括电力、热力和气体在内。销售货物是指有偿转让货物的所有权。“有偿”不仅仅指从购买方取得货币，还包括取得货物或其他经济利益。

2. 提供加工和修理修配劳务

“加工”是指接收来料承做货物，加工后的货物所有权仍属于委托者的业务，即通常所说的委托加工业务。“委托加工业务”是指由委托方提供原料及主要材料，受托方按照委托方的要求制造货物并收取加工费的业务。“修理修配”是指受托对损伤和丧失功能的货物进行修复，使其恢复原状和功能的业务。这里的“提供加工和修理修配劳务”都是指有偿提供加工和修理修配劳务，单位或个体经营者聘用的员工为本单位或雇主提供加工、修理修配劳务不包括在内。

3. 进口货物

进口货物指申报进入我国海关境内的货物。确定一项货物是否属于进口货物，必须看其是否办理了报关进口手续。通常，境外产品要输入境内，必须向我国海关申报进口，并办理有关报关手续。只要是报关进口的应税货物，均属于增值税征税范围，在进口环节缴纳增值税（享受免税政策的货物除外）。

(二) 增值税视同销售行为

增值税视同销售是指在会计上不作为销售核算，而在税收上作为销售，确认收入计缴增值税税金的商品或劳务的转移行为。

单位或个体经营者的下列行为，视同销售货物，征收增值税：

(1) 将货物交付给其他单位或个人代销。

（2）销售代销货物。

（3）设有两个以上机构并实行统一核算的纳税人，将货物从一个机构移送到其他机构用于销售，但相关机构设在同一县（市）的除外。

（4）将自产或委托加工的货物用于非增值税应税项目。

（5）将自产、委托加工的货物用于集体福利或个人消费。

（6）将自产、委托加工或购买的货物分配给股东或投资者。

（7）将自产、委托加工或购买的货物作为投资，提供给其他单位或个体工商者。

（8）将自产、委托加工或购买的货物无偿赠送给他人。

对上述行为视同销售货物或提供应税劳务，按规定计算销售额并征收增值税。一是为了防止通过这些行为逃避纳税，造成税款流失；二是为了避免税款抵扣链条中断，导致各环节间税负的不均衡。

（三）征税范围的特殊规定

（1）货物期货（包括商品期货和贵金属期货），应当征收增值税，在期货的实物交割环节纳税。

（2）银行销售金银的业务，应当征收增值税。

（3）典当业的死当物品销售业务和寄售业代委托人销售寄售物品的业务，均应当征收增值税。

（4）基本建设单位和从事建筑安装业务的企业附设工厂、车间生产的水泥预制构件、其他构件或建筑材料，凡用于本单位或本企业的建筑工程的，应视同对外销售，在移送使用环节征收增值税。

（5）集邮商品（包括邮票、小型张、小本票、明信片、首日封、邮折、集邮簿、邮盘、邮票目录、护邮袋、贴片及其他集邮商品）的生产、调拨，以及邮政部门以外的其他单位与个人销售集邮商品，应征收增值税。

（6）执法部门和单位查处的属于一般商业部门经营的商品，具备拍卖条件的，由执法部门或单位商同级财政部门同意后，公开拍卖。其拍卖收入作为罚没收入由执法部门和单位如数上缴财政，不予征税。对经营单位购入拍卖物品再销售的，应照章征收增值税。

（7）电力公司向发电企业收取的过网费，应当征收增值税，不征收营业税。

（8）印刷企业接受出版单位委托，自行购买纸张，印刷有统一刊号（CN）以及采用国际标准书号编序的图书、报纸和杂志，按货物销售征收增值税。

（四）税率

我国增值税采用比例税率，设置了基本税率、低税率和对出口货物实行的零税率及征收率。

1. 基本税率

增值税一般纳税人销售或者进口货物，提供加工、修理修配劳务，除低税率适用范围和销售个别旧货适用低税率外，一律适用 17% 的基本税率，自 2018 年 5 月 1 日起降至 16%，自 2019 年 4 月 1 日起降至 13%。

2. 低税率

低税率是一个照顾性税率，增值税一般纳税人销售或者进口下列货物，按低税率 11%

计征增值税。自 2017 年 7 月 1 日起，简并增值税税率结构，取消 13% 的增值税税率。自 2018 年 5 月 1 日起，税率由 11% 降至 10%；自 2019 年 4 月 1 日起降至 9%。

（1）农产品、食用植物油、鲜奶、食用盐。农产品是指种植业、养殖业、林业、牧业、水产业生产的各种植物、动物的初级产品。

（2）自来水、暖气、冷气、热水、煤气、石油液化气、天然气、沼气、居民用煤炭制品。

（3）图书、报纸、杂志、音像制品、电子出版物。

（4）饲料、化肥、农药、农机、农膜。

（5）二甲醚。

3. 零税率

纳税人出口的货物适用零税率，但是，国务院另有规定的除外。

4. 增值税的征收率

小规模纳税人增值税征收率为 3%，不得抵扣进项税款。

（五）改革动向

受新型冠状病毒感染的肺炎疫情等因素影响，2020 年中国经济发展将面临不确定性增多、下行压力增大、财政收入增长放缓、企业生存发展困难等挑战。深化增值税改革应在助力稳增长、调结构，促进经济高质量发展等方面进一步发挥积极作用。既要保持增值税减税政策的持续性和稳定性，继续巩固和拓展减税降费成效，持续落实好各项减税政策措施，也要对深化增值税改革作出战略调整，建立长期可持续的税收政策机制，合理制定增值税政策，优化增值税征收管理，提升增值税治理能力，切实把减税降费红利转化为经济高质量发展的不竭动力。

政策更新 《财政部 税务总局 海关总署关于深化增值税改革有关政策的公告》

二、“营改增”扩围征税范围及税率

（一）“营改增”扩围规定

在中华人民共和国境内销售货物或者加工、修理修配劳务，销售服务、无形资产、不动产以及进口货物的单位和个人，为增值税的纳税人，应当缴纳增值税。

1. 销售服务

销售服务，是指提供交通运输服务、邮政服务、电信服务、建筑服务、金融服务、现代服务和生活服务。

（1）交通运输服务。

交通运输服务，是指利用运输工具将货物或者旅客送达目的地，使其空间位置得到转移的业务活动。包括陆路运输服务、水路运输服务、航空运输服务和管道运输服务。

1）陆路运输服务。

陆路运输服务，是指通过陆路（地上或者地下）运送货物或者旅客的运输业务活动，包括铁路运输服务和其他陆路运输服务。

铁路运输服务，是指通过铁路运送货物或者旅客的运输业务活动。

其他陆路运输服务，是指铁路运输以外的陆路运输业务活动。包括公路运输、缆车运输、索道运输、地铁运输、城市轻轨运输等。

出租车公司向使用本公司自有出租车的出租车司机收取的管理费用，按照陆路运输服务缴纳增值税。

2）水路运输服务。

水路运输服务，是指通过江、河、湖、川等天然、人工水道或者海洋航道运送货物或者旅客的运输业务活动。

水路运输的程租、期租业务，属于水路运输服务。

程租业务，是指运输企业为租船人完成某一特定航次的运输任务并收取租赁费的业务。

期租业务，是指运输企业将配备有操作人员的船舶承租给他人使用一定期限，承租期内听候承租方调遣，不论是否经营，均按天向承租方收取租赁费，发生的固定费用均由船东负担的业务。

3）航空运输服务。

航空运输服务，是指通过空中航线运送货物或者旅客的运输业务活动。航空运输的湿租业务，属于航空运输服务。

湿租业务，是指航空运输企业将配备有机组人员的飞机承租给他人使用一定期限，承租期内听候承租方调遣，不论是否经营，均按一定标准向承租方收取租赁费，发生的固定费用均由承租方承担的业务。

航天运输服务，按照航空运输服务缴纳增值税。

航天运输服务，是指利用火箭等载体将卫星、空间探测器等空间飞行器发射到空间轨道的业务活动。

4）管道运输服务。

管道运输服务，是指通过管道设施输送气体、液体、固体物质的运输业务活动。无运输工具承运业务，按照交通运输服务缴纳增值税。

无运输工具承运业务，是指经营者以承运人身份与托运人签订运输服务合同，收取运费并承担承运人责任，然后委托实际承运人完成运输服务的经营活动。

（2）邮政服务。

邮政服务，是指中国邮政集团公司及其所属邮政企业提供邮件寄递、邮政汇兑和机要通信等邮政基本服务的业务活动。包括邮政普遍服务、邮政特殊服务和其他邮政服务。

1）邮政普遍服务。

邮政普遍服务，是指函件、包裹等邮件寄递，以及邮票发行、报刊发行和邮政汇兑等业务活动。

函件，是指信函、印刷品、邮资封片卡、无名址函件和邮政小包等。

包裹，是指按照封装上的名址递送给特定个人或者单位的独立封装的物品，其重量不超过 50 千克，任何一边的尺寸不超过 150 厘米，长、宽、高合计不超过 300 厘米。

2）邮政特殊服务。

邮政特殊服务，是指义务兵平常信函、机要通信、盲人读物和革命烈士遗物的寄递等业务活动。

3）其他邮政服务。

其他邮政服务，是指邮册等邮品销售、邮政代理等业务活动。

（3）电信服务。

电信服务，是指利用有线、无线的电磁系统或者光电系统等各种通信网络资源，提供语音通话服务，传送、发射、接收或者应用图像、短信等电子数据和信息的业务活动。包括基础电信服务和增值电信服务。

1）基础电信服务。

基础电信服务，是指利用固网、移动网、卫星、互联网，提供语音通话服务的业务活动，以及出租或者出售带宽、波长等网络元素的业务活动。

2）增值电信服务。

增值电信服务，是指利用固网、移动网、卫星、互联网、有线电视网络，提供短信和彩信服务、电子数据和信息的传输及应用服务、互联网接入服务等业务活动。

卫星电视信号落地转接服务，按照增值电信服务缴纳增值税。

（4）建筑服务。

建筑服务，是指各类建筑物、构筑物及其附属设施的建造、修缮、装饰，线路、管道、设备、设施等的安装以及其他工程作业的业务活动。包括工程服务、安装服务、修缮服务、装饰服务和其他建筑服务。

1）工程服务。

工程服务，是指新建、改建各种建筑物、构筑物的工程作业。包括与建筑物相连的各种设备或者支柱、操作平台的安装或者装设工程作业，以及各种窑炉和金属结构工程作业。

2）安装服务。

安装服务，是指生产设备、动力设备、起重设备、运输设备、传动设备、医疗实验设备以及其他各种设备、设施的装配、安置工程作业。包括与被安装设备相连的工作台、梯子、栏杆的装设工程作业，以及被安装设备的绝缘、防腐、保温、油漆等工程作业。

固定电话、有线电视、宽带、水、电、燃气、暖气等经营者向用户收取的安装费、初装费、开户费、扩容费以及类似收费，按照安装服务缴纳增值税。

3）修缮服务。

修缮服务，是指对建筑物、构筑物进行修补、加固、养护、改善，使之恢复原来的使用价值或者延长其使用期限的工程作业。

4）装饰服务。

装饰服务，是指对建筑物、构筑物进行修饰装修，使之美观或者具有特定用途的工程作业。

5）其他建筑服务。

其他建筑服务，是指上列工程作业之外的各种工程作业服务，如钻井（打井）、拆除建筑物或者构筑物、平整土地、园林绿化、疏浚（不包括航道疏浚）、建筑物平移、搭脚手架、爆破、矿山穿孔、表面附着物（包括岩层、土层、沙层等）剥离和清理等工程作业。

（5）金融服务。

金融服务，是指经营金融保险的业务活动。包括贷款服务、直接收费金融服务、保险服务和金融商品转让。

1）贷款服务。

贷款，是指将资金贷与他人使用而取得利息收入的业务活动。

各种占用、拆借资金取得的收入，包括金融商品持有期间（含到期）利息（保本收益、报酬、资金占用费、补偿金等）收入、信用卡透支利息收入、买入返售金融商品利息收入、融资融券收取的利息收入，以及融资性售后回租、押汇、罚息、票据贴现、转贷等业务取得的利息及利息性质的收入，按照贷款服务缴纳增值税。

融资性售后回租，是指承租方以融资为目的，将资产出售给从事融资性售后回租业务的企业后，从事融资性售后回租业务的企业将该资产出租给承租方的业务活动。

以货币资金投资收取的固定利润或者保底利润，按照贷款服务缴纳增值税。

2）直接收费金融服务。

直接收费金融服务，是指为货币资金融通及其他金融业务提供相关服务并且收取费用的业务活动。包括提供货币兑换、账户管理、电子银行、信用卡、信用证、财务担保、资产管理、信托管理、基金管理、金融交易场所（平台）管理、资金结算、资金清算、金融支付等服务。

3）保险服务。

保险服务，是指投保人根据合同约定，向保险人支付保险费，保险人对于合同约定的可能发生的事故因其发生所造成的财产损失承担赔偿保险金责任，或者当被保险人死亡、伤残、疾病或者达到合同约定的年龄、期限等条件时承担给付保险金责任的商业保险行为。包括人身保险服务和财产保险服务。

人身保险服务，是指以人的寿命和身体为保险标的的保险业务活动。

财产保险服务，是指以财产及其有关利益为保险标的的保险业务活动。

4）金融商品转让。

金融商品转让，是指转让外汇、有价证券、非货物期货和其他金融商品所有权的业务活动。

其他金融商品转让包括基金、信托、理财产品等各类资产管理产品和各种金融衍生品的转让。

（6）现代服务。

现代服务，是指围绕制造业、文化产业、现代物流产业等提供技术性、知识性服务的业务活动。包括研发和技术服务、信息技术服务、文化创意服务、物流辅助服务、租赁服务、鉴证咨询服务、广播影视服务、商务辅助服务和其他现代服务。

1）研发和技术服务。

研发和技术服务，包括研发服务、合同能源管理服务、工程勘察勘探服务、专业技术服务。

研发服务，也称技术开发服务，是指就新技术、新产品、新工艺或者新材料及其系统进行研究与试验开发的业务活动。

合同能源管理服务，是指节能服务公司与用能单位以契约形式约定节能目标，节能服务公司提供必要的服务，用能单位以节能效果支付节能服务公司投入及其合理报酬的业务活动。

工程勘察勘探服务，是指在采矿、工程施工前后，对地形、地质构造、地下资源蕴藏情况进行实地调查的业务活动。

专业技术服务，是指气象服务、地震服务、海洋服务、测绘服务、城市规划、环境与生态监测服务等专项技术服务。

2）信息技术服务。

信息技术服务，是指利用计算机、通信网络等技术对信息进行生产、收集、处理、加工、存储、运输、检索和利用，并提供信息服务的业务活动。包括软件服务、电路设计及测试服务、信息系统服务、业务流程管理服务和信息系统增值服务。

软件服务，是指提供软件开发服务、软件维护服务、软件测试服务的业务活动。电路设计及测试服务，是指提供集成电路和电子电路产品设计、测试及相关技术支持服务的业务活动。

信息系统服务，是指提供信息系统集成、网络管理、网站内容维护、桌面管理与维护、信息系统应用、基础信息技术管理平台整合、信息技术基础设施管理、数据中心、托管中心、信息安全服务、在线杀毒、虚拟主机等业务活动。包括网站对非自有的网络游戏提供的网络运营服务。

业务流程管理服务，是指依托信息技术提供的人力资源管理、财务经济管理、审计管理、税务管理、物流信息管理、经营信息管理和呼叫中心等服务的活动。

信息系统增值服务，是指利用信息系统资源为用户附加提供的信息技术服务。包括数据处理、分析和整合，数据库管理，数据备份，数据存储，容灾服务，电子商务平台等。

3）文化创意服务。

文化创意服务，包括设计服务、知识产权服务、广告服务和会议展览服务。

设计服务，是指把计划、规划、设想通过文字、语言、图画、声音、视觉等形式传递出来的业务活动。包括工业设计、内部管理设计、业务运作设计、供应链设计、造型设计、服装设计、环境设计、平面设计、包装设计、动漫设计、网游设计、展示设计、网站设计、机械设计、工程设计、广告设计、创意策划、文印晒图等。

知识产权服务，是指处理知识产权事务的业务活动。包括对专利、商标、著作权、软件、集成电路布图设计的登记、鉴定、评估、认证、检索服务。

广告服务，是指利用图书、报纸、杂志、广播、电视、电影、幻灯、路牌、招贴、橱窗、霓虹灯、灯箱、互联网等各种形式为客户的商品、经营服务项目、文体节目或者通告、声明等委托事项进行宣传和提供相关服务的业务活动。包括广告代理和广告的发布、播映、宣传、展示等。

会议展览服务，是指为商品流通、促销、展示、经贸洽谈、民间交流、企业沟通、国际往来等举办或者组织安排的各类展览和会议的业务活动。

4）物流辅助服务。

物流辅助服务，包括航空服务、港口码头服务、货运客运场站服务、打捞救助服务、装卸搬运服务、仓储服务和收派服务。

a. 航空服务，包括航空地面服务和通用航空服务。

航空地面服务，是指航空公司、飞机场、民航管理局、航站等向在境内航行或者在境内机场停留的境内外飞机或者其他飞行器提供的导航等劳务性地面服务的业务活动。包括旅客安全检查服务、停机坪管理服务、机场候机厅管理服务、飞机清洗消毒服务、空中飞行管理服务、飞机起降服务、飞行通信服务、地面信号服务、飞机安全服务、飞机跑道管理服务、空中交通管理服务等。

通用航空服务，是指为专业工作提供飞行服务的业务活动，包括航空摄影、航空培训、航空测量、航空勘探、航空护林、航空吊挂播洒、航空降雨、航空气象探测、航空海洋监测、航空科学实验等。

b. 港口码头服务，是指港务船舶调度服务、船舶通信服务、航道管理服务、航道疏浚服务、灯塔管理服务、航标管理服务、船舶引航服务、理货服务、系解缆服务、停泊和移泊服务、海上船舶溢油清除服务、水上交通管理服务、船只专业清洗消毒检测服务和防止船只漏油服务等为船只提供服务的业务活动。

港口设施经营人收取的港口设施保安费按照港口码头服务缴纳增值税。

c. 货运客运场站服务，是指货运客运场站提供货物配载服务、运输组织服务、中转换乘服务、车辆调度服务、票务服务、货物打包整理、铁路线路使用服务、加挂铁路客车服务、铁路行包专列发送服务、铁路到达和中转服务、铁路车辆编解服务、车辆挂运服务、铁路接触网服务、铁路机车牵引服务等业务活动。

d. 打捞救助服务，是指提供船舶人员救助、船舶财产救助、水上救助和沉船沉物打捞服务的业务活动。

e. 装卸搬运服务，是指使用装卸搬运工具或者人力、畜力将货物在运输工具之间、装卸现场之间或者运输工具与装卸现场之间进行装卸和搬运的业务活动。

f. 仓储服务，是指利用仓库、货场或者其他场所代客贮放、保管货物的业务活动。

g. 收派服务，是指接受寄件人委托，在承诺的时限内完成函件和包裹的收件、分拣、派送服务的业务活动。

收件服务，是指从寄件人收取函件和包裹，并运送到服务提供方同城的集散中心的业务活动。

分拣服务，是指服务提供方在其集散中心对函件和包裹进行归类、分发的业务活动。

派送服务，是指服务提供方从其集散中心将函件和包裹送达同城的收件人的业务活动。

5）租赁服务。

租赁服务，包括融资租赁服务和经营租赁服务。

融资租赁服务，是指具有融资性质和所有权转移特点的租赁活动。即出租人根据承租人所要求的规格、型号、性能等条件购入有形动产或者不动产，租赁给承租人，合同期内租赁物所有权属于出租人，承租人只拥有使用权，合同期满付清租金后，承租人有权按照残值购入租赁物，以拥有其所有权。不论出租人是否将租赁物销售给承租人，均属于融资租赁。

按照标的物的不同，融资租赁服务可分为有形动产融资租赁服务和不动产融资租赁服务。

融资性售后回租不按照本税目缴纳增值税。

经营租赁服务，是指在约定时间内将有形动产或者不动产转让他人使用且租赁物所有权不变更的业务活动。

按照标的物的不同，经营租赁服务可分为有形动产经营租赁服务和不动产经营租赁服务。

将建筑物、构筑物等不动产或者飞机、车辆等有形动产的广告位出租给其他单位或者个人用于发布广告，按照经营租赁服务缴纳增值税。

车辆停放服务、道路通行服务（包括过路费、过桥费、过闸费等）等按照不动产经营租赁服务缴纳增值税。

水路运输的光租业务、航空运输的干租业务，属于经营租赁。

光租业务，是指运输企业将船舶在约定的时间内出租给他人使用，不配备操作人员，不承担运输过程中发生的各项费用，只收取固定租赁费的业务活动。

干租业务，是指航空运输企业将飞机在约定的时间内出租给他人使用，不配备机组人员，不承担运输过程中发生的各项费用，只收取固定租赁费的业务活动。

6）鉴证咨询服务。

鉴证咨询服务，包括认证服务、鉴证服务和咨询服务。

认证服务，是指具有专业资质的单位利用检测、检验、计量等技术，证明产品、服务、管理体系符合相关技术规范、相关技术规范的强制性要求或者标准的业务活动。

鉴证服务，是指具有专业资质的单位受托对相关事项进行鉴证，发表具有证明力的意见的业务活动。包括会计鉴证、税务鉴证、法律鉴证、职业技能鉴定、工程造价鉴证、工程监理、资产评估、环境评估、房地产土地评估、建筑图纸审核、医疗事故鉴定等。

咨询服务，是指提供信息、建议、策划、顾问等服务的活动。包括金融、软件、技术、财务、税收、法律、内部管理、业务运作、流程管理、健康等方面的咨询。

翻译服务和市场调查服务按照咨询服务缴纳增值税。

7）广播影视服务。

广播影视服务，包括广播影视节目（作品）的制作服务、发行服务和播映（含放映，下同）服务。

广播影视节目（作品）制作服务，是指进行专题（特别节目）、专栏、综艺、体育、动画片、广播剧、电视剧、电影等广播影视节目和作品制作的服务。具体包括与广播影视节目和作品相关的策划、采编、拍摄、录音、音视频文字图片素材制作、场景布置，以及后期的剪辑、翻译（编译）、字幕制作、片头、片尾、片花制作、特效制作、影片修复、编目和确权等业务活动。

广播影视节目（作品）发行服务，是指以分账、买断、委托等方式，向影院、电台、电视台、网站等单位和个人发行广播影视节目（作品）以及转让体育赛事等活动的报道及播映权的业务活动。

广播影视节目（作品）播映服务，是指在影院、剧院、录像厅及其他场所播映广播影视节目（作品），以及通过电台、电视台、卫星通信、互联网、有线电视等无线或者有线装置播映广播影视节目（作品）的业务活动。

8）商务辅助服务。

商务辅助服务，包括企业管理服务、经纪代理服务、人力资源服务、安全保护服务。

企业管理服务，是指提供总部管理、投资与资产管理、市场管理、物业管理、日常综合管理等服务的业务活动。

经纪代理服务，是指各类经纪、中介、代理服务。包括金融代理、知识产权代理、货物运输代理、代理报关、法律代理、房地产中介、职业中介、婚姻中介、代理记账、拍卖等。

货物运输代理服务，是指接受货物收货人、发货人、船舶所有人、船舶承租人或者船舶经营人的委托，以委托人的名义，为委托人办理货物运输、装卸、仓储和船舶进出港口、引航、靠泊等相关手续的业务活动。

代理报关服务，是指接受进出口货物的收、发货人委托，代为办理报关手续的业务活动。

人力资源服务，是指提供公共就业、劳务派遣、人才委托招聘、劳动力外包等服务的业务活动。

安全保护服务，是指提供保护人身安全和财产安全，维护社会治安等的业务活动。包括场所住宅保安、特种保安、安全系统监控以及其他安保服务。

9）其他现代服务。

其他现代服务，是指除研发和技术服务、信息技术服务、文化创意服务、物流辅助服务、租赁服务、鉴证咨询服务、广播影视服务和商务辅助服务以外的现代服务。

（7）生活服务。

生活服务，是指为满足城乡居民日常生活需求提供的各类服务活动。包括文化体育服务、教育医疗服务、旅游娱乐服务、餐饮住宿服务、居民日常服务和其他生活服务。

1）文化体育服务。

文化体育服务，包括文化服务和体育服务。

文化服务，是指为满足社会公众文化生活需求提供的各种服务。包括：文艺创作、文艺表演、文化比赛，图书馆的图书和资料借阅，档案馆的档案管理，文物及非物质遗产保护，组织举办宗教活动、科技活动、文化活动，提供游览场所。

体育服务，是指组织举办体育比赛、体育表演、体育活动，以及提供体育训练、体育指导、体育管理的业务活动。

2）教育医疗服务。

教育医疗服务，包括教育服务和医疗服务。

教育服务，是指提供学历教育服务、非学历教育服务、教育辅助服务的业务活动。学历教育服务，是指根据教育行政管理部门确定或者认可的招生和教学计划组织教学，并颁发相应学历证书的业务活动。包括初等教育、初级中等教育、高级中等教育、高等教育等。

非学历教育服务，包括学前教育、各类培训、演讲、讲座、报告会等。教育辅助服务，包括教育测评、考试、招生等服务。

医疗服务，是指提供医学检查、诊断、治疗、康复、预防、保健、接生、计划生育、防疫服务等方面的服务，以及与这些服务有关的提供药品、医用材料器具、救护车、病房住宿和伙食的业务。

3）旅游娱乐服务。

旅游娱乐服务，包括旅游服务和娱乐服务。

旅游服务，是指根据旅游者的要求，组织安排交通、游览、住宿、餐饮、购物、文娱、商务等服务的业务活动。

娱乐服务，是指为娱乐活动同时提供场所和服务的业务。

具体包括：歌厅、舞厅、夜总会、酒吧、台球、高尔夫球、保龄球、游艺（包括射击、狩猎、跑马、游戏机、蹦极、卡丁车、热气球、动力伞、射箭、飞镖）。

4）餐饮住宿服务。

餐饮住宿服务，包括餐饮服务和住宿服务。

餐饮服务，是指通过同时提供饮食和饮食场所的方式为消费者提供饮食消费服务的业务活动。

住宿服务，是指提供住宿场所及配套服务等的活动，包括宾馆、旅馆、旅社、度假村和其他经营性住宿场所提供的住宿服务。

5）居民日常服务。

居民日常服务，是指主要为满足居民个人及其家庭日常生活需求提供的服务，包括市容市政管理、家政、婚庆、养老、殡葬、照料和护理、救助救济、美容美发、按摩、桑拿、氧吧、足疗、沐浴、洗染、摄影扩印等服务。

6）其他生活服务。

其他生活服务，是指除文化体育服务、教育医疗服务、旅游娱乐服务、餐饮住宿服务和居民日常服务之外的生活服务。

2. 销售无形资产

销售无形资产，是指转让无形资产所有权或者使用权的业务活动。无形资产，是指不具实物形态，但能带来经济利益的资产，包括技术、商标、著作权、商誉、自然资源使用权和其他权益性无形资产。

技术，包括专利技术和非专利技术。

自然资源使用权，包括土地使用权、海域使用权、探矿权、采矿权、取水权和其他自然资源使用权。

其他权益性无形资产，包括基础设施资产经营权、公共事业特许权、配额、经营权（包括特许经营权、连锁经营权、其他经营权）、经销权、分销权、代理权、会员权、席位权、网络游戏虚拟道具、域名、名称权、肖像权、冠名权、转会费等。

3. 销售不动产

销售不动产，是指转让不动产所有权的业务活动。不动产，是指不能移动或者移动后会引起性质、形状改变的财产，包括建筑物、构筑物等。

建筑物，包括住宅、商业营业用房、办公楼等可供居住、工作或者进行其他活动的建造物。

构筑物，包括道路、桥梁、隧道、水坝等建造物。

转让建筑物有限产权或者永久使用权的，转让在建的建筑物或者构筑物所有权的，以及在转让建筑物或者构筑物时一并转让其所占土地的使用权的，按照销售不动产缴纳增值税。

（二）"营改增"业务视同销售规定

（1）单位或者个体工商户向其他单位或者个人无偿提供服务，但用于公益事业或者以社会公众为对象的除外。

（2）单位或者个人向其他单位或者个人无偿转让无形资产或者不动产，但用于公益事业或者以社会公众为对象的除外。

（3）财政部和国家税务总局规定的其他情形。

（三）混合销售

一项销售行为如果既涉及货物又涉及服务，为混合销售。从事货物的生产、批发或者零售的单位和个体工商户的混合销售行为，按照销售货物缴纳增值税；其他单位和个体工商户的混合销售行为，按照销售服务缴纳增值税。

上述从事货物的生产、批发或者零售的单位和个体工商户，包括以从事货物的生产、批发或者零售为主，并兼营销售服务的单位和个体工商户在内。

（四）税率

（1）纳税人发生应税行为，除以下第（2）项、第（3）项、第（4）项规定外，税率为6%。

（2）提供交通运输、邮政、基础电信、建筑、不动产租赁服务，销售不动产，转让土地使用权，税率为9%。

（3）提供有形动产租赁服务，税率为13%。

（4）境内单位和个人发生的跨境应税行为，税率为零。具体范围由财政部和国家税务总局另行规定。

归纳提升

增值税征税范围和税率常见涉税问题及主要检查方法，如表2-1所示。

表2-1　增值税征税范围和税率常见涉税问题及主要检查方法

检查内容	企业常见涉税问题	税务机关和中介机构主要检查方法
视同销售行为的检查	委托代销业务不按规定申报纳税。	1. 审核委托代销业务的真实性，查阅委托方与受托方签订的委托代销合同或协议，重点检查是否构成代销业务，核实纳税人是否将直销业务作为委托代销业务进行核算。 2. 审查在收到代销清单前是否收取货款，收到清单后是否及时结转销售；审查发出代销商品是否超过180天，核实有无延迟纳税义务发生时间和不计销售的问题。检查“应收账款”“应付账款”“其他应付款”“销售费用（或营业费用）”等账户，核查“库存商品——委托代销商品”账户贷方发生额的对应账户是否异常。
	受托代销业务未申报纳税。 不同县（市）间移送货物用于销售未申报纳税。	1. 审查代销商品账户、销售资料和往来明细账，查阅相关合同、协议，了解被查单位是否存在代销业务，必要时对受托代销商品采用发函协查或实地盘存的方法进行检查，核实是否存在代销收入不入账、隐匿销售收入或延缓实现销售收入时间的问题。 2. 审查工商登记情况，了解企业经营机构尤其是异地分支机构的设立情况；检查“库存商品”等存货类账户，核实机构间是否存在移送货物的情况；核对机构间的往来明细账和银行资金往来凭据；审查销售部门的销售台账、仓库部门的实物账等情况。

续表

检查内容	企业常见涉税问题	税务机关和中介机构主要检查方法
视同销售行为的检查	自产或委托加工的货物用于集体福利和个人消费，未视同销售申报纳税。	1. 实地观察或询问自产或委托加工货物的用途，分析有无用于非应税项目、集体福利和个人消费。 2. 审阅“其他业务支出”“在建工程”“应付职工薪酬”账户的借方发生额，进一步检查“库存商品”“自制半成品”账户的贷方发生额，若发生额大于当期结转的主营业务成本，说明有可能将自制或委托加工的货物用于非应税项目或集体福利、个人消费，应对“应付职工薪酬”“其他业务支出”“在建工程”账户进行逆向反查，对这些账户的借方发生额的对应账户进行审核，检查其是否使用了自产或委托加工的货物。 3. 检查仓库发货单，审核是否存在非应税项目、集体福利和个人消费领用自产、委托加工货物的情况。 4. 审核计税价格，核实有无以成本价作为计税依据的情况。
	自产、委托加工或购买的货物用于对外投资、分配给股东或无偿赠送他人，未视同销售申报纳税。	重点审阅“长期股权投资”“应付股利”“产成品”“营业外支出”等账户借方的对应账户是否是“原材料”“库存商品”等存货类账户。核实企业有无将自产、委托加工或购买的货物用于对外投资和分配给股东，以及无偿赠送他人等事项。如果有，查阅相应业务的记账凭证，再对应“应交税费——应交增值税（销项税额）”账户，检查纳税人用于投资、赠送或分配的货物是否按规定核算销项税额。
兼营非应税劳务的检查	纳税人兼营非应税劳务，未分别核算或不能准确核算销售货物或应税劳务和非应税劳务的销售额，未按规定申报缴纳增值税。	查阅工商登记情况，采取询问、实地观察等方法，了解企业的实际经营范围，核实其是否有兼营非应税劳务的情况；检查“其他业务收入”“营业外收入”“其他业务支出”“营业外支出”以及费用类账户，审核兼营非应税业务是否分别核算，不分别核算或者不能准确核算的，是否按规定正确缴纳了增值税。
混合销售行为的检查	发生混合销售行为，适用税率不正确。	1. 查阅工商营业执照和税务登记证件，了解企业的经营范围，检查纳税人的生产经营场所，了解有无混合销售业务。 2. 检查“主营业务收入”“其他业务收入”账户，核实混合销售行为适用税率税目是否正确，有无将高税率业务按低税率申报纳税。 3. 审查有关成本、费用账户，核实是否存在将收取的混合销售收入直接冲减成本、费用。 4. 对纳税人销售自产货物并同时提供建筑业劳务的，应重点审核是否符合国家税务总局 2018 年第 42 号文件规定的条件，适用税率是否正确。
销售自己使用过的固定资产的检查	销售自己使用过的应税固定资产，未按规定申报缴纳增值税。	检查“固定资产”“固定资产清理”“营业外收入”“营业外支出”“应交税费——应交增值税”（简易计税）账户，核实企业销售自己使用过的应缴纳增值税的固定资产是否已申报缴纳增值税，以及缴纳增值税的方法是否正确，税额是否准确。

续表

检查内容	企业常见涉税问题	税务机关和中介机构主要检查方法
税率检查	适用税率不正确。	1. 审核工商登记资料，对企业有关人员进行询问，掌握其实际经营范围。 2. 对难以判断属性和用途的货物，应查阅有关书籍、咨询权威机构、观察企业生产过程，对“原材料”“生产成本”账户进行检查，必要时请有关部门进行技术鉴定，到购货方进行调查，了解货物的生产工艺及使用的原材料，掌握货物的属性和用途，判断其适用税率。 3. 审核“主营业务收入”明细账、“应交增值税”明细账以及有关凭证，结合合同或协议，了解业务实质，准确判定适用税目和税率，有无将高税率业务按低税率申报纳税，导致少缴税，或有无将低税率业务按高税率申报纳税，导致多缴税，尤其注意涉及税率调整时点。

做中学

1. 税务机关对顺程汽车租赁有限公司进行稽查，该企业业务为汽车租赁服务，2018 年度企业收入为 3 600 万元，该企业当年全部按 10%的税率申报缴纳增值税，经查阅与客户签订的合同，有的为不带司机汽车租赁业务，有的为带司机汽车租赁业务，该企业是否存在涉税问题？

解析：租车带司机属于运输服务，按照 9%的税率申报纳税；不带司机属于有形动产租赁，按照 13%的税率申报纳税。如果两种业务公司都能提供，需要分开核算；如果不能分开核算，需要从高计算。

2. 冀建集团为增值税一般纳税人，2020 年 7 月 10 日与当地城建部门签订了一份“美丽乡村”建设项目，项目总造价为 5 000 万元（包工包料），由于城建部门不需要增值税专用发票，故冀建集团给城建部门开具了 3%税率的增值税普通发票，请问该操作是否存在问题。

解析：包工包料属于应按一般计税方法计税的项目，而企业按简易计税方法计税，不正确。

任务二　增值税纳税义务人的检查

任务导入

某公司于 2012 年 1 月领取营业执照和税务登记，主营小五金配件、橡胶制品的销售，为增值税一般纳税人。2019 年 1 月起，该公司将其店面承包给刘某经营，经营项目仍为该公司的主营业务，并签订了出（承）包协议，协议约定，公司将店面承包给刘某经营，并提供营业执照，刘某自主经营、自负盈亏，债权债务和税收由刘某自己负担，在财务上实行独立核算（不纳入该公司统一核算和管理）。刘某既没有向税务机关办理相关的税务登记，也未进行申报纳税。检查人员在对该公司检查时，从“其他业务收入”明细账中发现该公司收取了刘某的承包费，但未就小五金配件、橡胶制品的销售申报缴纳增值税。

解析：

检查结论：

审阅协议，判断企业是以谁的名义进行经营的，如果是以发包人的名义对外经营并由发包人承担相关法律责任的，以该发包人为纳税人；反之，以承包人为纳税人。

政策依据：

单位以承包、承租、挂靠方式经营的，承包人、承租人、挂靠人（以下简称“承包人”）以发包人、出租人、被挂靠人（以下简称“发包人”）名义对外经营并由发包人承担相关法律责任的，以该发包人为纳税人；否则，以承包人为纳税人。

[知识回顾与提升]

在中华人民共和国境内销售货物，销售服务、无形资产或者不动产（以下简称“应税行为”）或者提供加工、修理修配劳务以及进口货物的单位和个人，为增值税的纳税人。

单位，是指企业、行政单位、事业单位、军事单位、社会团体及其他单位。

个人，是指个体工商户和其他个人。

单位以承包、承租、挂靠方式经营的，承包人、承租人、挂靠人（以下简称“承包人”）以发包人、出租人、被挂靠人（以下简称“发包人”）名义对外经营并由发包人承担相关法律责任的，以该发包人为纳税人。否则，以承包人为纳税人。

纳税人分为一般纳税人和小规模纳税人。

应税行为的年应征增值税销售额（以下简称“应税销售额”）超过财政部和国家税务总局规定标准的纳税人为一般纳税人，未超过规定标准的纳税人为小规模纳税人。

年应税销售额超过规定标准的其他个人不属于一般纳税人。年应税销售额超过规定标准但不经常发生应税行为的单位和个体工商户可选择按照小规模纳税人纳税。

年应税销售额未超过规定标准的纳税人，会计核算健全，能够提供准确税务资料的，可以向主管税务机关办理一般纳税人资格登记，成为一般纳税人。

会计核算健全，是指能够按照国家统一的会计制度规定设置账簿，根据合法、有效凭证核算。

符合一般纳税人条件的纳税人应当向主管税务机关办理一般纳税人资格登记。具体登记办法由国家税务总局制定。

除国家税务总局另有规定外，一经登记为一般纳税人后，不得转为小规模纳税人。中华人民共和国境外（以下简称“境外”）单位或者个人在境内发生应税行为，在境内未设有经营机构的，以购买方为增值税扣缴义务人。财政部和国家税务总局另有规定的除外。

两个或者两个以上的纳税人，经财政部和国家税务总局批准可以视为一个纳税人合并纳税。具体办法由财政部和国家税务总局另行制定。

一般纳税人和小规模纳税人分类如表 2-2 所示。

表 2-2　一般纳税人和小规模纳税人分类

分类	生产货物的纳税人	批发或零售货物的纳税人	销售服务、无形资产和不动产的纳税人
小规模纳税人	年应税销售额未超过 500 万元（含）	年应税销售额未超过 500 万元（含）	年应税销售额未超过 500 万元
一般纳税人	年应税销售额超过 500 万元	年应税销售额超过 500 万元	年应税销售额超过 500 万元（含）

政策更新　《财政部 税务总局关于统一增值税小规模纳税人标准的通知》

归纳提升

纳税义务人常见涉税问题及主要检查方法，如表 2-3 所示。

表 2-3　纳税义务人常见涉税问题及主要检查方法

检查内容	企业常见涉税问题	税务机关和中介机构主要检查方法
一般纳税人认定的检查	符合一般纳税人条件，但不办理一般纳税人认定手续。	审查会计报表、资金流动凭据和现金流量计算表、货物购进凭据、销售日记账，通过单位能耗（比如材料消耗、水电消耗、工资消耗）测算，核实纳税人的年实际应税销售额，检查是否符合一般纳税人条件但不申请认定为一般纳税人。
租赁或承包经营的检查	承租或承包的企业、单位和个人，不按规定办理税务手续，以出租人或发包人的名义进行经营，逃避纳税义务。	根据其提供的纳税人名称进行调查质证，审核出租人、发包人与承租或承包的企业、单位和个人签订的承包、承租合同或协议，核实实际经营人，审查承租或承包的企业、单位和个人是否有独立的生产、经营权，在财务上是否独立核算，并定期向出租者或发包者上缴租金或承包费，确认其是否存在逃避纳税义务的行为。
租赁或承包经营的检查	承租承包超市、商场的柜台和经营场地，以超市、商场的名义进行经营，逃避纳税义务。	检查出租人、发包人财务账簿中“其他应收款”“其他应付款”“其他业务收入”“营业外收入”“经营费用”“管理费用”“财务费用”等账户，审核是否有承包费和租金收入，是否将“承租或承包”部分的收入纳入出租人、发包人财务核算，确定承租或承包的企业、单位和个人是否履行纳税义务。
扣缴义务人的检查	发生扣缴义务时，扣缴义务人未按规定履行代扣代缴义务。	审阅扣缴义务人所签订的劳务合同，审查境外的单位或个人在境内销售应税劳务的情况，核实扣缴义务人是否正确履行扣缴义务。

做中学

某企业2019年10月成立，成立后各月财务报表反映经营情况如下。该企业一直按小规模纳税人申报纳税，请判断该企业是否存在涉税问题。

月份	含税销售额（万元）	不含税销售额（征收率3%）
2019年10月	280 000.00	271 844.66
2019年11月	800 000.00	776 699.03
2019年12月	500 000.00	485 436.89
2020年1月	100 000.00	97 087.38
2020年2月	1 500 000.00	1 456 310.68
2020年3月	900 000.00	873 786.41
2020年4月	1 800 000.00	1 747 572.82
2020年5月	1 350 000.00	1 310 679.61
2020年6月	650 000.00	631 067.96
2020年7月	1 200 000.00	1 165 048.54
2020年8月	800 000.00	776 699.03
2020年9月	2 200 000.00	2 135 922.33
2020年10月	2 800 000.00	2 718 446.60

解析： 年应税销售额超过500万元应认定为一般纳税人，连续不超过12月不是按年计算，该企业自2019年10月至2020年4月年累计销售额已经超过了500万元，故应自2020年5月份开始转为一般纳税人，不能再按小规模纳税人纳税。

《国家税务总局关于增值税一般纳税人登记管理办法》（国家税务总局令第43号）第八条规定：纳税人在年应税销售额超过规定标准的月份（或季度）的所属申报期结束后15日内按照本办法第六条或者第七条的规定办理相关手续；未按规定时限办理的，主管税务机关应当在规定时限结束后5日内制作《税务事项通知书》，告知纳税人应当在5日内向主管税务机关办理相关手续；逾期仍不办理的，次月起按销售额依照增值税税率计算应纳税额，不得抵扣进项税额，直至纳税人办理相关手续为止。

任务三　销项税额的税务检查

任务导入1

某公司为增值税一般纳税人，主要生产机械设备，2020年10月当地税务机关对其上年度的纳税情况实施全面检查。检查人员采用审阅法检查“其他应付款”账户相关记账凭证时，发现2019年12月118号记账凭证记载如下：

借：银行存款　　226 000

　　贷：其他应付款　　226 000

记账凭证上注明为包装费。

解析：

检查结论：

包装费应作为价外费用缴纳增值税。而企业记入“其他应付款”账户，少缴增值税的同时少确认收入、少缴企业所得税。

该笔价外费用无论其会计制度如何核算，都应并入销售额计税。账务调整为：

借：其他应付款　　226 000

　贷：其他业务收入——包装费　　200 000

　　应交税费——应交增值税（销项税额）　　26 000

政策依据：

销售额为纳税人销售货物或提供应税劳务向购买方收取的全部价款和价外费用。价外费用具体包括：手续费、补贴、基金、集资费、返还利润、奖励费、违约金（延期付款利息）、包装费、包装物租金、储备费、优质费、运输装卸费、代收款项、代垫款项及其他各种性质的价外收费。

任务导入2

在审查某公司有关账目时，发现每个季度末“财务费用”借方都有一笔红字冲转。经调查核实，该公司 2020 年向各地销售电子设备，部分购买方没有及时付款，该公司向欠款的购买方按季收取所欠货款的利息，全年合计 14 万元，企业每季账务处理为：

借：银行存款　　140 000

　贷：财务费用　　140 000

解析：

检查结论：

该企业销售货物，因购买方未及时付款而向购买方收取的延期付款利息属于企业销售货物的价外费用，应该计算增值税销项税额。

增值税销项税额＝140 000÷(1＋13%)×13%＝16 106.19（元）。

在企业所得税上，应调减应纳税所得额 16 106.19 元。

调账分录：

错账：

借：银行存款　　140 000

　贷：财务费用　　140 000

正确的账务处理：

借：银行存款　　140 000

　贷：主营业务收入　　123 893.81

　　应交税费——应交增值税（销项税额）　　16 106.19

在错账的基础上如果不进行冲减直接用综合账务调整法：

借：财务费用　　140 000

　贷：主营业务收入　　123 893.81

应交税费——应交增值税（销项税额）　　16 106.19

调账——如果发现以前年度错账：

借：利润分配——未分配利润　　16 106.19

贷：应交税费——应交增值税（销项税额）　　16 106.19

[知识回顾与提升]

纳税人销售货物或者提供应税劳务，按照销售额和《增值税暂行条例》规定的税率计算并向购买方收取的增值税税额，为销项税额。其含义：一是销项税额是计算出来的，对销售方来讲，在没有依法抵扣其进项税额前，销项税额不是其应纳增值税税额，而是销售货物或提供应税劳务的整体税负；二是销售额是不含销项税额的销售额，是从购买方收取的，体现了价外税性质。

销项税额是销售货物或提供应税劳务的销售额与税率的乘积，该概念是相对于进项税额来说的，定义销项税额是为了区别应纳税额。其计算公式如下：

销项税额＝销售额×税率

或：

销项税额＝组成计税价格×税率

《增值税暂行条例》第六条规定：销售额为纳税人销售货物或提供应税劳务向购买方收取的全部价款和价外费用。但是不包括收取的销项税额，具体地说，应税销售额包括以下内容：

（1）销售货物或提供应税劳务源于购买方的全部价款。

（2）向购买方收取的各种价外费用。具体包括：手续费、补贴、基金、集资费、返还利润、奖励费、违约金（延期付款利息）、包装费、包装物租金、储备费、优质费、运输装卸费、代收款项、代垫款项及其他各种性质的价外收费。上述价外费用无论其会计制度如何核算，都应并入销售额计税。但上述价外费用不包括以下费用：

1）受托加工应征消费税的货物而由受托方向委托方代收代缴的消费税。这是因为代收代缴消费税只是受托方履行法定义务的一种行为，此项税金虽然构成委托加工货物售价的一部分，但它同受托方的加工业务及其收取的应税加工费没有内在关联。

2）同时符合以下两个条件的代垫运费：承运部门的运费发票开具给购货方，并且由纳税人将该项发票转交给购货方的。在这种情况下纳税人仅仅是为购货人代办运输业务，而未从中收取额外费用。

（3）同时符合以下条件代为收取的政府性基金或者行政事业性收费：

1）由国务院或者财政部批准设立的政府性基金，由国务院或者省级人民政府及其财政、价格主管部门批准设立的行政事业性收费。

2）收取时开具省级以上财政部门印制的财政票据。

3）所收款项全额上缴财政。

（4）销售货物的同时代办保险等而向购买方收取的保险费，以及向购买方收取的代购买方缴纳的车辆购置税、车辆牌照费。

税法规定，纳税人销售货物和提供应税劳务时向购买方收取的各种价外费用均要并入计税销售额计算征税，目的是防止纳税人以各种名目的收费减少计税销售额逃避纳税。同时应注意，根据国家税务总局规定，纳税人向购买方收取的价外费用和包装物押金，应视为含税收入，在并入销售额征税时，应将其换算为不含税收入再并入销售额征税。

（5）消费税税金。由于消费税属于价内税，因此，凡征收消费税的货物在计征增值税税额时，其应税销售额应包括消费税税金。

做中学 1

某公司为增值税一般纳税人，主要生产机械设备，2020 年 6 月当地税务机关对其上年度的纳税情况实施全面检查。检查人员采用审阅法检查“原材料”账户相关记账凭证时，发现 2019 年 12 月 118 号记账凭证记载如下，请判断是否存在涉税问题（假定货物适用税率为 13%）：

借：银行存款　　22 600

　贷：其他应付款　　22 600

记账凭证摘要栏中注明为“收取包装费”。

解析：记账凭证摘要栏中注明为“收取包装费”，说明该费用属于价外费用，应并入销售额中计算增值税的销项税额，少确认销项税额 2 600（22 600/1.13×13%）元。

调账处理：

借：其他应付款　　22 600

　贷：利润分配——未分配利润　　20 000

　　　应交税费——应交增值税（销项税额）　　2 600

做中学 2

2020 年 5 月稽查局对某企业 2019 年度的纳税情况进行检查时，发现其中一笔业务作分录如下：

借：银行存款　　32 000

　贷：营业外收入　　32 000

记账凭证摘要栏中注明为“利息”，经过了解是因为有一批货物对方未及时付款而额外收取的利息，故计入营业外收入（假定货物适用税率为 13%）。

解析：销售货物因为对方未及时付款而额外收取的利息，属于价外费用，应并入销售额中计算增值税的销项税额。

调整：借：利润分配—未分配利润　　3 681.42

　　　贷：应交税费——应交增值税（销项税额）　　3 681.42

做中学 3

2020年5月税务师事务所对某企业2019年度的纳税情况进行检查时，发现其中一笔业务如下，将成本价为200 000元的服装作为福利发放给职工，并了解到同类产品市场价格为300 000元。企业账务处理如下，判断企业是否存在涉税问题，如何调账。

借：应付职工薪酬——职工福利　　200 000

　贷：库存商品——服装　　200 000

解析：企业将生产的产品用于职工福利属于视同消费行为，应按市场价格计算增值税的销项税额。

调整：借：利润分配——未分配利润　　39 000

　　　贷：应交税费——应交增值税（销项税额）　　39 000

归纳提升

增值税销项税额常见涉税问题及主要检查方法，如表2-4所示。

表2-4　增值税销项税额常见涉税问题及主要检查方法

检查内容	企业常见涉税问题	税务机关和中介机构主要检查方法
销售额申报情况的检查	采取少申报或不申报销售额的办法，不计或少计销项税额，包括： 1. 账面已记销售，但账面未计提销项税额，未申报纳税。 2. 账面已记销售、已计提销项税额，但未申报或少申报纳税。	对于纳税人向税务机关申报的增值税销项税额与账面销项税额不一致，申报数额小于账面计提数的情况，可以采用以下方法检查： 1. 采用对比分析法，对账表进行比对，将增值税纳税申报表与“应交税费——应交增值税”账户进行逐月比对，从中发现问题。 2. 对于汇总申报缴纳增值税的企业，还要注意将各成员单位的增值税明细账进行汇总，并与应交增值税汇总账户进行比对，核实是否存在不一致的问题。
账面隐匿销售额的检查	不按规定核算货物销售情况，应计未计销售收入，不计提销项税额，主要有以下三种情况： 1. 销售货物直接冲减“生产成本”或“库存商品”。 2. 以物易物不按规定确认收入，不计提销项税额。 3. 用货物抵偿债务，不按规定计提销项税额。	1. 检查“生产成本”“原材料”“库存商品”明细账的贷方发生额，如果存在与资金账户直接对转的异常情况，应结合原始凭证，核查销售货物是否直接冲减“生产成本”或“库存商品”。 2. 检查“库存商品”“原材料”等存货类账户明细账的贷方发生额，若对应账户是“原材料”或“工程物资”或其他货物等账户的，应进一步检查记账凭证和原始凭证，查明是否存在以物易物不按规定确认收入，少缴税款的问题。 3. 查阅相关合同和负债类账户的明细账，审核各种债务的清偿方式，核实是否存在与“库存商品”“原材料”等资产类账户的贷方发生额对转的情况，确认是否存在以货抵债的事项。 4. 检查偿还债务的原始凭证和应交税费明细账，核实以货抵债业务是否按规定计提销项税额。

续表

检查内容	企业常见涉税问题	税务机关和中介机构主要检查方法
虚构销货退回业务的检查	1. 纳税人为了少缴纳税款，采取虚构退货的手段，人为减少应计税销售收入，销售货物直接冲减生产成本或库存商品。 2. 以退货名义支付费用。	1. 审查销货退回冲减销售收入时，检查有无合法凭据。在购货方尚未付款并未作账务处理的情况下，全部退货的，增值税专用发票各联次是否全部收回作废；已付款或购货方已作账务处理的，是否取得了购买方税务机关出具的《开具红字增值税专用发票通知单》。 2. 核实退回的货物是否冲减了本期的销售成本并办理了入库手续。如果纳税人无合法依据冲减主营业务收入，且无货物退货入库记录的，就可能存在虚构销货退回的业务。 3. 检查资金流，核实货物流和资金流是否一致和同步，在财务上是否构成完整的核算过程，如果不存在，则可能存在虚构销货退回的业务。
收取价外费用的检查	将向购货方收取的各种应一并缴纳增值税的价外费用，采用不入账、冲减费用、人为分解代垫运费或长期挂往来账等手段，不计算缴纳增值税。	1. 了解企业所属行业特点和产品市场供求关系，综合分析企业有无加收价外费用的可能，同时还要了解行业管理部门是否要求其代收价外费用的情况等。 2. 审核销售合同，查阅是否有收取价外费用的约定或协议。 3. 检查往来明细账，重点检查“其他应付款”明细账户，如果存在长期挂账款项，需进一步审阅有关原始单据，核实是否属于价外费用。 4. 检查“其他业务收入”“营业外收入”等明细账，如有从购买方收取的价外费用，应对照“应交税费——应交增值税（销项税额）”账户，核实是否申报纳税。 5. 检查“管理费用”“制造费用”“销售费用”等明细账，如有贷方发生额或借方红字冲减销售额，应对照记账凭证，逐笔检查，核实是否存在收取价外费用直接冲减成本费用，少缴税款的情况。 6. 审阅购销合同，并与“其他应收款”账户进行核对，确认是否存在代垫运费协议，是否同时符合代垫运费的两个条件等，判断代垫运费业务是否成立，有无将销售业务人为分割成货物销售和代垫运费的情况等。
利用关联企业转移计税价格的检查	纳税人销售货物或（应税劳务）的价格明显低于同行业其他企业同期的销售价格，或某一笔交易的货物（应税劳务）销售价格明显低于同期该货物的平均销售价格。	1. 采用比较分析法，将纳税人的货物（应税劳务）销售价格、销售利润率与本企业和其他同行业企业的同期销售价格、销售利润率进行对比，核实销售价格和销售利润率是否明显偏低。 2. 采用询问、调查等方法，了解纳税人经营战略、发展规划和销售政策，了解与价格明显偏低的销售对象是否存在关联关系，审核纳税人货物销售价格偏低的理由是否正当，如无正当理由，应补缴税款。
坐支销货款的检查	将收取的销售款项，先支付费用（如购货方的回扣、推销奖、营业费用、委托代销商品的代销手续费用等或用销货款直接进货），再将余款入账作收入。	1. 审核销售收入日报表和“主营业务收入”明细账以及销售收入原始凭据和货物出（入）库单，核实实际销售收入。 2. 对于将费用凭证和销货记账原始凭证混在一起记账的，应对上述原始凭据进行仔细审核，核实是否存在坐支销货款的问题。 3. 对有委托代销业务的，应审核代销合同、代销清单，查阅销售价格是否异常，核实是否存在坐支代理销售款的问题。

续表

检查内容	企业常见涉税问题	税务机关和中介机构主要检查方法
受托加工业务实物收入的检查	接受委托加工业务的受托方收取的抵顶加工费的材料、余料收入，不计收入、不申报纳税。	1. 审查委托加工合同，了解双方对加工费支付方式和剩余材料归属的约定。 2. 检查“受托加工材料备查簿”、“原材料”明细账贷方发生额及企业开出的加工业务发票或收据，采用投入产出分析法，复核纳税人代制代修品耗用材料的数量，结合加工后退还委托方的材料数量，检查其是否存在委托方以材料抵顶加工费。 3. 必要时到委托方实施调查取证，以确认受托加工企业取得的“实物收入”不申报纳税的问题。
以旧换新、还本销售的检查	1. 纳税人采取还本销售方式销售货物按减除还本支出后的销售额计税。 2. 纳税人采用以旧换新销售方式销售货物，按实际收取的销售款项计税（金银首饰除外）。	1. 采用调查、询问和比较分析法，核实纳税人是否存在以旧换新、还本销售业务。 2. 检查纳税人的收入类明细账和销售原始凭据，核实有无某种货物销售价格明显低于正常时期的销售价格，若有异常且无正当理由的，确定是否由于采取以旧换新方式，按实际收取的款项计算销售额造成的。 3. 检查“销售费用”“主营业务成本”等成本费用账户，核实有无还本支出核算；是否存在还本支出冲减销售收入的问题，对照销售收入进行审核。 4. 核实实际销售收入（方法见前面相应的检查方法）。
机构间移送货物的检查	设有两个以上的机构并实行统一核算的纳税人，将货物从一个机构移送其他机构［不在同一县（市）］用于销售，未作销售处理。	1. 可采用直查法、审阅法和核对法重点检查“库存商品”明细账的贷方摘要栏，特别对摘要栏内注明“移库”字样的，应深入审查，检查附在凭证后的相关附件资料。 2. 了解纳税人是否存在跨市县的分支机构，检查仓库明细账、仓库出库单等，以确定库存商品的流向和用途，判定是否有将库存商品移送到统一核算的在其他县（市）的机构用于销售，未作销售处理、未提销项税额的情况。
出售、出借包装物的检查	1. 随同产品出售单独计价的包装物不计或少计收入。 2. 包装物的押金收入不及时纳税。	1. 现场查看纳税人成品仓库的产品有无包装，询问相关人员随同产品出售的包装物是否单独计价。 2. 审查纳税人“包装物”账户，看其贷方是否与货币资金、往来结算等账户发生对应关系；根据“包装物”明细账贷方发生额逐笔审查产品销售领用包装物业务的记账凭证和原始单据，核实是否存在随同产品出售单独计价的包装物，应计未计销售收入、未申报纳税的问题。 3. 结合企业生产的特点，了解其是否有出借包装物的行为及包装物的出借方式、押金的收取方式等。 4. 审查与出借包装物有关的货物销售合同，审核与包装物押金相关的“其他应付款”明细账，掌握各种包装物的回收期限，核实时间超过一年的押金是否按规定计算缴纳了增值税。 5. 对酒类生产企业，要重点审查包装物明细账的贷方发生额，核实销售除黄酒、啤酒以外的酒类产品收取的包装物押金是否并入了当期销售额，是否计算缴纳了增值税。

续表

检查内容	企业常见涉税问题	税务机关和中介机构主要检查方法
残次品、废品、材料、边角废料等销售的检查	1. 销售残次品、废品、材料、边角废料等隐匿账外。 2. 直接冲减原材料、成本、费用等账户。 3. 作其他收入，不计提销项税额。	1. 采用审阅法和核对法，从与“其他业务收入”“营业外收入”等账户贷方相对应的账户着手，核查销售收入是否提取了销项税额。 2. 检查“产成品”、“原材料”、费用、成本等账户，看是否有红字冲减记录，并查阅原始凭证，看是否属于销售残次品、废品、材料、边角废料等取得的收入。 3. 结合投入产出率、企业消耗定额、废品率等指标，分析企业残次品、废品、材料、边角废料等的数量，与账面记载情况核对。对差额较大的，进一步检查车间、厂办、食堂等部门，看企业是否将边角废料收入隐匿在内部有关部门。
应税固定资产出售的检查	分解出售应税固定资产取得的收入，造成转让价格低于原值的假象，逃避缴纳税款。	出售固定资产，固定资产的净值、发生的清理费用和收入均在“固定资产清理”账户核算。部分纳税人出售固定资产取得的收入直接通过“营业外收入”账户核算，清理费用、固定资产净值在“固定资产清理”账户核算，导致出售固定资产的成本与收入两分离。对这类问题，可采用审阅法、核对法进行检查。 1. 审查企业固定资产登记卡（簿），核实出售的固定资产（包括售价超过原值的应征消费税的机动车、摩托车、游艇）是否属于列入企业固定资产目录并且作为固定资产管理的货物、是否是使用过的固定资产。 2. 根据“固定资产清理”账户的贷方发生事项，检查有关转让、变卖固定资产收入的原始凭证（转让合同、协议等），与转让固定资产账面原值比较，审查是否按规定申报缴纳了增值税。 3. 审查企业“其他业务收入”“营业外收入”等账户的贷方发生事项，分析企业是否存在“固定资产清理”账户中将固定资产和零部件销售统一按 2% 的税率减半征税的问题。
以货物对外投资业务的检查	自产、委托加工或购买的货物对外投资时，未作视同销售处理，或者计税依据错误，少缴纳增值税。	采用审阅法，检查企业“长期股权投资”账户的借方发生额，与其对应账户核对，确认企业长期股权投资是否涉及自产、委托加工或购买的货物，如果涉及货物投资，则采用核对法核查企业是否按照规定作视同销售处理。 企业对外长期股权投资的计价，一般是由投资协议或者合同确认的。检查时，应重点审阅企业每一项长期投资协议（合同），与“长期股权投资”账户借方发生数核对，同时与“应交税费——应交增值税（销项税额）”账户相应数据核对，分析确认企业作视同销售时的计税价格是否和投资协议或者合同中双方确认的价格（价值）一致。 此外，在核对投资协议或者合同时，还应将协议（合同）中双方确认的投资货物价格（价值）与同期市场公允价格相比对，防止投资双方通过降低投资货物计价，提高投资收益分配比例（或增加固定收益分配）的形式，达到投资方少缴纳增值税的目的。
账外经营的检查	纳税人为了偷税，设立两套账簿，对内账簿真实核算生产经营情况，对外账簿记载虚假的经营收入和利润情况，以应对税务机关检查，并以此作为纳税申报的依据。	账外经营从其偷税手段上看，具有很大的隐蔽性。有的偷税者通过现金交易，将大部分业务从购进、生产到销售整个生产经营过程都置于账外，查处难度较大。常见的检查方法有：调查分析法、税负分析法、投入产出分析法、逻辑分析法、异常情况分析法、突击检查法、重点检查法。

任务四　进项税额的税务检查

任务导入

2019 年 8 月，石门旭日公司购进复印纸张，取得增值税专用发票列明的货物金额 12 万元（不含税价），运费 1.1 万元（不含税价），并于当月认证抵扣。2019 年 10 月，该纳税人由于管理不善造成上述复印纸被火烧毁。企业当月根据取得发票全部认证抵扣了税额，企业账务处理存在什么问题?

解析：

检查结论：

纳税人购进货物因管理不善发生火灾的非正常损失，应于发生的当月将已抵扣的货物及运输服务的进项税额进行转出。

应转出的进项税额＝120 000×13％＋11 000×9％＝16 590（元）

会计处理如下：

借：待处理财产损溢——待处理流动资产损失　　147 590

　贷：库存商品　　131 000

　　　应交税费——应交增值税（进项税额转出）　　16 590

政策依据：

国务院关于废止《中华人民共和国营业税暂行条例》和修改《中华人民共和国增值税暂行条例》的决定（中华人民共和国国务院令第 691 号），《中华人民共和国增值税暂行条例实施细则》，《关于全面推开营业税改征增值税试点的通知》财税〔2016〕36 号。

[知识回顾与提升]

一、可抵扣进项税额凭证

（1）增值税专用发票、机动车销售统一发票、收费公路通行费增值税电子普通发票：需要认证或通过勾选确认方式，抵扣票面税额。

（2）海关进口增值税专用缴款书：需要报送《海关完税凭证抵扣清单》，申请稽核比对。

（3）农产品收购发票或者销售发票

1）从按照简易计税方法依照 3％征收率计算缴纳增值税的小规模纳税人取得增值税专用发票的，以增值税专用发票上注明的金额和 9％的扣除率计算进项税额。

2）取得（开具）农产品销售发票或收购发票的，以农产品销售发票或收购发票上注明的农产品买价和 9％的扣除率计算进项税额。

3）纳税人购进用于生产销售或委托受托加工 13％税率货物的农产品，按照 10％的扣除率计算进项税额。

4）纳税人购进农产品既用于生产销售或委托受托加工13%税率货物又用于生产销售其他货物服务的，应当分别核算用于生产销售或委托受托加工13%税率货物和其他货物服务的农产品进项税额。未分别核算的，统一以增值税专用发票或海关进口增值税专用缴款书上注明的增值税额为进项税额，或以农产品收购发票或销售发票上注明的农产品买价和9%的扣除率计算进项税额。

（4）桥、闸通行费以通行费发票为抵扣凭证，计算抵扣增值税。

桥、闸通行费可抵扣进项税额＝桥、闸通行费发票上注明的金额÷(1＋5%)×5%

（5）完税凭证：应当具备书面合同、付款证明和境外单位的对账单或者发票。资料不全的，其进项税额不得从销项税额中抵扣。

（6）购进国内旅客运输服务，其进项税额允许从销项税额中抵扣。纳税人未取得增值税专用发票的，暂按照以下规定确定进项税额：

1）取得增值税电子普通发票的，为发票上注明的税额。

2）取得注明旅客身份信息的航空运输电子客票行程单的，按照下列公式计算进项税额：

航空旅客运输进项税额＝(票价＋燃油附加费)÷(1＋9%)×9%

3）取得注明旅客身份信息的铁路车票的，按照下列公式计算进项税额：

铁路旅客运输进项税额＝票面金额÷(1＋9%)×9%

4）取得注明旅客身份信息的公路、水路等其他客票的，按照下列公式计算进项税额：

公路、水路等其他旅客运输进项税额＝票面金额÷(1＋3%)×3%

二、不得从销项税额中抵扣的进项税额

（1）纳税人购进货物、劳务、服务、无形资产、不动产，取得的增值税扣税凭证不符合法律、行政法规或者国务院税务主管部门有关规定的，其进项税额不得从销项税额中抵扣。

（2）用于简易计税方法计税项目、免征增值税项目、集体福利或者个人消费的购进货物、劳务、服务、无形资产和不动产。

（3）非正常损失的购进货物，以及相关的劳务和交通运输服务。

（4）非正常损失的在产品、产成品所耗用的购进货物（不包括固定资产）、劳务和交通运输服务。

（5）国务院规定的其他项目。

（6）适用一般计税方法的纳税人，兼营简易计税方法计税项目、免征增值税项目而无法划分不得抵扣的进项税额，按照下列公式计算不得抵扣的进项税额：

不得抵扣的进项税额＝当期无法划分的全部进项税额
×(当期简易计税方法计税项目销售额
＋免征增值税项目销售额)÷当期全部销售额

主管税务机关可以按照上述公式依据年度数据对不得抵扣的进项税额进行清算。

（7）已抵扣进项税额的固定资产、无形资产或者不动产，发生财税〔2016〕36号第二十七条规定情形的，按照下列公式计算不得抵扣的进项税额：

不得抵扣的进项税额＝固定资产、无形资产或者不动产净值×适用税率

固定资产、无形资产或者不动产净值，是指纳税人根据财务会计制度计提折旧或摊销后的余额。

（8）纳税人适用一般计税方法计税的，因销售折让、中止或者退回而退还给购买方的增值税额，应当从当期的销项税额中扣减；因销售折让、中止或者退回而收回的增值税额，应当从当期的进项税额中扣减。

（9）有下列情形之一者，应当按照销售额和增值税税率计算应纳税额，不得抵扣进项税额，也不得使用增值税专用发票：

1）一般纳税人会计核算不健全，或者不能够提供准确税务资料的。

2）应当办理一般纳税人资格登记而未办理的。

做中学

1. 石门强力日化厂为一般纳税人，适用一般计税方法。2019 年 10 月 8 日购进洗涤剂准备用于销售，取得增值税专用发票列明不含税金额为 10 000 元，税额为 1 300 元，当月认证抵扣。2019 年 12 月，该纳税人将所购进的该批次洗涤剂全部用于职工食堂。企业当月根据取得的发票全部认证抵扣了税额。

账务处理如下：

借：应付职工薪酬——职工福利　　10 000

　贷：原材料　　10 000

请分析该企业纳税存在哪些问题。

解析：企业将外购的商品用于职工福利，进项税额不允许抵扣，如已抵扣应作进项税额转出处理。

调整：

借：应交税费——应交增值税（进项税额转出）　　1 300

　贷：利润分配——未分配利润　　1 300

2. 石门宏兴厂为增值税一般纳税人，适用一般计税方法。2019 年 6 月企业因管理不善导致一批材料霉烂变质。购买该批材料时，取得增值税专用发票注明金额 200 000 元，进项税额 26 000 元，该笔进项税额已抵扣。经查无相关责任人赔偿，该企业也未作进项税额转出，企业这样做是否违反税法规定？

解析：企业发生因管理不善造成的非正常损失，进项税额不允许抵扣，如已抵扣应作进项税额转出处理。

调整：

借：应交税费——应交增值税（进项税额转出）　　26 000

　贷：利润分配——未分配利润　　26 000

归纳提升

增值税进项税额常见涉税问题及主要检查方法，如表 2－5 所示。

表 2-5 增值税进项税额常见涉税问题及主要检查方法

检查内容	企业常见涉税问题	税务机关和中介机构主要检查方法
购进环节的检查	1. 购进工程物资抵扣进项税额。 2. 扩大农产品收购凭证的使用范围，将其他费用计入买价，多抵扣进项税额。 3. 错用扣税率，低税高扣。 4. 采购途中的非合理损耗未按新条例规定转出进项税额。 5. 发生退货或取得折让，未按规定做进项税额转出，多抵扣税额。 6. 用于免税项目、简易计税项目购进货物抵扣进项税额。 7. 以存挤销，将因管理不善等因素造成的材料短缺挤入正常发出数，少缴增值税。 8. 盘亏材料未按规定的程序和方法及时处理，未作进项税额转出。	1. 审查“库存商品”“应交税费——应交增值税（进项税额）”账户借方发生额，对照增值税专用发票，看是否相符。 （1）通过发票开具的内容判断是否属于库存商品核算的范围，有无将用于不动产建造作为原材料入账，一次直接抵扣税额。 （2）检查“固定资产——在建工程”明细账，并与其对应账户核对，有无将在改建、扩建过程中耗用的生产性货物一次直接抵扣税额。 （3）根据材料的属性判断采购的原材料是否为企业生产、经营所需。 2. 审查购入免税农业产品的买价是否真实，有无将一些进货费用，如收购人员的差旅费、奖金、雇用人员的手续费以及运杂费等采购费用计入买价计算进项税额进行扣税；有无擅自扩大收购凭证的使用范围或错用扣除税率的问题。 检查时，可采用审阅法、核对法、观察法等多种方法，审查“原材料”“库存商品”及其对应账户的账务处理，查看原始凭证所列示的内容，结合产地和其他企业购进价格，核实买价是否正确，必要时可进行外调，按核实的买价计算出可抵扣的进项税额后，再与“应交税费——应交增值税（进项税额）”账户进行核对，看是否相符。 对农产品收购凭证填开情况进行审核和检查，看其是否符合相关的规定。对大宗农产品要进行定期或不定期的抽盘，分析其是否账实相符、有没有将霉烂变质的货物长期挂账不作处理的情况等。 3. 非合理损耗的检查。纳税人在材料采购过程中发生短缺与毁损时，在未查明原因前，其短缺与毁损部分应按含税成本记入“待处理财产损溢”账户，待查明原因后，再根据不同情况作出账务处理。对短缺与毁损的进项税额应暂列“应交税费”账户按待抵扣进项税额核算，或者在“其他应收款”账户核算。但有的纳税人在处理这类问题时，往往采取提高实际入库原材料成本，按购入货物的全部价款核算计提进项税额，对这部分短缺与毁损不作账务处理。检查时，可采用审阅法、核对法、分析法、盘存法等多种方法，核实纳税人是否发生非正常损失，重点审查“物资采购”“原材料”“待处理财产损溢”“应交增值税”明细账账户，结合收料单，查明进项税额核算是否正确，有无压低入库原材料价格、不扣除损耗短缺、按购入货物全额计算了进项税额的情况。
存货保管使用环节的检查	1. 发生退货或取得折让未按规定作进项税额转出，多抵扣税额。	1. 检查时，要求被查企业提供《开具红字增值税专用发票通知单》的留存联，核对开具退货的数量、价款及税额与账面冲减的数量、金额及税额是否一致，《开具红字增值税专用发票通知单》的出具时间与账务处理的时间是否匹配，有无人为延期冲销当期进项税额；检查有无利用现行的购进扣税法，大量进货或虚假进货，增大当期进项税额，然后办理退货，延期缓缴应纳增值税；将仓库明细账数量与财务材料明细账核对，看有无实际已发生退货，未作进项税额转出的情况。

续表

检查内容	企业常见涉税问题	税务机关和中介机构主要检查方法
存货保管使用环节的检查	2. 用于免税项目、简易计税项目进项税额未按规定转出，多抵扣税额。 3. 以存挤销，将因管理不善等因素造成的材料短缺挤入正常发出数，少缴纳增值税。 4. 盘亏材料未按规定的程序和方法及时处理账务，造成相应的进项税额未转出，或盈亏相抵后作进项税额转出，少缴增值税。	2. 原材料用于免税项目、简易计税项目进项税额转出的检查。 检查“原材料”“包装物”“低值易耗品”“库存商品”等会计账户，看其贷方的对应账户是否是“生产成本”“制造费用”“销售费用”，检查“材料分配单”“领料单”，查看去向，审查有无免税项目、简易计税项目领料直接进入成本、费用的情况；对用于集体福利、非正常损失或个人消费领用的，审核是否贷记“应交税费——应交增值税（进项税额转出）”账户；通过确定外购货物批次的单位成本或当期实际成本，核实应由免税项目、简易计税项目承担的材料物资成本金额，按规定的税率复算进项税额转出是否正确，有无故意降低应付职工薪酬、领用材料的成本，少计进项税额转出的情况。 检查时，可采用审阅法、核对法等方法，首先审查企业的纳税申报表，看有无免税收入申报，对有免税收入申报的企业，一要检查有无进项税额转出记录，进项税额转出的核算是否及时，有无人为调节进项税额转出的时间，从而人为调节当期应交税费的情况，年末是否有清算；二要检查进项税额转出的计算是否正确，对从事来料加工复出口的企业，有无仅将材料成本作进项税额转出，而对其耗用的水、电、气等不作进项税额转出的情况。 3. 生产耗用存货的检查。企业生产耗用存货主要通过“生产成本”和“制造费用”账户汇集和核算。检查属在建工程核算的固定资产改建、修建支出中的实物消耗和修理费支出记入“制造费用”账户，未作增值税进项税额转出处理。可采用核对法、观察法、比较分析法等方法，对“生产成本”“制造费用”账户借方发生额与历史同期和当年各期发生额波动情况进行分析比较，对增长比较大的月份应重点审查，分析其增长是否与其经营规模或销售情况相匹配；深入生产现场和仓库，查看仓库实际领料数量、金额与财务账面反映的金额是否一致；进一步审查原始记账凭证，检查是否存在固定资产化整为零或应属“在建工程”项目的耗料记入“生产成本”“制造费用”账户的情况。 4. 存货盘亏进项税额的检查。 （1）非正常损失的盘亏存货，应作进项税额转出，存货的盈亏在计算进项税额转出时，不得与盘盈相抵。 对于企业由于资产评估减值而发生流动资产损失，如果流动资产中存货的实物数量未减少或损坏，只是由于市场价格降低，价值量减少，则不属于非正常损失，不作进项税额转出处理。 财务制度规定，企业应根据存货的具体特点，分别采用永续盘存制和实地盘存制来确定存货的结存数量，但在实际工作中，企业常会出现这些情况：1）有的企业对应采用永续盘存制确定结存数量的存货采用了实地盘存制，即根据材料的结存数量来确定领用或销售的材料数量，后果是大量因管理不善等因素造成的材料短缺挤入了正常发出数中，偷逃了增值税。2）未按规定的程序和方法及时处理存货的盘盈和盘亏，造成盘亏材料相应的进项税

续表

检查内容	企业常见涉税问题	税务机关和中介机构主要检查方法
存货保管使用环节的检查		额未转出，或盈亏相抵后作进项税额转出。检查时，除盘点实物数量外，要注意财务明细账、企业盘点表与仓库实物账入库、发出、结存数量的核对，看有无三者不一致的情况，如仓库已作发出或报废处理，但财务账上未作处理；盘点表上已作盘亏处理，但财务账上未作处理；盘点表中分别注明盘亏及盘盈数量，但财务账上未分别处理，直接体现为一笔盘盈或盘亏数等。 (2) 检查“待处理财产损溢”账户的借方发生额，调阅记账凭证，看其账务处理。如果“待处理财产损溢”账户借方发生额对应关系为贷记“原材料”“库存商品”“低值易耗品”“生产成本”，同时贷记“应交税费——应交增值税（进项税额转出）”，说明被查企业已作进项税额转出。但要注意计算进项税额转出的依据是否正确，有无直接按保险公司的赔偿款项作为计算进项转出的依据，或按扣除保险公司赔款或个人赔偿后的实际损失额作为计算进项转出的依据；计算物耗比例是否人为少计物耗项目，少转出进项税额；计算损耗的商品成本与同类已销商品或库存商品的成本是否一致，有无少计损耗商品成本、少转进项税额等。如果上述对应关系账户中贷方没有发生“应交税费——应交增值税（进项税额转出）”，则说明被查企业未作进项税额转出，应予调整。
在建工程的检查	1. 将工程用料直接计入相关成本、费用而不通过“在建工程”账户核算（工程实际用料超过账面用料记录），一次性抵扣进项税额。 2. 工程用料一次抵扣或故意压低工程用料价格，少作进项税额转出。 3. 检查构成不动产实体的材料和设备是否抵扣进项税额，抵扣是否正确，而且自 2019 年 4 月 1 日后不再分次抵扣。	企业在建工程分为两大类，一类为房屋类，另一类为设备类。对在建工程的检查，可比照固定资产的检查方法。自 2016 年 5 月 1 日“营改增”后购进设备类可一次性抵扣税额，而不动产类需要分两次抵扣税额，所以检查中需要注意。 1. 采用观察法和逆查法，先了解企业检查所属期内完工或正在实施的基本建设、技术改造等工程项目，并通过检查各项工程批准的有关文件、营建的预决算资料，结合施工现场考察，测算工程的用料情况，与账务核算资料核对，判断是不动产建造还是设备建造发生支出。 2. 检查“在建工程”与“原材料”“制造费用”“应交税费——应交增值税（进项税额转出）”等账户的对应关系，查明有无工程用料不作进项转出或故意压低工程用料等的价格，少作进项税额转出的行为。特别注意“在建工程”与“制造费用”等费用账户相对应时，其中的物耗部分有无作进项税额转出，转出金额是否准确。 3. 检查建筑装饰材料和给排水、采暖、卫生、通风、照明、通信、煤气、消防、中央空调、电梯、电气、智能化楼宇设备及配套设施等支出是否将 60% 的部分于取得扣税凭证的当期从销项税额中抵扣；40% 的部分为待抵扣进项税额，于取得扣税凭证的当月起第 13 个月从销项税额中抵扣，自 2019 年 4 月 1 日起是否不再分次抵扣，而一次性抵扣。

续表

检查内容	企业常见涉税问题	税务机关和中介机构主要检查方法
返利和折让的检查	1. 把返利挂入“其他应付款” “其他应收款”等往来账，不作进项税额转出。 2. 将返利冲减销售费用，不作进项税额转出。	平销行为的返利主要表现在： 1. 购买方直接从销售方取得货币资金。 2. 购买方直接从应向销售方支付的货款中坐支。 3. 购买方向销售方索取与销售数量有关的销售费用或管理费用。 4. 购买方在销售方直接或间接列支或报销有关费用。 5. 购买方取得销售方支付的费用补偿或单独开票结算费用。 对平销行为的检查，要重点注意以下几点： (1) 审阅经济合同或协议，调查了解企业供应商或同业的其他供应商是否向购货方支付返利，如果支付了，被查企业账面没有任何返利记录，说明被查企业很可能存在账外账，可采用检查账外账的方法对其取得的返利收入进行进一步检查。 (2) 检查企业的往来账户，看“其他应付款”或“其他应收款”账户有无将销售返利挂账，且未作进项税额转出。存在这种情况的企业，由于把返利挂入往来账，“其他应付款”或“其他应收款”账户余额会明显增加。 (3) 检查企业费用类账户，看是否将收取的进货返利冲减了相关的费用，未作进项税额转出。存在这种情况的企业，容易造成相关费用比上期明显下降。 (4) 检查企业“库存商品”账户和进货发票，看是否存在以进货返利冲减进货成本，未作进项税额转出的问题。有这种情况的，往往表现为企业购入的应税货物成本与进项税额不匹配。
受让应税服务进项税额的检查	1. 应税服务支出用于简易计税项目、免税项目、集体福利和个人消费的，不作进项税额转出。 2. 虚构业务，让他人为自己虚开发票，多抵扣进项税额。	检查时，主要审查“主营业务成本”“销售费用”“管理费用”等账户，查阅增值税专用发票，结合服务合同或协议所载明的业务，看取得发票有无适用税目税率错误；用于简易计税项目、免税项目、集体福利和个人消费的，是否作增值税进项税额抵扣。
一般纳税人资格认定前的进项税额的检查	小规模纳税人转为一般纳税人后，抵扣其小规模纳税人期间发生的进项税额。	审核一般纳税人的登记时间、经济业务事项的发生时间，查阅购销合同、协议、货物入库单、仓库保管记录等，核实是否存在小规模纳税人转为一般纳税人后抵扣了其小规模纳税人期间发生的进项税额。纳税人自办理税务登记至认定或登记为一般纳税人期间，未取得生产经营收入，未按照销售额和征收率简易计算应纳税额申报缴纳增值税的，其在此期间取得的增值税扣税凭证，可以在认定或登记为一般纳税人后抵扣进项税额。
滞留票	检查企业是否存在取得发票开具日期超过 180 天未认证抵扣事项。	审核企业发票抵扣联清单以及未认证发票情况，核对是否有超过发票认证期限未认证的现象。

任务五　增值税纳税地点和纳税义务发生时间的检查

任务导入

某建筑公司为增值税一般纳税人，采用一般计税方法，2019 年 6 月承揽一工程项目，预收工程款 100 万元，收到工程款未开具增值税专用发票，10 月开工。

借：银行存款　　1 000 000

　贷：预收账款　　917 431.19（1 000 000/（1+9%））

　　应交税费——应交增值税（销项税额）

　　82 568.81（1 000 000/（1+9%）×9%）

请问：企业账务处理是否正确？是否存在涉税问题？

解析：

检查结论：

企业收到预收款时不应缴纳增值税，而该企业提前确认了销项税额。正确的账务处理为：

借：银行存款　　1 000 000

　贷：预收账款　　1 000 000

在以上账务处理基础上可直接调账处理：

借：应交税费——应交增值税（销项税额）　　82 568.81

　贷：预收账款　　82 568.81

政策依据：

根据财政部、税务总局《关于建筑服务等营改增试点政策的通知》（财税〔2017〕58 号）：

二、《营业税改征增值税试点实施办法》（财税〔2016〕36 号印发）第四十五条第（二）项修改为“纳税人提供租赁服务采取预收款方式的，其纳税义务发生时间为收到预收款的当天。”

三、纳税人提供建筑服务取得预收款，应在收到预收款时，以取得的预收款扣除支付的分包款后的余额，按照本条第三款规定的预征率预缴增值税。

按照现行规定应在建筑服务发生地预缴增值税的项目，纳税人收到预收款时在建筑服务发生地预缴增值税。按照现行规定无需在建筑服务发生地预缴增值税的项目，纳税人收到预收款时在机构所在地预缴增值税。

适用一般计税方法计税的项目预征率为 2%，适用简易计税方法计税的项目预征率为 3%。

[知识回顾与提升]

一、增值税纳税义务、扣缴义务发生时间

（1）纳税人发生应税行为并收讫销售款项或者取得索取销售款项凭据的当天。先开具发票的，为开具发票的当天。

收讫销售款项，是指纳税人销售服务、无形资产、不动产过程中或者完成后收到款项。

取得索取销售款项凭据的当天，是指书面合同确定的付款日期。未签订书面合同或者书面合同未确定付款日期的，为服务、无形资产转让完成的当天或者不动产权属变更的当天。

（2）纳税人提供租赁服务采取预收款方式的，其纳税义务发生时间为收到预收款的当天。

1）纳税人提供建筑服务取得预收款，应在收到预收款时，以取得的预收款扣除支付

的分包款后的余额，按照规定的预征率预缴增值税。

2）按照现行规定应在建筑服务发生地预缴增值税的项目，纳税人收到预收款时在建筑服务发生地预缴增值税。按照现行规定无需在建筑服务发生地预缴增值税的项目，纳税人收到预收款时在机构所在地预缴增值税。

3）适用一般计税方法计税的项目预征率为 2%，适用简易计税方法计税的项目预征率为 3%。

（3）纳税人从事金融商品转让的，为金融商品所有权转移的当天。

（4）纳税人发生《营业税改征增值税试点实施办法》第十四条规定情形的，其纳税义务发生时间为服务、无形资产转让完成的当天或者不动产权属变更的当天。

（5）增值税扣缴义务发生时间为纳税人增值税纳税义务发生的当天。

二、增值税纳税地点

（1）固定业户应当向其机构所在地或者居住地主管税务机关申报纳税。总机构和分支机构不在同一县（市）的，应当分别向各自所在地的主管税务机关申报纳税。经财政部和国家税务总局或者其授权的财政和税务机关批准，可以由总机构汇总向总机构所在地的主管税务机关申报纳税。

（2）非固定业户应当向应税行为发生地主管税务机关申报纳税；未申报纳税的，由其机构所在地或者居住地主管税务机关补征税款。

（3）其他个人提供建筑服务，销售或者租赁不动产，转让自然资源使用权，应向建筑服务发生地、不动产所在地、自然资源所在地主管税务机关申报纳税。

（4）扣缴义务人应当向其机构所在地或者居住地主管税务机关申报缴纳扣缴的税款。

三、增值税的纳税期限

增值税的纳税期限分别为 1 日、3 日、5 日、10 日、15 日、1 个月或者 1 个季度。纳税人的具体纳税期限，由主管税务机关根据纳税人应纳税额的大小分别核定。以 1 个季度为纳税期限的规定适用于小规模纳税人、银行、财务公司、信托投资公司、信用社，以及财政部和国家税务总局规定的其他纳税人。不能按照固定期限纳税的，可以按次纳税。

纳税人以 1 个月或者 1 个季度为 1 个纳税期的，自期满之日起 15 日内申报纳税；以 1 日、3 日、5 日、10 日或者 15 日为 1 个纳税期的，自期满之日起 5 日内预缴税款，于次月 1 日起 15 日内申报纳税并结清上月应纳税款。

扣缴义务人解缴税款的期限，按照上述规定执行。

做中学

某物业公司 2019 年 9 月收到 2019 年 9 月至 2020 年 8 月房租 240 万元，每月租金 20 万元，企业当年确认收入 60 万元，并以 60 万元申报了增值税，该企业是否存在涉税问题？

解析：纳税人提供租赁服务采取预收款方式的，其纳税义务发生时间为收到预收款的当天，所以应该按 240 万元全额纳税，而不是按 60 万元申报缴纳增值税。

归纳提升

纳税义务发生时间与纳税地点常见涉税问题及主要检查方法，如表 2-6 所示。

表 2-6 纳税义务发生时间与纳税地点常见涉税问题及主要检查方法

检查内容	企业常见涉税问题	税务机关和中介机构主要检查方法
纳税义务发生时间	未按规定的纳税义务发生时间纳税。	检查时，可采用审阅法、核对法等方法，首先审查企业有关合同、发票开具情况，银行流水情况，准确判定纳税义务发生时间，并和企业纳税申报表的信息进行核对，检查是否符合税法规定。
纳税地点	1. 总分支机构未按规定分别在所在地纳税。 2. 跨县市提供建筑服务、销售不动产、出租不动产涉及预缴税款，是否在所在地预缴税款。	1. 获取企业营业执照，了解企业机构设置情况，检查总分支机构是否分别在各自所在地申报纳税。 2. 查阅合同，了解建筑服务、不动产所在地是否与机构所在地一致。

任务六 增值税税收优惠的检查

任务导入

某服装店为小规模纳税人，2019 年 1—3 月销售收入分别为：80 000 元、50 000 元、40 000 元。该服装店在 4 月申报缴纳了增值税 5 100 元。该服装店是否存在涉税问题？

解析：

检查结论：

该服装店多缴纳了增值税。根据规定，小微企业按季纳税，销售额不超过 30 万元的，可享受免税待遇。该服装店一季度的收入总额为 170 000（8 000＋50 000＋40 000）元，可享受免税待遇。

政策依据：国家税务总局 2019 年第 4 号《关于小规模纳税人免征增值税政策有关征管问题的公告》：小规模纳税人发生增值税应税销售行为，合计月销售额未超过 10 万元（以 1 个季度为 1 个纳税期的，季度销售额未超过 30 万元）的，免征增值税。

[知识回顾与提升]

实际检查中需要注意以下几点：

(1) 按季申报的增值税小规模纳税人中的企业或非企业型单位，从事销售货物、提供加工修理修配劳务、应税服务季度销售额不超过 30 万元（含 30 万元，下同）的，享受暂免征收增值税优惠政策。

（2）按月申报的增值税小规模纳税人中的企业或非企业型单位，从事销售货物、提供加工修理修配劳务、应税服务月销售额不超过10万元（含10万元，下同）的，享受暂免征收增值税优惠政策。

（3）以上政策不适用于一般纳税人，对于增值税一般纳税人无论销售额是否超过10万元/30万元均不能享受减免税款。

政策更新 《财政部 税务总局关于实施小微企业普惠性税收减免政策的通知》

政策更新 《国家税务总局关于小规模纳税人免征增值税政策有关征管问题的公告》

练一练

一、单选题

1. 某食品厂（增值税一般纳税人，产品适用税率为13%）新试制一批食品用于职工福利，已知该批产品的生产成本为8 000元，同类产品对外售价为10 000元，企业账务处理为：

借：应付职工薪酬——职工福利	8 000	
贷：库存商品		8 000

以上账务处理导致企业存在的涉税问题为（　　）。

A. 少缴纳增值税1 600元　　B. 少缴纳增值税1 300元
C. 少缴纳增值税1 280元　　D. 少缴纳增值税1 040元

2. 某工业企业出售了一栋办公楼，企业按销售货物13%的税率纳税，税务机关认为错误，请判断以下适用税目正确的是（　　）。

A. 销售货物　　B. 销售不动产　　C. 销售无形资产　　D. 建筑服务

3. 自2019年4月1日起，企业销售（　　）适用税率为9%。

A. 方便面　　B. 图书　　C. 家具　　D. 手机

4. 自2018年5月1日起，统一增值税小规模纳税人标准，即增值税小规模纳税人标准为年应征增值税销售额（　　）万元及以下。

A. 50　　B. 80　　C. 100　　D. 500

5. 一般纳税人发生的下列项目中，应将其已申报抵扣的进项税额从发生期进项税额中扣减，并在会计上作“进项税额转出”处理的是（　　）。

A. 将购进货物对外投资　　B. 将购进货物用于个人消费
C. 将购进货物无偿赠送他人　　D. 将购进货物分配给投资者

6. 某生产企业（增值税一般纳税人）2019年9月销售化工产品取得含税销售额

793.26 万元，为销售货物出借包装物收取押金 15.21 万元，约定 3 个月内返还；当月没收逾期未退还包装物的押金 1.3 万元。该企业 2019 年 9 月上述业务计税销售额为（　　）万元。

A. 679.11　　B. 684.97　　C. 703.15　　D. 794.56

7. 下列关于扣税凭证进项税额抵扣时限的说法中，表述错误的是（　　）。

A. 某企业 2019 年 8 月份职工出差高铁票进项税额不能抵扣

B. 增值税一般纳税人取得 2017 年 7 月 1 日以后开具的增值税专用发票，自 2020 年 3 月 1 日后取消了认证抵扣时限

C. 企业购进原材料取得专用发票可以抵扣税款

D. 企业购进不动产可以一次性抵扣税额

二、多选题

1. 销售方在销售价格之外向购货方收取的下列费用，应并入销售额计算纳税的是（　　）。

A. 收取的违约金　　B. 收取的优质费

C. 代收的手续费　　D. 收取的销项税额

2. 对委托加工应税消费品销售情况进行检查，主要应检查以下哪个会计科目。（　　）

A. "委托加工物资"　B. "应交税费"　C. "原材料"　D. "库存商品"

3. 以下属于增值税进项税额常见涉税问题的是（　　）。

A. 用于抵扣进项税额的增值税专用发票是否真实合法

B. 是否存在未按规定开具农产品收购统一发票申报抵扣进项税额的情况

C. 用于抵扣进项税额的海关进口增值税专用缴款书是否真实合法

D. 用于简易计税方法计税项目购进货物是否抵扣进项税额

4. 下列各项中，属于增值税普通发票的有（　　）。

A. 门票　　B. 二手车销售统一发票

C. 海关进口增值税专用缴款书　　D. 过路费发票

E. 定额发票

5. 年应税销售额超过规定标准的纳税人应向主管税务机关办理增值税一般纳税人资格登记，年应税销售额包括（　　）。

A. 稽查查补销售额　　B. 预收的销货款

C. 税务机关代开发票销售额　　D. 纳税申报销售额

E. 纳税评估调整销售额

三、案例分析与实践操作

1. 某企业为增值税一般纳税人，适用一般计税方法。2019 年 10 月 8 日购进食用油准备用于销售，取得增值税专用发票列明的金额 1 万元，税额 1 300 元，当月认证抵扣。2019 年 12 月，该纳税人将所购进的该批食用油全部用于职工食堂，购进和领用账务处理如下：

购进时：

借：库存商品	10 000
应交税费——应交增值税（进项税额）	1 300

贷：银行存款　　11300

领用时：

借：应付职工薪酬——职工福利　　10 000

　贷：库存商品　　10 000

请判断企业纳税存在什么问题？并根据其账务处理情况进行账务调整处理。

2. 某公司为增值税一般纳税人，主要生产家用电器，2019 年 10 月当地税务机关对其 2018 年度的纳税情况实施全面稽查。稽查人员采用审阅法稽查“其他应付款”账户相关记账凭证时，发现 2019 年 12 月 118 号记账凭证记载如下：

借：银行存款　　339 000

　贷：其他应付款　　339 000

记账凭证上注明为“延期付款利息”。

请判断该公司纳税存在什么问题？并根据其账务处理情况进行账务调整处理。

3. 税务局检查某工业公司（一般纳税人）纳税情况时发现，该公司将购进的生产用材料用于职工福利；该批材料不含税成本为 30 000 元，当时购进时取得专票，其进项税额已在购进月份申报抵扣，增值税税率为 13%。该公司的在领用时账务处理如下：

借：应付职工薪酬——职工福利　　30 000

　贷：原材料　　30 000

判断企业是否存在涉税问题，如果存在该如何调账。

项目三　消费税税务检查

学习目标

知识目标

1. 掌握消费税的税目和税率。
2. 掌握消费税纳税检查常用方法、常见涉税问题。
3. 掌握消费税错账的调整方法和技巧。

能力目标

1. 会检查消费税征税范围存在的涉税问题。
2. 会检查消费税税率存在的涉税问题。
3. 会检查消费税应纳税额存在的涉税问题。
4. 会检查消费税纳税义务发生时间和地点存在的涉税问题。
5. 会对消费税错账进行相应账务调整。

任务一　消费税适用的税目和税率的检查

任务导入

2019 年 3 月，新石市国家税务局检查人员按照检查计划，对天和锐龙 4S 店 2018 年的涉税业务进行检查。检查过程中发现：天和锐龙 4S 店 2018 年 12 月 4 日将一辆梅赛德斯小汽车销售给个人客户王某，不含增值税售价为 146.8 万元；12 月 25 日将一辆雷克萨斯 LX 小汽车销售给个人客户李某，不含增值税售价为 138.6 万元。这两笔业务均未缴纳消费税。该企业是否存在涉税问题？

解析：

检查结论：

天和锐龙 4S 店对最新的消费税政策了解不及时，漏报了消费税。

政策依据：

根据《财政部 国家税务总局关于对超豪华小汽车加征消费税有关事项的通知》，自 2016 年 12 月 1 日对销售每辆零售价格在 130 万元（不含增值税）及以上的乘用车和中轻型商用客车的单位和个人，在生产（进口）环节按现行税率征收消费税的基础上，在零售环节加征 10% 的消费税。

应纳税额=零售环节销售额（不含增值税）×零售环节税率

所以，天和锐龙 4S 店应纳消费税税额=(146.8+138.6)×10%=28.54（万元）。

[知识回顾与提升]

一、消费税税目和税率

消费税的税率，有两种形式：一种是比例税率，另一种是定额税率，即单位税额。消费税税率形式的选择主要根据课税对象的情况来确定，对一些供求基本平衡、价格差异不大、计量单位规范的消费品，选择计税简单的定额税率，如黄酒、啤酒、成品油等；对一些供求矛盾突出、价格差异较大、计量单位不规范的消费品，选择税价联动的比例税率，如烟、白酒、高档化妆品、护肤护发品、鞭炮、汽车轮胎、贵重首饰及珠宝玉石、摩托车、小汽车等。

一般情况下，对一种消费品只能选择一种税率形式，但为了更好地保全消费税税基，对一些应税消费品如卷烟、白酒、超豪华小汽车，则采用定额税率和比例税率双重征收的形式。消费税税目税率表，如表 3-1 所示。

表 3-1　消费税税目税率表

税目	税率
一、烟	
1. 卷烟	
(1) 甲类卷烟［调拨价 70 元（不含增值税）/条以上（含 70 元）］	56%加 0.003 元/支
(2) 乙类卷烟［调拨价 70 元（不含增值税）/条以下］	36%加 0.003 元/支
(3) 商业批发	11%加 0.005 元/支
2. 雪茄烟	36%
3. 烟丝	30%
二、酒	
1. 白酒	20%加 0.5 元/500 克（或者 500 毫升）
2. 黄酒	240 元/吨
3. 啤酒	
(1) 甲类啤酒	250 元/吨
(2) 乙类啤酒	220 元/吨
4. 其他酒	10%
三、高档化妆品	15%
四、贵重首饰及珠宝玉石	
1. 金银首饰、铂金首饰和钻石及钻石饰品	5%
2. 其他贵重首饰和珠宝玉石	10%
五、鞭炮、焰火	15%

续表

税目	税率
六、成品油	
1. 汽油	1.52元/升
2. 石脑油	1.52元/升
3. 溶剂油	1.52元/升
4. 润滑油	1.52元/升
5. 燃料油	1.20元/升
6. 柴油	1.20元/升
7. 航空煤油	1.20元/升（航空煤油暂缓征收）
七、摩托车	
1. 气缸容量（排气量，下同）250毫升的	3%
2. 气缸容量在250毫升以上的	10%
八、小汽车	
1. 乘用车	
（1）气缸容量（排气量，下同）在1.0升（含1.0升）以下的	1%
（2）气缸容量在1.0升以上至1.5升（含1.5升）的	3%
（3）气缸容量在1.5升以上至2.0升（含2.0升）的	5%
（4）气缸容量在2.0升以上至2.5升（含2.5升）的	9%
（5）气缸容量在2.5升以上至3.0升（含3.0升）的	12%
（6）气缸容量在3.0升以上至4.0升（含4.0升）的	25%
（7）气缸容量在4.0升以上的	40%
2. 中轻型商用客车	5%
3. 超豪华小汽车	零售环节10%［生产（进口）环节按子税目1和子税目2的规定征收］
九、高尔夫球及球具	10%
十、高档手表	20%
十一、游艇	10%
十二、木制一次性筷子	5%
十三、实木地板	5%
十四、铅蓄电池	4%
十五、涂料	4%

二、最新消费税税目、税率政策汇总

（一）《关于对超豪华小汽车加征消费税有关事项的通知》

为了引导合理消费，促进节能减排，经国务院批准，对超豪华小汽车加征消费税。

（1）“小汽车”税目下增设“超豪华小汽车”子税目。征收范围为每辆零售价格130万元（不含增值税）及以上的乘用车和中轻型商用客车，即乘用车和中轻型商用客车子税目中的超豪华小汽车。对超豪华小汽车，在生产（进口）环节按现行税率征收消费税基础上，在零售环节加征消费税，税率为10%。

（2）将超豪华小汽车销售给消费者的单位和个人为超豪华小汽车零售环节纳税人。

（3）超豪华小汽车零售环节消费税应纳税额计算公式：

应纳税额=零售环节销售额（不含增值税，下同）×零售环节税率

国内汽车生产企业直接销售给消费者的超豪华小汽车，消费税税率按照生产环节税率和零售环节税率加总计算。消费税应纳税额计算公式：

应纳税额=销售额×(生产环节税率+零售环节税率)

（4）上述规定自2016年12月1日起执行。对于2016年11月30日（含）之前已签订汽车销售合同，但未交付实物的超豪华小汽车，自2016年12月1日（含）起5个工作日内，纳税人持已签订的汽车销售合同，向其主管税务机关备案。对按规定备案的不征收零售环节消费税，未备案以及未按规定期限备案的，征收零售环节消费税。

（二）《关于调整化妆品消费税政策的通知》

为了引导合理消费，经国务院批准，现将化妆品消费税政策调整有关事项通知如下：

（1）取消对普通美容、修饰类化妆品征收消费税，将"化妆品"税目名称更名为"高档化妆品"。征收范围包括高档美容、修饰类化妆品、高档护肤类化妆品和成套化妆品。税率调整为15%。

高档美容、修饰类化妆品和高档护肤类化妆品是指生产（进口）环节销售（完税）价格（不含增值税）在10元/毫升（克）或15元/片（张）及以上的美容、修饰类化妆品和护肤类化妆品。

（2）自2016年10月1日起，高档化妆品消费税纳税人（以下简称"纳税人"）以外购、进口和委托加工收回的高档化妆品为原料继续生产高档化妆品，准予从高档化妆品消费税应纳税额中扣除外购、进口和委托加工收回的高档化妆品已纳消费税税款。

（3）纳税人外购、进口和委托加工收回已税化妆品用于生产高档化妆品的，其取得2016年10月1日前开具的抵扣凭证，应于2016年11月30日前按原化妆品消费税税率计提待抵扣消费税，逾期不得计提。

（4）纳税人应按《国家税务总局关于印发〈调整和完善消费税政策征收管理规定〉的通知》（国税发〔2006〕49号）规定，设立高档化妆品消费税抵扣税款台账。

（5）本通知自2016年10月1日起执行。

（三）《关于调整卷烟消费税的通知》

（1）将卷烟批发环节从价税税率由5%提高至11%，并按0.005元/支加征从量税。

（2）纳税人兼营卷烟批发和零售业务的，应当分别核算批发和零售环节的销售额、销售数量；未分别核算批发和零售环节销售额、销售数量的，按照全部销售额、销售数量计征批发环节消费税。

（3）本通知自2015年5月10日起执行。此前有关文件规定与本通知相抵触的，以本通知为准。

（四）白酒消费税最低计税价格核定办法[①]

（1）白酒生产企业销售给销售单位的白酒，生产企业消费税计税价格低于销售单位对

① 此部分内容选自《白酒消费税最低计税价格核定管理办法（试行）》。

外销售价格（不含增值税，下同）70%以下的，税务机关应核定消费税最低计税价格。

纳税人将委托加工收回的白酒销售给销售单位，消费税计税价格低于销售单位对外销售价格（不含增值税）70%以下，也应该按照本办法，核定消费税最低计税价格。

销售单位是指销售公司、购销公司以及委托境内其他单位或个人包销本企业生产白酒的商业机构。销售公司、购销公司是指专门购进并销售白酒生产企业生产的白酒，并与该白酒生产企业存在关联性质。包销是指销售单位依据协定价格从白酒生产企业购进白酒，同时承担大部分包装材料等成本费用，并负责销售白酒。

（2）白酒消费税最低计税价格由白酒生产企业自行申报，税务机关核定。白酒消费税最低计税价格核定标准如下：

1）白酒生产企业销售给销售单位的白酒，生产企业消费税计税价格高于销售单位对外销售价格70%（含70%）以上的，税务机关暂不核定消费税最低计税价格。

2）白酒生产企业销售给销售单位的白酒，生产企业消费税计税价格低于销售单位对外销售价格70%以下的，消费税最低计税价格由税务机关根据生产规模、白酒品牌、利润水平等情况在销售单位对外销售价格50%至70%范围内自行核定。其中生产规模较大，利润水平较高的企业生产的需要核定消费税最低计税价格的白酒，税务机关核价幅度原则上应选择在销售单位对外销售价格60%至70%范围内。

（3）已核定最低计税价格的白酒，生产企业实际销售价格高于消费税最低计税价格的，按实际销售价格申报纳税；实际销售价格低于消费税最低计税价格的，按最低计税价格申报纳税。

已核定最低计税价格的白酒，销售单位对外销售价格持续上涨或下降时间达到3个月以上、累计上涨或下降幅度在20%（含）以上的白酒，税务机关重新核定最低计税价格。

（4）白酒生产企业未按本办法规定上报销售单位销售价格的，主管国家税务局应按照销售单位销售价格征收消费税。

（五）对电池、涂料征收消费税的政策规定

为促进节能环保，经国务院批准，自2015年2月1日起对电池、涂料征收消费税。

（1）将电池、涂料列入消费税征收范围，在生产、委托加工和进口环节征收，适用税率均为4%。

1）电池，是一种将化学能、光能等直接转换为电能的装置，一般由电极、电解质、容器、极端，通常还有隔离层组成的基本功能单元，以及用一个或多个基本功能单元装配成的电池组。范围包括：原电池、蓄电池、燃料电池、太阳能电池和其他电池。

原电池又称一次电池，是按不可以充电设计的电池。按照电极所含的活性物质分类，原电池包括锌原电池、锂原电池和其他原电池。锌原电池，是以锌做负极的原电池，包括锌二氧化锰原电池、碱性锌二氧化锰原电池、锌氧原电池（又称“锌空气原电池”）、锌氧化银原电池（又称“锌银原电池”）、锌氧化汞原电池（又称“汞电池”“氧化汞原电池”）等。锂原电池，是以锂做负极的原电池，包括锂二氧化锰原电池、锂亚硫酰氯原电池、锂二硫化铁原电池、锂二氧化硫原电池、锂氧原电池（又称“锂空气原电池”）、锂氟化碳原电池等。其他原电池，指锌原电池、锂原电池以外的原电池。原电池又可分为无汞原电池和含汞原电池。汞含量低于电池重量的0.000 1%（扣式电池按0.000 5%）的原电池为无汞原电池，其他原电池为含汞原电池。

蓄电池又称二次电池，是按可充电、重复使用设计的电池。包括酸性蓄电池、碱性或其他非酸性蓄电池、氧化还原液流蓄电池和其他蓄电池。酸性蓄电池，是一种含酸性电解质的蓄电池，包括铅蓄电池（又称“铅酸蓄电池”）等。铅蓄电池，指含以稀硫酸为主电解质、二氧化铅正极和铅负极的蓄电池。碱性或其他非酸性蓄电池，是一种含碱性或其他非酸性电解质的蓄电池，包括金属锂蓄电池、锂离子蓄电池、金属氢化物镍蓄电池（又称“氢镍蓄电池”或“镍氢蓄电池”）、镉镍蓄电池、铁镍蓄电池、锌氧化银蓄电池（又称“锌银蓄电池”）、碱性锌二氧化锰蓄电池（又称“可充碱性锌二氧化锰电池”）、锌氧蓄电池（又称“锌空气蓄电池”）、锂氧蓄电池（又称“锂空气蓄电池”）等。氧化还原液流电池，是一种通过正负极电解液中不同价态离子的电化学反应来实现电能和化学能互相转化的储能装置，目前主要包括全钒液流电池。全钒液流电池是通过正负极电解液中不同价态钒离子的电化学反应来实现电能和化学能互相转化的储能装置。

燃料电池，指通过一个电化学过程，将连续供应的反应物和氧化剂的化学能直接转换为电能的电化学发电装置。

太阳能电池，是将太阳光能转换成电能的装置，包括晶体硅太阳能电池、薄膜太阳能电池、化合物半导体太阳能电池等，但不包括用于太阳能发电储能用的蓄电池。

其他电池，指除原电池、蓄电池、燃料电池、太阳能电池以外的电池。

2）涂料是指涂于物体表面能形成具有保护、装饰或特殊性能的固态涂膜的一类液体或固体材料之总称。

涂料由主要成膜物质、次要成膜物质等构成。涂料按主要成膜物质可分为油脂类、天然树脂类、酚醛树脂类、沥青类、醇酸树脂类、氨基树脂类、硝基类、过滤乙烯树脂类、烯类树脂类、丙烯酸酯类树脂类、聚酯树脂类、环氧树脂类、聚氨酯树脂类、元素有机类、橡胶类、纤维素类、其他成膜物类等。

（2）对无汞原电池、金属氢化物镍蓄电池（又称“氢镍蓄电池”或“镍氢蓄电池”）、锂原电池、锂离子蓄电池、太阳能电池、燃料电池和全钒液流电池免征消费税。

2015 年 12 月 31 日前对铅蓄电池缓征消费税；自 2016 年 1 月 1 日起，对铅蓄电池按 4% 税率征收消费税。

（3）对施工状态下挥发性有机物（Volatile Organic Compounds，VOC）含量低于 420 克/升（含）的涂料免征消费税。

（六）《关于调整消费税政策的通知》

自 2014 年 12 月 1 日起：

（1）取消气缸容量 250 毫升（不含）以下的小排量摩托车消费税。气缸容量 250 毫升和 250 毫升（不含）以上的摩托车继续分别按 3% 和 10% 的税率征收消费税。

（2）取消汽车轮胎税目。

（3）取消车用含铅汽油消费税，汽油税目不再划分二级子目，统一按照无铅汽油税率征收消费税。

（4）取消酒精消费税。取消酒精消费税后，“酒及酒精”品目相应改为“酒”，并继续按现行消费税政策执行。

（七）《关于配制酒消费税适用税率问题的公告》

（1）配制酒（露酒）是指以发酵酒、蒸馏酒或食用酒精为酒基，加入可食用或药食两用的辅料或食品添加剂，进行调配、混合或再加工制成的、并改变了其原酒基风格的饮料酒。

（2）配制酒消费税适用税率。

1）以蒸馏酒或食用酒精为酒基，同时符合以下条件的配制酒，按消费税税目、税率表“其他酒”10%适用税率征收消费税。

a. 具有国家相关部门批准的国食健字或卫食健字文号。

b. 酒精度低于38度（含）。

2）以发酵酒为酒基，酒精度低于20度（含）的配制酒，按消费税税目税率表“其他酒”10%适用税率征收消费税。

3）其他配制酒，按消费税税目、税率表“白酒”适用税率征收消费税。

上述蒸馏酒或食用酒精为酒基是指酒基中蒸馏酒或食用酒精的比重超过80%（含）；发酵酒为酒基是指酒基中发酵酒的比重超过80%（含）。

做中学

某小型饰品零售店打出广告，称其经营的银饰成色足、款式新颖。稽查人员通过查看其征管数据，发现该饰品店为实行定期定额征收税款的个体经营者，没有办理消费税的税种登记。稽查人员遂下户核实。该饰品店老板辩称其经营的银饰为镀银首饰，不用申报缴纳消费税。通过稽查该饰品店的进货凭据以及向饰品供货方进行协查取证，稽查人员查实了该饰品店实际销售金银首饰，不申报缴纳消费税的事实。

请具体谈一谈该饰品零售店的涉税问题。

解析：金银首饰的消费税纳税环节为零售环节，该饰品零售店应该缴纳消费税。

归纳提升

消费税税目、税率常见涉税问题及主要检查方法，如表3-2所示。

表3-2　消费税税目、税率常见涉税问题及主要检查方法

检查内容	企业常见涉税问题	税务机关和中介机构主要检查方法
纳税义务人和扣缴义务人	1. 从事应税消费品生产经营的纳税人未办理税务登记、税种登记手续，或虽办理登记却未申报纳税。 2. 受托加工应税消费品未按规定履行代扣代缴义务。	1. 界定纳税人的身份，查清纳税人是否属漏征漏管户。检查人员利用掌握的信息（可通过调查、举报、传媒、广告等途径取得）和征管数据，通过对“经营范围”中有消费税应税项目、“纳税人名称”中有消费税税目关键字的纳税人进行索引，然后逐一查询其税种登记信息和申报征收信息，特别关注实行定期定额征收的个体经营户。 2. 对照现行政策，看被查对象有无法定代收代缴义务。对于有法定扣缴义务的，则应让其提供扣缴义务登记手续，以界定其身份。 3. 履行扣缴义务的检查。查阅委托加工合同，结合受托加工账目，核实在中国境内受托加工应税消费品（不包括金银首饰）的单位和个人（委托个体经营者加工应税消费品的除外）在交货时是否按照规定代扣代缴了消费税。

续表

检查内容	企业常见涉税问题	税务机关和中介机构主要检查方法
一般税目、税率的检查	1. 兼营非应税消费品，采取混淆产品性能、类别、名称，隐瞒、虚报销售价格等手段，故意混淆应税与非应税的分类。 2. 兼营不同税率应税消费品，从低适用税率。 3. 不同税率应税消费品，或者应税消费品与非应税消费品组成成套应税消费品对外销售的，从低适用税率。 4. 对税目、税率发生变化的应税消费品从低适用税率。	1. 重点检查应税与非税消费品的划分是否正确，检查要点见表3-3“兼营非应税消费品检查要点一览表”。 2. 对照检查“主营业务收入”“应交税费——应交消费税”明细账。检查时，要注意审查销售发票、发货凭据等原始单据。必要时，应深入车间、仓库、技术部门、销售部门，了解生产工艺流程、产品原料、结构、性能、用途及售价等，检查有无不同税率的应税消费品的适用税目，是否正确划分；不同税率的应税消费品，是否分别核算；未分别核算的，是否从高适用税率；不同税率应税消费品的销售额、销售数量，是否正确计算应纳消费税。 3. 检查“库存商品”“自制半成品”“原材料”“委托加工物资”“包装物”等账户，重点看其有无可供销售的成套应税消费品。如有，进一步查阅“主营业务收入”等账户，核实其有无将组成成套消费品销售的不同税率的货物分别核算、分别适用税率或者从低适用税率的情形。 4. 审查税目、税率发生过变动的应税消费品，检查被查对象是否在政策变动的时间临界点及时调整了核算对象或核算办法。
卷烟产品的检查	1. 混淆卷烟的品种、牌号、价格，从低适用比例税率。 2. 自产自用、委托加工、进口的卷烟，从低适用比例税率。 3. 白包卷烟、手工卷烟、残次品卷烟、成套礼品烟，未经国务院批准纳入计划的企业和个人生产的卷烟，从低适用比例税率。	1. 了解纳税人生产经营的基本情况，掌握其生产销售卷烟的品种、牌号、价格，准确划分征税对象、适用税目税率。 2. 检查“原材料”“库存商品”“委托加工物资”“主营业务收入”“其他业务收入”等账户，检查其是否有自产自用、委托加工的卷烟，白包卷烟，手工卷烟，残次品卷烟等，应当与“应交税费——应交消费税”明细账进行核对。
酒的检查	故意压低啤酒的出厂价格，从低确定单位税额。	故意压低啤酒出厂价格的检查。检查“主营业务收入”“应交税费——应交消费税”明细账，核对销售发票、销售单据等原始凭据，看其生产销售的啤酒，是否按国税函〔2002〕166号规定的销售价格确定其适用的单位税额。
成品油的检查	混用非消费税货物名称，销售可用于调和为汽油、柴油的石脑油、溶剂油。	1. 了解从事成品油生产的被查对象的基本情况，掌握其各类产品的基本信息，对照技术监督局的质检报告（按照现行政策，企业生产的每一批成品油都应取得技术监督局的质检报告，否则不予出售），重点查看其适用的税目、税额是否准确。重点检查其有无以化工原料（如轻烃等）的名义销售可用于调和为汽油、柴油的石脑油、溶剂油的情况。 2. 生产企业所在地的检查部门应重点检查被查对象开具的除汽油、柴油外的所有油品销售发票，看其有无以非消费税货物名称销售可用于调和为汽油、柴油的石脑油、溶剂油、添加剂的情况。检查的侧重点在于产品的化学构成，而不应仅仅关注产品的名称。根据产品的化学构成，结合技术监督局的质检报告，看其是否符合成品油的税目定义，是否属于成品油的征税范围。 3. 非生产企业所在地的检查部门，应向生产企业所在地税务机关发函协查生产企业开具的除汽油、柴油外的异常油品销售发票。

兼营非应税消费品检查要点一览表，如表 3-3 所示。

表 3-3 兼营非应税消费品检查要点一览表

序号	重点审查对象	审查标准
1	高档手表与普通手表	每只手表的不含税售价是否在 1 万元以上。
2	游艇与其他艇船	艇的长度、是否为机动艇、是否用于牟利等。
3	木制一次性筷子与一般筷子	材质、是否属一次性使用。
4	实木地板与其他装饰板材	材质。
5	酒与饮料	原料、工艺、酒精含量等。
6	高档化妆品与普通护肤护发品	销售（完税）价格（不含增值税）在 10 元/毫升（克）或 15 元/片（张）及以上。
7	贵重首饰及珠宝玉石与一般饰品	材质、用途。
8	小汽车与其他汽车	是否有轨道承载、座位数、用途。

任务二 消费税应纳税额的检查

任务导入

2020 年 4 月，新石市税务局检查人员按照检查计划，对新石卷烟厂 2019 年度涉税业务进行检查。检查过程中发现：2019 年 4 月新石卷烟厂委托南方卷烟厂加工雪茄烟一批，新石卷烟厂提供原料成本为 250 万元，支付加工费 70 万元。南方卷烟厂没有同类雪茄烟销售价格，按组成计税价格代收代缴消费税 180 万元。2019 年 5 月，新石卷烟厂将该批委托加工收回的雪茄烟全部直接出售，取得不含税销售收入 800 万元。根据“委托加工的应税消费品直接出售的，不再缴纳消费税”的规定，新石卷烟厂在销售过程中未缴纳消费税。请判断新石卷烟厂是否存在涉税问题。

解析：

检查结论：

新石卷烟厂对税收政策掌握不及时、不准确，存在涉税问题。在本案例中，南方卷烟厂代收代缴消费税时的计税依据是：

组成计税价格＝(250＋70)÷(1－36％)＝500（万元）

而新石卷烟厂对外销售价格为 800 万元。

新石卷烟厂销售环节应缴纳消费税＝800×36％－180＝108（万元）

政策依据：

自 2012 年 9 月 1 日起，委托加工的应税消费品直接出售的，不再缴纳消费税。这条政策的具体解释是：委托方将收回的应税消费品以不高于受托方的计税价格出售的，为直接出售，不再缴纳消费税；委托方以高于受托方的计税价格出售的，不属于直接出售，需按照规定申报缴纳消费税，在计税时准予扣除受托方已代收代缴的消费税。

[知识回顾与提升]

消费税实行从价定率、从量定额，或者从价定率和从量定额复合计税（以下简称“复合计税”）的方法计算应纳税额。应纳税额计算公式：

实行从价定率方法计算的应纳税额＝销售额×比例税率

实行从量定额方法计算的应纳税额＝销售数量×定额税率

实行复合计税方法计算的应纳税额＝销售额×比例税率＋销售数量×定额税率

一、销售额

销售额为纳税人销售应税消费品向购买方收取的全部价款和价外费用。

（1）销售额不包括应向购货方收取的增值税税款。如果纳税人应税消费品的销售额中未扣除增值税税款或者因不得开具增值税专用发票而发生价款和增值税税款合并收取的，在计算消费税时，应当换算为不含增值税税款的销售额。其换算公式为：

应税消费品的销售额＝含增值税的销售额÷(1＋增值税税率或者征收率)

（2）应税消费品连同包装物销售的，无论包装物是否单独计价以及在会计上如何核算，均应并入应税消费品的销售额中缴纳消费税。如果包装物不作价随同产品销售，而是收取押金，此项押金则不应并入应税消费品的销售额中征税。但对因逾期未收回的包装物不再退还的或者已收取的时间超过 12 个月的押金，应并入应税消费品的销售额，按照应税消费品的适用税率缴纳消费税。

对既作价随同应税消费品销售，又另外收取押金的包装物的押金，凡纳税人在规定的期限内没有退还的，均应并入应税消费品的销售额，按照应税消费品的适用税率缴纳消费税。

（3）价外费用，是指价外向购买方收取的手续费、补贴、基金、集资费、返还利润、奖励费、违约金、滞纳金、延期付款利息、赔偿金、代收款项、代垫款项、包装费、包装物租金、储备费、优质费、运输装卸费以及其他各种性质的价外收费。但下列项目不包括在内：

1）同时符合以下条件的代垫运输费用：

a. 承运部门的运输费用发票开具给购买方的。

b. 纳税人将该项发票转交给购买方的。

2）同时符合以下条件代为收取的政府性基金或者行政事业性收费：

a. 由国务院或者财政部批准设立的政府性基金，由国务院或者省级人民政府及其财政、价格主管部门批准设立的行政事业性收费。

b. 收取时开具省级以上财政部门印制的财政票据。

c. 所收款项全额上缴财政。

二、销售数量

销售数量，是指应税消费品的数量。具体为：

（1）销售应税消费品的，为应税消费品的销售数量。
（2）自产自用应税消费品的，为应税消费品的移送使用数量。
（3）委托加工应税消费品的，为纳税人收回的应税消费品数量。
（4）进口应税消费品的，为海关核定的应税消费品进口征税数量。

三、换算标准

实行从量定额办法计算应纳税额的应税消费品，计量单位的换算标准如下：
（1）黄酒，1 吨＝ 962 升。
（2）啤酒，1 吨＝ 988 升。
（3）汽油，1 吨＝ 1 388 升。
（4）柴油，1 吨＝ 1 176 升。
（5）航空煤油，1 吨＝1 246 升。
（6）石脑油，1 吨＝1 385 升。
（7）溶剂油，1 吨＝1 282 升。
（8）润滑油，1 吨＝1 126 升。
（9）燃料油，1 吨＝1 015 升。

四、自产自用的应税消费品

纳税人自产自用的应税消费品，用于连续生产应税消费品的，不纳税；用于其他方面的，于移送使用时纳税。

纳税人自产自用的应税消费品需要纳税时，按照纳税人生产的同类消费品的销售价格计算纳税；没有同类消费品销售价格的，按照组成计税价格计算纳税。

同类消费品的销售价格，是指纳税人或者代收代缴义务人当月销售的同类消费品的销售价格，如果当月同类消费品各期销售价格高低不同，应按销售数量加权平均计算。但销售的应税消费品有下列情况之一的，不得列入加权平均计算：销售价格明显偏低并且无正当理由的；无销售价格的。如果当月无销售或者当月未完结，应按照同类消费品上月或者最近月份的销售价格计算纳税。

（1）实行从价定率办法计算纳税的组成计税价格计算公式：

组成计税价格＝(成本＋利润)÷(1－比例税率)

（2）实行复合计税办法计算纳税的组成计税价格计算公式：

组成计税价格＝(成本＋利润＋自产自用数量×定额税率)÷(1－比例税率)

成本，是指应税消费品的产品生产成本。利润，是指根据应税消费品的全国平均成本利润率计算的利润。应税消费品全国平均成本利润率由国家税务总局确定。

五、委托加工的应税消费品

委托加工的应税消费品，除受托方为个人外，由受托方在向委托方交货时代收代缴税款。委托加工的应税消费品，委托方用于连续生产应税消费品的，所纳税款准予按规定抵扣。

（1）委托加工的应税消费品，是指由委托方提供原料和主要材料，受托方只收取加工费和代垫部分辅助材料加工的应税消费品。对于由受托方提供原材料生产的应税消费品，或者受托方先将原材料卖给委托方，然后再接受加工的应税消费品，以及由受托方以委托方名义购进原材料生产的应税消费品，不论在财务上是否作销售处理，都不得作为委托加工应税消费品，而应当按照销售自制应税消费品缴纳消费税。

（2）委托加工的应税消费品直接出售的，不再缴纳消费税。详细规定如下：委托方将收回的应税消费品以不高于受托方的计税价格出售的，为直接出售，不再缴纳消费税；委托方以高于受托方的计税价格出售的，不属于直接出售，需按照规定申报缴纳消费税，在计税时准予扣除受托方已代收代缴的消费税。

（3）委托个人加工的应税消费品，由委托方收回后缴纳消费税。

（4）委托加工的应税消费品，按照受托方的同类消费品的销售价格计算纳税；没有同类消费品销售价格的，按照组成计税价格计算纳税。

同类消费品的销售价格，是指纳税人或者代收代缴义务人当月销售的同类消费品的销售价格，如果当月同类消费品各期销售价格高低不同，应按销售数量加权平均计算。但销售的应税消费品有下列情况之一的，不得列入加权平均计算：销售价格明显偏低并且无正当理由的；无销售价格的。如果当月无销售或者当月未完结，应按照同类消费品上月或者最近月份的销售价格计算纳税。

1）实行从价定率办法计算纳税的组成计税价格计算公式：

组成计税价格＝(材料成本＋加工费)÷(1－比例税率)

2）实行复合计税办法计算纳税的组成计税价格计算公式：

组成计税价格＝(材料成本＋加工费＋委托加工数量×定额税率)÷(1－比例税率)

材料成本，是指委托方提供加工材料的实际成本。委托加工应税消费品的纳税人，必须在委托加工合同上如实注明（或者以其他方式提供）材料成本，凡未提供材料成本的，受托方主管税务机关有权核定其材料成本。

加工费，是指受托方加工应税消费品向委托方所收取的全部费用（包括代垫辅助材料的实际成本）。

六、进口的应税消费品

进口的应税消费品，按照组成计税价格计算纳税。

（1）实行从价定率办法计算纳税的组成计税价格计算公式：

组成计税价格＝(关税完税价格＋关税)÷(1－消费税比例税率)

（2）实行复合计税办法计算纳税的组成计税价格计算公式：

组成计税价格＝(关税完税价格＋关税＋进口数量×消费税定额税率)÷(1－消费税比例税率)

关税完税价格，是指海关核定的关税计税价格。

七、核定计税价格

纳税人应税消费品的计税价格明显偏低并且无正当理由的，由主管税务机关核定其计税价格。核定权限规定如下：

（1）卷烟、小汽车的计税价格由国家税务总局核定，送财政部备案。

（2）其他应税消费品的计税价格由省、自治区和直辖市的税务局核定。

（3）进口的应税消费品的计税价格由海关核定。

八、从高适用税率的情况

纳税人兼营不同税率的应当缴纳消费税的消费品（以下简称“应税消费品”），应当分别核算不同税率应税消费品的销售额、销售数量；未分别核算销售额、销售数量，或者将不同税率的应税消费品组成成套消费品销售的，从高适用税率。

九、以人民币计算销售额

纳税人以人民币以外的货币结算销售额的，应当折合成人民币计算。在将外汇折合成人民币时，其折合率可以选择结算销货款当天或者当月 1 日的国家外汇牌价（原则上为中间价）。纳税人应当事先确定采用上述哪一种折合率，并且在确定后的一年不得进行变更。

做中学

新石市国家税务局检查人员按照检查计划对新石酒业有限公司涉税业务进行检查，税务检查时间为 2019 年 6 月 21 日至 22 日。检查过程中发现：新石酒业有限公司 2018 年 4 月 4 日向东方商贸公司销售“新石牌”啤酒 2 000 吨，开具增值税专用发票，注明金额 15 000 000 元，税额 2 550 000 元。企业记账凭证上记载缴纳消费税 440 000 元。请判断企业是否存在涉税问题。

解析：新石酒业有限公司存在涉税问题：

甲类啤酒，每吨出厂价（含包装物及包装物押金）在 3 000 元（含 3 000 元，不含增值税）以上的，消费税税率为 250 元/吨；乙类啤酒，每吨出厂价（含包装物及包装物押金）在 3 000 元（不含增值税）以下的，消费税税率为 220 元/吨。

由于新石酒业有限公司所销售啤酒的出厂价为：15 000 000/2 000＝7 500（元/吨），所以属于甲类啤酒。

故新石酒业有限公司应该缴纳消费税＝250×2 000＝500 000（元），而企业仅仅缴纳了消费税 440 000 元，少纳税 60 000 元。

归纳提升

消费税应纳税额常见涉税问题及主要检查方法，如表 3－4 所示。

表 3-4　消费税应纳税额常见涉税问题及主要检查方法

检查内容	企业常见涉税问题	税务机关和中介机构主要检查方法
从价定率计税依据的检查	隐匿销售收入。	1. 对被查对象进行综合测评。 第一，申报数据的审查。审查“库存商品”“自制半成品”“包装物”“委托加工物资”“主营业务收入”“其他业务收入”“营业外收入”等账户，核实被查对象的产销存情况是否与纳税申报情况相符。 第二，测算消费税税负，与同行业税负对比，本期税负与基期税负对比，找出异常之处。 第三，运用比较分析法进行分析，找出异常之处。如将本期销售收入与其上年同期销售收入进行比较，分析销售结构和价格变动是否异常；比较被查对象与同行业其他企业的销售收入变动情况，分析是否符合行业发展趋势；比较本期的存货减少额与销售成本之间的比例关系，检查是否存在销售收入小于或等于存货减少数的异常情况。 2. 进一步核实账外疑点。 第一，资金流的检查。一是检查收支登记簿、现金日记账、银行对账单、产品出库单或销货清单，以审查其有无虚构往来并将已实现的销售额挂账或不入账（或部分入账）的情况。二是通过突击盘点现金，核实库存现金与现金日记账的余额是否一致，如果实存现金与现金日记账余额差额很大而又不能够说明原因，则账外经营的可能性就很大。三是调查纳税人在银行设立账户的情况。将银行对账单与“银行存款”明细账相核对，检查是否存在多头开户的情况；检查存款账户中存款的来源，从中发现是否存在销售货物不入账的问题；核对“银行存款”明细账与主营业务收入明细账相关数据的一致性，审核是否存在销售货物不作销售收入处理的问题。四是抽取部分往来客户，对其实施协查取证，查找其他信息。五是检查被查对象的结算币种。 第二，物流的检查。一是核对“库存商品”明细账与仓库保管账。如果仓库保管账账面数量小于“库存商品”账户数量，应进一步查明是否存在由仓库直接销售货物，隐瞒货物销售收入的问题。二是到仓库检查出库单、提货单，与“库存商品”账户贷方核对。若出库单、提货单反映的发出货物数量大于“库存商品”账户的发出数量、“主营业务收入”账户的销售数量，应进一步检查是否存在将库存商品发出而未作销售处理的情况。三是通过实物盘点，核对账实是否相符。如仓库实际数量小于账面结存数量，应进一步检查是否存在销售收入不入账以及白条抵库问题。四是检查有无瞒报、少报销售额或者销售数量，有无只报主要产品不报其他产品、半成品、残次品销售情况的问题。 第三，发票流的检查。一是滞留票的检查。调取滞留票信息，对发票开具方、收取方进行调查取证。二是取得及开具发票的检查，主要是对品名、单价、数量等进行统计比对，看有无异常。 3. 应税消费品的销售收入，有无不通过“主营业务收入”等账户核算，而直接挂“应收（付）账款”等往来账户的，必要时，进行协查取证。

续表

检查内容	企业常见涉税问题	税务机关和中介机构主要检查方法
从价定率计税依据的检查	视同销售（如换抵投等），未按视同销售处理或未按最高价计税。	1. 检查“库存商品”“自制半成品”明细账的贷方发生额中有无异常减少的情况。如有应进一步核查相应的原始凭证（如产品出库单、商品销售清单等），看其是否将应税消费品用于对外投资、抵偿债务等非货币性交易的行为。必要时，可到对方进行协查取证。 2. 检查“长期股权投资”账户、往来款异常波动的往来单位往来明细账，看被查对象有无将应税消费品用于对外投资入股和抵偿债务等情况。如有，应进一步审核其是否是按照国税发〔1993〕156号文件的规定，以其同类应税消费品的最高销售价格作为计税依据计算消费税。
	已列销售少报或不申报税款。	将年度、季度或月度纳税申报表中的申报收入明细数据及累计数据与“主营业务收入”“其他业务收入”明细账贷方发生额相比较，结合原始凭证的检查和抽查销售日报表、发货款存根联、银行解款单等，查明申报销售收入与账面数是否相符、征免划分是否符合规定。
	将价外费用单独记账，不并入销售额。	1. 了解被查对象可能收取的价外费用种类，特别是其代政府或行业管理部门收取的价外费用。 2. 向销售部门了解销售情况和货款结算形式，对有长期业务往来的客户，应要求其提供合同、协议，并审阅业务相关内容，综合分析企业有无加收价外补贴的可能。 3. 根据开具发票或收据所列货物或劳务名称，严格界定价外费用的性质，确定价外费用的金额。 4. 检查“销售费用”“管理费用”“财务费用”等明细账，如有借方红字发生额或贷方发生额，应逐笔核对相关会计凭证，审查其有无价外费用直接冲减期间费用的情况，并与“应交税费——应交消费税”账户核对。 5. 检查“主营业务收入”“其他业务收入”“营业外收入”明细账，如有属于应税消费品而从购买方收取的价外收费，应对照“应交税费——应交消费税”账户，核实价外收费有无申报纳税。
	包装物及其押金收入未足额缴纳消费税。	1. 结合企业生产特点，实地察看其所产应税消费品是否需要包装物。 2. 检查购进包装物的财务核算情况。第一，审查在购进时有无不通过“包装物”账户而通过往来账户核算、随货销售后不计收入的情形；重点审查其取得发票的品名隶属于包装物。第二，检查随同应税消费品出售单独计价的包装物，审查其包装物销售额是否记入“其他业务收入”账户、是否一并申报缴纳消费税。第三，检查须包装的应税消费品与包装物的消耗量的对应关系有无异常。如有异常则可能存在以下两个问题：一是应税消费品可能存在问题；二是包装物可能存在问题。应根据检查情况，分别进行调查取证。 3. 抽查往来明细账，审查有无异常波动情况，特别是要检查“其他应付款”明细账户借方发生额的对应账户，看有无异常的对应关系，如发现有与“应付职工薪酬”“盈余公积”等账户对应的，一般就是将应没收的包装物押金（如销售啤酒、黄酒、成品油收取的包装物押金）挪作他用。

续表

检查内容	企业常见涉税问题	税务机关和中介机构主要检查方法
从价定率计税依据的检查	将销售费用、支付给购货方的回扣等直接抵减应税销售额。	1. 红字冲减应税销售额。检查“主营业务收入”账户有无红字冲销的情况，如有应进一步核实，看其有无将支付给购货方的回扣、推销奖、委托代销商品的代购代销手续费用等直接冲销销售收入。 2. 直接坐支销售额的检查。采用随机抽样等方法，抽检部分销售凭证，审查原始凭证中有无按坐支后的余额记入“主营业务收入”账户。抽检中，注意将原始销售凭证、销售（代理代销）合同、合同订立价格与收入类账户与同类货物正常销售价格进行对比，从中找出异常予以查证核实。
	自产应税消费品用于连续生产应税消费品以外用途，未按视同销售处理。	1. 检查“自制半成品”、“库存商品”、“在建工程”（如燃料油）、“管理费用”、“销售费用”、“营业外支出”、“其他业务支出”、“应付职工薪酬”等账户，看被查对象有无将其自产应税消费品用于连续生产应税消费品以外用途的情形；如有则应进一步审查其是否生产同类应税消费品，有无确认销售额、是否足额申报纳税。 2. 对有同类应税消费品销售价格的，是否按其当月同类消费品的售价（或当月加权平均售价）计算自产自用应税消费品的计税价格，审查中应特别注意加权平均价格的计算是否正确。 3. 对无同类应税消费品销售价格的，是否按组成计税价格计算其自产自用应税消费品的组成计税价格。尤其要审查应税消费品的成本、全国平均成本利润率的引用是否正确。
	向单独成立的销售公司或其他关联企业低价销售应税消费品。	1. 了解被查对象销售机构的设置及汇总核算情况，特别要注意审查被查对象是否单独成立了销售公司；查看相关注册登记文书，判断是否存在其他关联企业。 2. 将同类应税消费品按销货单位对销售收入、销售数量进行统计，分销售对象计算出检查期销售平均单价并按单价排序，从中找到价格异常明显偏低的单位，结合单位成本价格，对低于成本价销售的单位进行重点检查。 3. 对关联企业的关联交易业务，是否按照《税收征管法》《消费税暂行条例》《消费税暂行条例实施细则》的规定，对其关联交易行为进行处理。 4. 调查取证中，应了解被查对象的生产经营范围及其生产的各类应税消费品的销售情况，了解被查对象应税消费品的定价政策和价格组成。
	委托加工（不含金银首饰）应税消费品未按规定代扣代缴消费税。	1. 检查“委托加工物资”“原材料”“自制半成品”“库存商品”等账户，看被查对象有无委托加工应税消费品业务，有无代扣代缴完税凭证。 2. 鉴定委托加工业务的真实性。调阅委托加工合同，对照《中华人民共和国消费税暂行条例实施细则》第七条设定的委托加工条件“对于由受托方提供原材料生产的应税消费品，或者受托方先将原材料卖给委托方，然后再接受加工的应税消费品，以及由受托方以委托方名义购进原材料生产的应税消费品，不论在财务上是否作销售处理，都不得作为委托加工应税消费品，而应当按照销售自制应税消费品缴纳消费税。”凡不符合的，一律按自产应税消费品征税。

续表

检查内容	企业常见涉税问题	税务机关和中介机构主要检查方法
从价定率计税依据的检查	委托加工（不含金银首饰）应税消费品未按规定代扣代缴消费税。	3. 对属于委托加工业务的，则应进一步审查受托方是否为个体经营户；委托方收回委托加工货物时，是否按受托方同类应税消费品的销售价格或组成计税价格申报缴纳了委托加工环节的消费税。 4. 受托方不是个体经营户的，应审查受托方是否按当月同类消费品的平均售价或组成计税价格，计算并代扣代缴消费税，核实委托方有无不代扣代缴消费税的情况。 5. 必要时可到受托方进行调查取证。
	成套应税消费品未按规定足额申报纳税。	1. 实地查看成品仓库，了解被查对象是否生产销售成套应税消费品。 2. 了解包括包装物在内的成套应税消费品的组成项目及其各自适用税目、税率。 3. 对由应税消费品和非应税消费品组成的成套应税消费品，则应重点审查其是否按照应税消费品适用税率计算纳税；对于由不同税率的应税消费品组成的成套应税消费品，则应重点审查其是否从高适用税率计算纳税。
从量定额计税依据的检查	隐匿销售数量。	1. 对于生产销售的应税产品，应查阅其生产台账、库存台账、销售台账等，核实其应税消费品的生产、销售、库存数量，与其申报销售数量核对，看有无异常情况。 2. 对于委托加工应税产品，应检查“委托加工物资”账户，核实其委托加工的收回数量、销售数量。 3. 对于进口的应税产品，应核实其报关进口数量。 4. 从量定额进行过调整的税目，是否及时调整了适用税额。
卷烟计税依据的检查	混淆卷烟牌号，混淆卷烟计税价格或核定价格，以从低适用计税价格。	审核被查对象所有牌号规格卷烟，区分执行计税价格和核定价格的范围，看有无擅自改变执行计税价格或核定价格的情况。对实际销售价格与计税价格、核定价格不一致的卷烟，实际销售价格高于计税价格、核定价格的，应审查其是否按实际销售价格计缴消费税；实际销售价格低于计税价格和核定价格的，应审查其是否按计税价格或核定价格计缴消费税。检查非标准条包装卷烟，应审查其是否折算成标准条包装卷烟的数量，依其实际销售收入计算确定其折算成标准条包装后的实际销售价格，并确定适用的比例税率。
	委托加工卷烟、自产自用卷烟未计算缴纳或未足额计算缴纳消费税。	委托加工卷烟、自产自用卷烟的检查。检查从量定额的计税依据。审查委托加工卷烟、自产自用卷烟是否以海关核定的委托方收回数量、移送使用数量为计税依据计算应纳税额。检查从价定率的计税依据。审查委托加工卷烟、自产自用卷烟是否按其组成计税价格分别计算应纳税额。
	白包烟（是指未进入市场流通的简易包装的卷烟）、科研烟（是指处于科研试制阶段的卷烟）未按规定申报纳税。	检查“原材料”“包装物”等明细账，结合实物盘点，审查其专用物料的领用存情况，看其是否有用于白包烟生产的专用物料，实地调查卷烟生产企业的科研专用生产线，查看其白包烟、科研烟的生产经营规模，调阅白包烟、科研烟的生产、科研、销毁等相关去向记录。对用于科研以外用途的白包烟、科研烟是否缴纳了消费税。

续表

检查内容	企业常见涉税问题	税务机关和中介机构主要检查方法
卷烟计税依据的检查	评析烟（是指专门用于品质、包装的鉴定、评审的卷烟）、礼品烟、样品烟、促销烟未按规定申报纳税。	到卷烟生产企业的发货窗口（成品仓库、厂办、科研部门等部门）调取评析烟、礼品烟、样品烟、促销烟的发出记录。到原料仓库（含主辅料）、产成品、半成品仓库及其生产线，调查了解生产、销售、库存的相关信息，重点调取审查扫码中心的扫码记录（多为电子台账）。审查“库存商品”“委托加工卷烟”等明细账，看有无异常的对应账户。
白酒计税依据的检查	人为调节销售数量；违反规定隐匿销售收入；成立关联销售公司。	1. 从量定额部分的计税数量是否准确。方法见“从量定额计税依据的检查”。 2. 从价定率部分的销售额计算是否准确，价外费用、视同销售、包装物及其押金等的确认是否正确。方法见“从价定率计税依据的检查”。
抵扣税额的检查	超范围抵扣外购或委托加工应税消费品的已纳税额。	抵扣范围的检查。了解被查对象涉及的消费税税目，进而确定其允许扣除已纳消费税税款的税目，然后与被查对象的申报数据进行一一比对，看其对消费税抵扣政策的执行范围的界定是否准确，有无擅自超范围抵扣的问题；对已停止执行抵扣政策的消费税税目，是否及时中止了已纳消费税的抵扣；对新增税目的抵扣项目。
	外购或委托加工应税消费品的已纳税额已申报抵扣，但该应税消费品未用于连续生产应税消费品的，没有转出已纳税额。	转出已抵扣税款的检查。检查“库存材料”“生产成本”“自制半成品”“库存商品”“委托加工物资”等账户，到生产车间查询生产记录等有关资料，追查生产领用应税消费品的去向，审查其有无将生产领用的应税消费品改变用途，而又未转出已抵扣的已纳税额。
	取得不符合规定的抵扣凭证申报抵扣外购或委托加工应税消费品的已纳税额。	抵扣凭证的检查。 第一，对外购应税消费品的，检查时应看其是否凭取得的增值税专用发票（含销货清单，从小规模纳税人处购进应税消费品为税务机关代开增值税专用发票）申报抵扣。 第二，对委托加工应税消费品的，检查时应看其是否凭《代扣代收税款凭证》申报抵扣。 第三，对进口应税消费品的，检查时应看其是否凭《海关进口消费税专用缴款书》申报抵扣。
	外购应税消费品取得普通发票，属于可扣除已纳税额范围的，按含增值税的买价计算扣除已纳税额。	工业企业外购抵扣的检查。对工业企业既自产又外购应税消费品，或不自产只外购应税消费品的，2006 年 8 月之前从商业企业购进的应税消费品是否一并申报抵扣了已纳消费税税款。
	工业企业从商业企业购进应税消费品一并申报抵扣。	对纳税人提供的消费税申报抵扣凭证上注明的货物，无法辨别销货方是否申报缴纳消费税的，应当向销货方所在地税务机关发函协查，并以销货方税务机关的回函结果为依据核准是否准予其抵扣。注意，未经核准的一律不得抵扣。

续表

检查内容	企业常见涉税问题	税务机关和中介机构主要检查方法
销货退回的检查	虚构销货退回业务。	1. 检查有无合法扣减依据。第一，在购货方尚未付款并未作账务处理的情况下，原开具的发票是否作了相应的处理。全部退货的，发票各联是否全部收回作废。第二，已付款或购货方已作账务处理的情况下，是否取得了购买方提供的《开具红字增值税专用发票通知单》，并据以开具红字发票。 2. 实物追踪检查。第一，审查有无入库记录，看其退回的货物是否办理了入库手续并相应冲减了本期的业务成本。第二，跟踪追查销货退回货物的去向。一般情况下，发现无合法扣减依据，随意冲减业务收入又无产成品退货入库记录的，就是虚构销货退回。必要时可到对方处协查取证。

任务三　消费税纳税地点和纳税义务发生时间的检查

任务导入

某卷烟厂生产某品牌高档卷烟（调拨价为 100 元/标准条，售价为 120 元/标准条）。2019 年 12 月税务机关对其 2019 年 1—11 月的纳税情况进行了检查。检查人员查阅该厂经理办公会议纪要时，发现 2019 年 9 月经理办公会曾作出向全厂员工每人发放 10 条自产卷烟的决定。检查人员审查该厂产成品明细账及其贷方发生额的对应关系，没有发现自产卷烟转至“应付职工薪酬”的相关记录。经向有关人员证实该厂确实发放了福利卷烟后，检查人员采用全查法逐一审查了 2019 年 9 月产成品明细账的贷方发生额，发现其当月除正常销售结转外，发生卷烟仓库被盗损失 100 万元记入了“营业外支出”账户。进一步审查记账凭证，发现该厂已转出不予抵扣的增值税进项税额 8 万元，并附有手续齐全的仓库报损明细单、成本计算表及公安机关报案受理单。检查人员向仓库保管员、财务人员询问，追查发放福利卷烟的账务处理，相关人员闪烁其词。

解析：

检查人员向受理报案公安机关发出协助调查通知，证实该厂 2019 年 9 月确实发生被盗案件，但核定被盗损失为 70 万元。面对证据，该厂不得不承认将发放福利卷烟假报产品损失，少缴增值税、不缴消费税的事实。

[知识回顾与提升]

一、纳税义务发生时间

（1）纳税人销售应税消费品，按不同的销售结算方式，其纳税义务的发生时间为：

1）采取赊销和分期收款结算方式的，其纳税义务的发生时间，为书面合同约定的收款日期的当天，书面合同没有约定收款日期或者无书面合同的，为发出应税消费品的当天。

2）采取预收货款结算方式的，其纳税义务的发生时间，为发出应税消费品的当天。

3）采取托收承付和委托银行收款方式的，其纳税义务的发生时间，为发出应税消费品并办妥托收手续的当天。

4）采取其他结算方式的，其纳税义务的发生时间，为收讫销售款或者取得索取销售款凭据的当天。

（2）纳税人自产自用应税消费品的，其纳税义务的发生时间，为移送使用的当天。

（3）纳税人委托加工应税消费品的，其纳税义务的发生时间，为纳税人提货的当天。

（4）纳税人进口应税消费品的，其纳税义务的发生时间，为报关进口的当天。

二、纳税地点

纳税人销售的应税消费品，以及自产自用的应税消费品，除国务院财政、税务主管部门另有规定外，应当向纳税人机构所在地或者居住地的主管税务机关申报纳税。

委托加工的应税消费品，除受托方为个人外，由受托方向机构所在地或者居住地的主管税务机关解缴消费税税款。委托个人加工的应税消费品，由委托方向其机构所在地或者居住地主管税务机关申报纳税。

进口的应税消费品，由进口人或者其代理人向报关地海关申报纳税。

纳税人到外县（市）销售或委托外县（市）代销自产应税消费品的，于应税消费品销售后，回纳税人核算地或所在地缴纳消费税。

纳税人的总机构与分支机构不在同一县（市）的，应在生产应税消费品的分支机构所在地缴纳消费税。但经国家税务总局及所属税务分局批准，纳税人分支机构应纳消费税也可由总机构汇总向总机构所在地主管税务机关缴纳。

纳税人的总机构与分支机构不在同一省（自治区、直辖市）的，如需改由总机构汇总在总机构所在地纳税的，需经国家税务总局批准方可实行。对纳税人总机构与分支机构在同一省（自治区、直辖市）内，而不在同一县（市）的，如需改由在总机构所在地纳税的，需经国家税务总局所属分局批准。

三、纳税期限

消费税的纳税期限分别为 1 日、3 日、5 日、10 日、15 日、1 个月或者 1 个季度。纳税人的具体纳税期限，由主管税务机关根据纳税人应纳税额的大小分别核定；不能按照固定期限纳税的，可以按次纳税。

纳税人以 1 个月或者 1 个季度为 1 个纳税期的，自期满之日起 15 日内申报纳税；以 1 日、3 日、5 日、10 日或者 15 日为 1 个纳税期的，自期满之日起 5 日内预缴税款，于次月 1 日起 15 日内申报纳税并结清上月应纳税款。

纳税人进口应税消费品，应当自海关填发海关进口消费税专用缴款书之日起 15 日内缴纳税款。

做中学

根据消费税法律制度的规定，下列关于消费税纳税地点的表述中，正确的有（　　）。

A. 除另有规定外，纳税人销售应税消费品应向生产地的主管税务机关申报纳税

B. 除另有规定外，纳税人销售应税消费品应向纳税人机构所在地或居住地的主管税务机关申报纳税

C. 进口的应税消费品，由进口人或者其代理人向报关地海关申报纳税

D. 委托加工的应税消费品，受托方为个人的，由委托方向机构所在地的主管税务机关申报纳税

正确答案：BCD

归纳提升

纳税地点和纳税义务发生时间常见涉税问题及主要检查方法，如表 3-5 所示。

表 3-5　纳税地点和纳税义务发生时间常见涉税问题及主要检查方法

检查内容	企业常见涉税问题	税务机关和中介机构主要检查方法
生产销售应税消费品的检查	1. 在中国境内生产销售应税消费品（不包括金银首饰），未申报纳税。 2. 非税务定义下的受托加工（《中华人民共和国消费税暂行条例实施细则》第 7 条第 1 款）未按销售自制应税消费品缴纳消费税。	1. 检查纳税人的经营范围，看其是否有上述应税消费品的应税行为。 2. 检查“库存商品”“生产成本”“委托加工物资”等账户，看其是否有属于应税消费品的货物。 3. 审查购销合同，了解购销双方有关货物流、资金流以及收款依据的约定，检查存货明细账、仓库实物账、货币资金类账户明细账、往来款项明细账、银行对账单以及相关发运货物单据，并与销售发票、收入明细账、“应交税费——应交消费税”明细账进行比对，核查是否已发生纳税义务而未及时申报缴纳消费税。 4. 检查不生产最终应税消费品的生产企业、商业企业、服务企业时，重点看其生产经营过程是否有自产自制应税消费品又连续用于生产经营的行为。
自产自用应税消费品的检查	1. 将自产应税消费品（不包括金银首饰）用于连续生产应税消费品以外用途的，未在移送使用时申报纳税。 2. 生产、批发、零售单位用于馈赠、赞助、集资、广告、样品、职工福利、奖励等方面的金银首饰，未按视同销售在移送使用时申报纳税。 3. 纳税人将自产石脑油用于连续生产乙烯等非应税消费品或其他方面的，未按规定建立移送使用台账，或未在移送使用时申报纳税。	1. 熟悉纳税人的经营范围、生产工艺流程，看其是否有在述应税消费品的应税行为。重点检查被查对象有无属于应税消费品的自产半成品、中间产品。 2. 检查“自制半成品”“库存商品”等账户的对应账户，看其有无将其用于连续生产应税消费品以外的其他方面的情形。检查中，可结合仓库实物账以及发货、发料凭据，购销发票的品种、数量，根据其生产工艺判断应税消费品的发出去向、用途和领用部门。审查其一定时期内纳税人相关办公会议纪要，了解管理层是否作出自产自用应税消费品的纪要，并对照“应交税费——应交消费税”明细账，核查属于应税消费品的自产半成品、中间产品用于其他方面的，是否按规定申报缴纳消费税。

续表

检查内容	企业常见涉税问题	税务机关和中介机构主要检查方法
委托加工应税消费品的检查	1. 委托方常见涉税问题： (1) 委托加工应税消费品（不包括金银首饰）的应纳消费税，受托方未按规定代收代缴，委托方也未主动申报纳税。 (2) 委托个体经营者加工应税消费品（不包括金银首饰）的纳税人，未按规定申报纳税。 (3) 将非委托加工应税消费品混入委托加工应税消费品直接销售而不申报纳税。 (4) 隐匿或部分隐匿委托加工的应税消费品。 (5) 委托方以委托加工的部分应税消费品抵偿加工费，少申报缴纳消费税。 2. 受托方常见涉税问题： (1) 受托加工应税消费品（不包括金银首饰），未在交货时代扣代缴消费税。 (2) 受托代销金银首饰，未将受托代销收入申报纳税。 (3) 接受除消费者个人外的单位委托加工金银首饰及珠宝玉石时，故意将委托方变为消费者个人，仅就加工费缴纳消费税，从而少缴消费税。 (4) 委托方与受托方串通，采取货物收发、加工，款项收付均不作账务处理，偷逃消费税。	1. 检查“库存商品”“生产成本”“委托加工物资”等账户，看其中是否有属于委托加工的应税消费品。审查委托加工合同、存货明细账、材料出（入）库凭据，备查簿、收（付）款凭据等，核查委托加工业务是否真实。 2. 审查（或外调）其往来单位，看其有无委托加工应税消费品的业务；核实委托加工数量与其收回数量是否匹配；若收回委托加工应税消费品直接用于销售的，核实其销售数量与委托加工的收回数量是否匹配。 3. 审查委托方存货明细账、受托方收入明细账以及双方的往来明细账、“应交税费——应交消费税”账户，核查是否在交货时代收代缴消费税，是否及时解缴税款。 4. 核对仓库实物账、发（收）货发（收）料凭据及存货明细账，审查核对货币资金类账户明细账及银行对账单，核查是否存在双方串通，货物、资金账外循环，偷逃消费税的情况。
进口应税消费品的检查	1. 进口应税消费品（不包括金银首饰），在报关进口时，未足额申报消费税。 2. 进口金银首饰（除个人携带、邮寄进境外），在零售环节未申报纳税或未足额申报纳税。	1. 审查纳税人的经营范围，看其是否有进口应税消费品的应税行为。 2. 检查“库存商品”“生产成本”“委托加工物资”等账户，看其中是否有属于应税消费品的进口货物。 3. 对有进口应税消费品的，除金银首饰外，均应核查其进口环节的完税证明及其货款支付、往来情况。

续表

检查内容	企业常见涉税问题	税务机关和中介机构主要检查方法
金银首饰应税消费品的检查	1. 在中国境内从事金银首饰零售业务（包括受托代销）、为生产经营单位以外的单位和个人加工金银首饰未申报纳税。 2. 生产、进口的铂金首饰，在零售环节未足额缴纳消费税。	1. 检查“库存商品”“委托加工物资”等账户，看其中是否有属于应税消费品的货物。 2. 审查购销合同、委托加工合同，了解购销双方、委托加工的双方有关货物流、资金流以及收款依据的约定，检查存货明细账、仓库实物账、货币资金类账户明细账、往来款项明细账、银行对账单以及相关发运货物单据，结合销售发票、销售单据，并与“主营业务收入”明细账、“应交税费——应交消费税”明细账进行比对，核查是否已发生纳税义务而未及时足额申报缴纳消费税。 3. 对金银首饰零售业务的检查，除了上述检查内容外，还应审核以下几个方面： (1) 对金银首饰批发单位和加工业务单位检查时，应根据《金银首饰消费税征收管理办法》（国税发〔1994〕267号）第3条的规定，第一，检查其批发资质，看其是否有中国人民银行总行批准其从事金银首饰批发业务的批文。第二，检查其购货对象的两证留存资料，看前来批发金银首饰的经营单位，是否同时持有两证，一是《经营金银制品业务许可证》影印件，二是《金银首饰购货（加工）管理证明单》。凡是与持有两证经营单位的批发业务，不征收消费税，否则一律视同零售征收消费税。 (2) 对经营单位兼营生产、加工、批发、零售业务检查时，应特别关注其生产、加工、批发业务是否与零售业务分别核算，凡是未分别核算销售额或者划分不清的，一律视同零售征收消费税。 4. 检查进口铂金首饰有无对应的进口消费税完税凭证，并核实完税凭证的真实性。
纳税义务发生时间的检查	未按规定的纳税义务发生时间申报缴纳消费税。	调取收集仓库保管人员的“销货发票”“产品出库单”等单据，结合仓库保管员的货物出库单存根联的开具情况，调阅与取得收入相关的原始凭证和记账凭证。根据所附的发货证明、收货证明，查清发出商品的时间；根据所附的托收回单、送款单确定其收款依据，与“产品销售明细账”“消费税纳税申报表”相对照，以此判断入账时间是否正确，确定是否存在不及时结转销售而少计销售的问题。 1. 采用直接收款结算方式的。(1) 结合订货合同，如合同注明直接收款方式，将“主营业务收入”“其他业务收入”等账户与货物出库单进行核对，查明当月应实现的收入是否全部入账，有无压票现象。(2) 通过对应收、应付、其他应收、其他应付等有关明细账进行清理，查看有无虚列户名的无主账户或转账异常的情况，凡核算内容不符合规定的、发生额挂账时间较长的，就存在隐匿收入的可能，必要时可到对方单位调查取证。 2. 采取赊销和分期收款结算方式的。(1) 应检查“分期收款发出商品”明细账，并调阅一些老客户、信誉好的大客户的赊销合同。(2) 根据赊销双方赊销合同的约定，确认其赊销行为是否成立，核实企业是否将不属于分期收款方式销售的商品划为赊销处理，滞后实现销售收入。(3) 对照赊销合同，检查备查对象是否按照约定的金额和时间实现销售。(4) 通过审核合同约定的收款时间，与相关收入、往来账户进行比对，核实到期应转而未转的应税销售额，确认是否存在滞后收入或不计收入的情况。

续表

检查内容	企业常见涉税问题	税务机关和中介机构主要检查方法
纳税义务发生时间的检查	未按规定的纳税义务发生时间申报缴纳消费税。	3. 采取预收货款结算方式的。(1) 将“预收账款”账户(有的企业是在“其他往来”账户核算的)与“主营业务收入”等账户进行比对，检查其是否在发出应税消费品的当天确认销售额。(2) 审查存货明细账、仓库实物账、发货(出门)凭据、运输单据等，与收入明细账、“应交税费——应交消费税”明细账进行比对，核查是否发出应税消费品未及时申报缴纳消费税。 4. 采取托收承付和委托银行收款方式销售应税消费品的。(1) 审查购销合同，了解收款期限和相关约定，结合出库单(或销售清单)，以季末或年末发出商品备查簿为依据，将一定时期内办理托收的相关凭据、银行对账单、银行结算凭证回单联及发票开具日期，与“主营业务收入”“其他业务收入”“应交税费——应交消费税”明细账进行比对，核查其是否存在不及时结转销售收入的问题。(2) 将“银行存款”“应收票据”“其他货币资金”等账户与“主营业务收入”等账户进行比对，检查其是否在发出应税消费品并办妥托收手续的当天确认销售额。 5. 采取其他结算方式的。(1) 检查中应将“现金”“银行存款”“其他货币资金”“应收/应付账款”“其他应收/应付账款”账户与“主营业务收入”等账户进行比对，检查其是否在收讫销售款或者取得索取销售款的凭据的当天确认销售额。(2) 以“库存商品”等存货类账户为中心，结合提货单、出库单、发票及记账凭证，检查会计分录的对应关系，对照收入类账户，看有无产品(商品)已发出劳务已提供而未列销售的情况。 6. 自产自用应税消费品应当纳税的。检查“原材料”、“自制半成品”、“库存商品”、“生产成本”(非应税消费品)、“固定资产”、“在建工程”、“管理费用”、“营业费用”、“营业外支出”、“其他业务支出”、“应付职工薪酬”等账户以及仓库实物账和相关发货(领料)凭据，看其是否在移送使用的当天确认销售额。 7. 委托加工的应税消费品。检查“委托加工物资”“原材料”“自制半成品”等账户，看其是否在提货的当天确认应代扣代缴的消费税。 8. 进口的应税消费品。检查“材料采购”“原材料”“包装物”“库存商品”等账户以及完税凭证，看其是否将进口的应税消费品在报关进口的当天确认销售额。

练一练

一、单选题

1. 税务局在对某商场的检查中发现，有一种消费品没有按规定缴纳消费税，该种消费品有可能是(　　)。

A. 零售的高档化妆品　　B. 零售的白酒

C. 零售的金银首饰　　D. 零售的卷烟

2. 某税务师事务所受托对某筷子生产企业(增值税一般纳税人)进行审计，发现该企业 2019 年 5 月取得不含税销售额如下：销售烫花木制筷子 15 万元；销售竹制筷子 18

万元；销售木制一次性筷子 12 万元。另外没收逾期未退还的木制一次性筷子包装物押金 0.23 万元，该押金于 2018 年 5 月 5 日收取。经查，该企业已经将烫花木制筷子、竹制筷子、木质一次性筷子和包装物押金全部缴纳消费税。下列说法正确的是（　　）。

A. 该企业对消费税的计算完全正确

B. 计算的不正确，应该缴纳消费税 0.610 2 万元

C. 计算的不正确，应该缴纳消费税 1.359 8 万元

D. 计算的不正确，应该缴纳消费税 2.261 5 万元

3. 2019 年 6 月，甲厂将一批原材料送交乙厂进行委托加工，该批原材料不含税价格 10 万元，受托方代垫辅料收费 1 万元（含税），另收取加工费 3 万元（含税），假定该消费品消费税税率为 5%，该项委托加工组成计税价格为（　　）万元。

A. 13.68　　B. 14.13　　C. 14.16　　D. 14.25

4. 某税务师事务所受托对某石化生产企业（增值税一般纳税人）进行纳税审计，发现该企业 2019 年 3 月销售汽油 0.1 万吨，取得不含税销售额 400 万元。汽油 1 吨＝1 388 升，消费税税率为 1.52 元/升。该企业已经缴纳消费税 210.98 万元。该企业的纳税行为是否正确？（　　）

A. 不正确，该项销售行为应该补缴消费税 2 320.81 万元

B. 不正确，该项销售行为应该缴纳消费税 1 687.81 万元

C. 不正确，该项销售行为应该缴纳消费税 2 531.71 万元

D. 该项销售行为的计算是正确的。

5. 下列消费品中，准予扣除已纳消费税的是（　　）。

A. 以委托加工的涂料为原料生产的涂料

B. 以委托加工的高档化妆品为原料生产的高档护肤品

C. 以委托加工的已税石脑油为原料生产的应税消费品

D. 以委托加工的已税酒为原料生产的粮食白酒

6. 委托方将收回的委托加工应税消费品用于连续生产应税消费品，咨询事务所，专业人员告知其被代收消费税的会计正确的处理是（　　）。

A. 借：委托加工物资

　　贷：银行存款

B. 借：委托加工物资

　　贷：应交税费——应交消费税

C. 借：应交税费——应交消费税

　　贷：银行存款

D. 借：税金及附加

　　贷：应交税费——应交消费税

二、多选题

1. 下列实行从量定额和从价定率相结合征收消费税的消费品有（　　）。

A. 啤酒　　B. 黄酒　　C. 白酒　　D. 卷烟

2. 某酒厂销售应税消费品收取的下列款项中，应计入消费税计税依据的有（　　）。

A. 装卸费　　B. 增值税销项税额

C. 包装费　　　　　　　　　　　　　　　D. 白酒品牌使用费

3. 在下列消费品的生产经营环节中，应该征收消费税的有（　　）。

A. 卷烟的零售环节

B. 鞭炮焰火的批发环节

C. 超豪华小汽车的零售环节

D. 高档手表的生产销售环节

4. 某税务师事务所受托对某珠宝店（增值税一般纳税人）2019 年的业务进行审查，发现其 2019 年 6 月将自产的金项链 150 克奖励给优秀员工，未作任何账务处理，也未缴纳相应税款。经查，该批项链的成本为 15 000 元，当月金项链零售价格为 130 元/克。下列账务处理正确的是（　　）。

A. 借：应付职工薪酬　　19 500
　　贷：主营业务收入　　17 256.64
　　　　应交税费——应交增值税（销项税额）　　2 243.36

B. 借：应付职工薪酬　　17 243.36
　　贷：库存商品　　15 000
　　　　应交税费——应交增值税（销项税额）　　2 243.36

C. 借：税金及附加　　862.83
　　贷：应交税费——应交消费税　　862.83

D. 借：主营业务成本　　15 000
　　贷：库存商品　　15 000

三、案例分析与实践操作

假定税务师在代理审核某化妆品厂 2019 年 9 月应纳消费税情况时发现，该企业采用预收货款方式销售高档化妆品 100 箱，取得含税销售额 113 000 元，商品已发出。企业会计处理为：

借：银行存款　　113 000
　贷：预收账款　　113 000

要求：判定以上业务处理是否存在涉税问题，如有问题，请作出调账处理。

项目四　企业所得税税务检查

学习目标

知识目标

1. 掌握企业所得税的最新政策。
2. 掌握企业所得税纳税检查的常用方法、检查程序、常见涉税问题。
3. 掌握企业所得税错账的调整方法和技巧。

能力目标

1. 会准确判定境内外所得。
2. 会检查企业所得税纳税义务人判定与适用存在的涉税问题。
3. 会检查企业所得税收入的确定是否正确。
4. 会检查企业所得税扣除项目的确定是否存在涉税问题。
5. 会检查企业所得税应纳税所得额的确定是否正确。
6. 会对企业所得税税额计算是否正确进行检查。
7. 会对企业享受的企业所得税优惠政策是否正确进行检查。

[大数据下企业所得税常见税务风险评估指标及信息比对]

指标一：所得税贡献率。

$$所得税贡献率=(应纳所得税额\div主营业务收入)\times100\%$$

将当地同行业同期与本企业基期所得税贡献率相比，低于标准值视为异常，可能存在不计或少计销售（营业）收入、多列成本费用、扩大税前扣除范围等问题，应运用所得税变动率等相关指标做进一步评估分析。

指标二：主营业务利润税收负担率（以下简称“利润税负率”）。

$$利润税负率=(本期应纳税额\div本期主营业务利润)\times100\%$$

上述指标设定预警值并与预警值对照，与当地同行业同期和本企业基期所得税负担率相比，如果低于预定值，企业可能存在销售未计收入、多列成本费用、扩大税前扣除范围等问题，应做进一步分析。

指标三：应纳税所得额变动率。

$$应纳税所得额变动率=\frac{评估期累计应纳税所得额-基期累计应纳税所得额}{基期累计应纳税所得额}\times100\%$$

企业处于税收优惠期前后时，关注该指标，如果发生较大变化，可能存在少计收入、多列成本，人为调节利润的问题，也可能存在费用配比不合理等问题。

指标四：所得税税收负担率（以下简称“税负率”）。

$$税负率=(应纳所得税额\div利润总额)\times100\%$$

与当地同行业同期和本企业基期所得税税负率相比，低于标准值可能存在不计或少计销售（营业）收入、多列成本费用、扩大税前扣除范围等问题，应运用其他相关指标深入评估分析。

指标五：所得税贡献变动率。

$$所得税贡献变动率=\frac{评估期所得税贡献率-基期所得税贡献率}{基期所得税贡献率}\times100\%$$

与企业基期指标和当地同行业同期指标相比，低于标准值可能存在不计或少计销售（营业）收入、多列成本费用、扩大税前扣除范围等问题。

运用其他相关指标深入详细评估，并结合上述指标评估结果，进一步分析企业销售（营业）收入、成本、费用的变化和异常情况及其原因。

指标六：所得税负担变动率。

$$所得税负担变动率=\frac{评估期所得税负担率-基期所得税负担率}{基期所得税负担率}\times100\%$$

与企业基期和当地同行业同期指标相比，低于标准值可能存在不计或少计销售（营业）收入、多列成本费用、扩大税前扣除范围等问题。

运用其他相关指标深入详细评估，并结合上述指标评估结果，进一步分析企业销售（营业）收入、成本、费用的变化和异常情况及其原因。

指标七：企业列支的工资、薪金与个人所得税申报工资薪金、社保缴费基数进行数据比对。

指标八：企业缴纳工会经费和残疾人保障金与实发工资薪金进行比对。

任务一　境内所得和境外所得、居民企业和非居民企业适用的检查

任务导入1

学生王一在学习企业所得税纳税人相关政策时认为：通用汽车（中国）公司虽然在我国注册成立，但仍属于外国公司，应按照非居民企业标准缴纳企业所得税；在美国注册的皮特公司，虽然实际管理机构在我国境内，但它也属于外国公司，应按照非居民企业身份纳税。王一的观点是否正确？

解析：

检查结论：王一的观点不正确。《中华人民共和国企业所得税法》所称的居民企业是指依照中国法律、法规在中国境内成立或者实际管理机构在中国境内的企业。因为通用汽车（中国）公司在我国注册成立，所以属于居民企业。虽然皮特公司在美国注册，但是实际管理机构在我国境内，应按照居民企业的相关政策纳税。

政策依据：居民企业是指依照法律、法规在中国境内成立，或者实际管理机构、总机构在中国境内的企业。例如，在我国注册成立的沃尔玛（中国）公司，就是我国的居民企业。在其他国家和地区注册的公司，但实际管理机构在我国境内，也是我国的居民企业。上述企业应就其来源于我国境内外的所得缴纳企业所得税。

非居民企业是指依照外国（地区）法律、法规成立且实际管理机构不在中国境内，但在中国境内设立机构、场所的，或者在中国境内未设立机构、场所，但有来源于中国境内所得的企业。例如，外国企业在我国设立的代表处及其他分支机构等。

任务导入2

学生王一在学习企业所得税征税对象相关政策时，认为居民企业的征税对象是来源于中国境内、境外的所得；非居民企业的征税对象仅是来源于中国境内的所得。王一的观点是否正确?

解析：

检查结论：王一的观点不完全正确。居民企业以来源于中国境内、境外的所得为征税对象。在中国境内未设立机构、场所的，或者虽设立机构、场所但取得的所得与其所设机构、场所没有实际联系的非居民企业，应当就其来源于中国境内的所得缴纳企业所得税。

政策依据：居民企业的征税对象：就来源于中国境内、境外的所得作为征税对象。非居民企业的征税对象：在中国境内设立机构、场所的，应当就其所设机构、场所取得的来源于中国境内的所得，以及发生在中国境外但与其所设机构、场所有实际联系的所得，缴纳企业所得税；在中国境内未设立机构、场所的，或者虽设立机构、场所，但取得的所得与其所设机构、场所没有实际联系的，应当就其来源于中国境内的所得缴纳企业所得税。

[知识回顾与提升]

一、企业所得税的概念

企业所得税是对我国境内的企业和其他取得收入的组织的生产经营所得和其他所得征收的一种税。

二、企业所得税的纳税义务人

企业所得税的纳税义务人包括居民企业和非居民企业。

（一）居民企业

居民企业是指依法在中国境内成立，或者依照外国（地区）法律成立但实际管理机构在中国境内的企业。这里的企业包括国有企业、集体企业、私营企业、联营企业、股份制企业、外商投资企业、外国企业以及有生产、经营所得和其他所得的其他组织。其中，有生产、经营所得和其他所得的其他组织，是指经国家有关部门批准，依法注册、登记的事业单位、社会团体等组织。

（二）非居民企业

非居民企业是指依照外国（地区）法律成立且实际管理机构不在中国境内，但在中国境内设立机构、场所的，或者在中国境内未设立机构、场所，但有来源于中国境内所得的企业。上述所称机构、场所，是指在中国境内从事生产经营活动的机构、场所，包括：

（1）管理机构、营业机构、办事机构。

（2）工厂、农场、开采自然资源的场所。

（3）提供劳务的场所。

（4）从事建筑、安装、装配、修理、勘探等工程作业的场所。

（5）其他从事生产经营活动的机构、场所。

三、征税对象

企业所得税的征税对象是指企业的生产经营所得、其他所得和清算所得。

（一）居民企业的征税对象

居民企业应就来源于中国境内、境外的所得作为征税对象。所得包括销售货物所得、提供劳务所得、转让财产所得、股息红利等权益性投资所得、利息所得、租金所得、特许权使用费所得、接受捐赠所得和其他所得。

（二）非居民企业的征税对象

非居民企业在中国境内设立机构、场所的，应当就其所设机构、场所取得的来源于中国境内的所得，以及发生在中国境外但与其所设机构、场所有实际联系的所得缴纳企业所得税。非居民企业在中国境内未设立机构、场所的，或者虽设立机构、场所，但取得的所得与其所设机构、场所没有实际联系的，应当就其来源于中国境内的所得缴纳企业所得税。

（三）企业所得税所得来源地的确定

根据《企业所得税法》及其实施条例的规定，所得来源地的确定有如下方法：

（1）销售货物所得，按照交易活动发生地确定。

（2）提供劳务所得，按照劳务发生地确定。

（3）转让财产所得。不动产转让所得按照不动产所在地确定。动产转让所得按照转让动产的企业或者机构、场所所在地确定。权益性投资资产转让所得按照被投资企业所在地确定。

（4）股息、红利等权益性投资所得，按照分配所得的企业所在地确定。

（5）利息所得、租金所得、特许权使用费所得，按照负担、支付所得的企业或者机构、场所所在地确定，或者按照负担、支付所得的个人的住所地确定。

（6）其他所得，由国务院财政、税务主管部门确定。

四、税率

我国企业所得税实行比例税率：

（1）基本税率为25%。适用于居民企业和在中国境内设有机构、场所且所得与机构、场所有关联的非居民企业。

（2）低税率为20%。适用于在中国境内未设立机构、场所的，或者虽设立机构、场所但取得的所得与其所设机构、场所没有实际联系的非居民企业。但对这类企业实际征税时适用10%的税率。

做中学

1. 石家庄华光贸易销售中心基本信息如下：

单位名称：石家庄华光贸易销售中心

地址、电话：石家庄市建华大街8号，86655032

纳税人识别号：1301020108966

开户行及账号：交通银行建设支行3542887642

注册资金：3万元

企业性质：个人独资企业

请分析该企业申报缴纳企业所得税的行为是否正确。

解析： 企业所得税纳税义务人不包括个人独资企业，个人独资企业应按经营所得缴纳个人所得税，所以申报缴纳企业所得税的行为不正确。

2. 德国的某个公司在中国境内未设机构办事处，所以其在中国境内有一项技术转让所得也没必要按我国税法规定缴纳企业所得税。请问这个说法是否正确？

解析： 中国境内技术转让所得为来源于中国境内所得，即使非居民企业也要在中国缴纳企业所得税。

任务二　企业所得税应纳税所得额的检查

子任务一　检查企业所得税收入确认是否正确

任务导入

某税务师事务所2020年3月受托对A企业2019年企业所得税汇算清缴纳税申报进行鉴证。在审核过程中，发现A企业2019年11月与B企业签订销售合同，A企业向B企业销售设备10台，每台设备50 000元。合同规定B企业预付给A企业货款及增值税565 000元，其中：2019年11月和12月各预付226 000元，2020年1月预付113 000元。A企业于2019年12月向B企业发货7台，2020年1月发货3台。A企业适用的增值税税率为13%，设备成本、进项税额及附加税费暂不考虑。A企业的会计分录如下：

（1）2019年11月和12月收到款项时，账务处理如下：

借：银行存款　　226 000

　贷：主营业务收入　　200 000

　　应交税费——应交增值税（销项税额）　　26 000

（2）2020 年 1 月收到款项时，账务处理如下：

借：银行存款　113 000

　贷：主营业务收入　100 000

　　应交税费——应交增值税（销项税额）　13 000

请问，该企业的账务处理是否存在问题？

解析：

检查结论：

甲税务师与助理人员在审核后，认为 A 企业在 2019 年 11 月未发货，预收款项应记“预收账款”，多记“主营业务收入”200 000 元；2019 年 12 月少记“主营业务收入”150 000 元；2020 年 1 月少记“主营业务收入”50 000 元。作账务调整如下：

（1）A 企业应将 2019 年多记的主营业务收入 50 000 元和增值税税额 6 500 元予以调整，分录为：

借：以前年度损益调整　50 000

　应交税费——应交增值税（销项税额）　6 500

　贷：预收账款　56 500

（2）A 企业应将 2020 年 1 月少记的主营业务收入 50 000 元和增值税税额 6 500 元予以调整，分录为：

借：预收账款　56 500

　贷：主营业务收入　50 000

　　应交税费——应交增值税（销项税额）　6 500

政策依据：

销售商品采取预收款方式的，在发出商品时确认收入。

[知识回顾与提升]

一、收入总额的确认

企业以货币形式和非货币形式从各种来源取得的收入，为收入总额。

货币形式的收入包括现金、银行存款、应收账款、应收票据、准备持有至到期的债券投资、债务的豁免等。

非货币形式包括固定资产、生物资产、无形资产、股权投资、存货、不准备持有至到期的债券投资、劳务以及有关权益等。企业以非货币形式取得的收入，应当按照公允价值确定收入额，即按照市场价格确定的价值。

（一）一般收入的确认

（1）销售货物收入，指企业销售商品、产品、原材料、包装物、低值易耗品以及其他存货取得的收入。

（2）提供劳务收入，指企业从事建筑安装、修理修配、交通运输、仓储租赁、金融保险、邮电通信、咨询经纪、文化体育、科学研究、技术服务、教育培训、餐饮住宿、中介代理、卫生保健、社区服务、旅游、娱乐、加工以及其他劳务服务活动取得的收入。

（3）转让财产收入，指企业转让固定资产、生物资产、无形资产、股权、债权等财产取得的收入。

（4）股息、红利等权益性投资收益，指企业因权益性投资从被投资方取得的收入。企业权益性投资取得股息、红利等收入，应以被投资企业股东会或股东大会作出利润分配或转股决定的日期确定收入的实现。

（5）利息收入，指企业将资金提供他人使用但不构成权益性投资，或者因他人占用本企业资金取得的收入，包括存款利息、贷款利息、债券利息、欠款利息等收入。利息收入，按照合同约定的债务人应付利息的日期确认收入的实现。国债利息收入免税。

（6）租金收入，指企业提供固定资产、包装物或者其他有形资产的使用权取得的收入。租金收入，按照合同约定的承租人应付租金的日期确认收入的实现。

（7）特许权使用费收入（无形资产使用权收入），指企业提供专利权、非专利技术、商标权、著作权以及其他特许权的使用权取得的收入。特许权使用费收入，按照合同约定的特许权使用人应付特许权使用费的日期确认收入的实现。

（8）接受捐赠收入，指企业接受的来自其他企业、组织或者个人无偿给予的货币性资产、非货币性资产。接受捐赠收入，按照实际收到捐赠资产的日期确认收入的实现。

（9）其他收入，指企业取得的上述规定收入外的其他收入，包括企业资产溢余收入、逾期未退包装物押金收入、确实无法偿付的应付款项、已作坏账损失处理后又收回的应收款项、债务重组收入、补贴收入、违约金收入、汇兑收益等。

（二）特殊收入的确认

（1）分期收款方式销售货物，按照合同约定的收款日期确认收入的实现。

（2）企业受托加工制造大型机械设备、船舶、飞机，以及从事建筑、安装、装配工程业务或者提供劳务等，持续时间超过 12 个月的，按照纳税年度内完工进度或者完成的工作量确认收入的实现。

（3）采取产品分成方式取得收入，以企业分得产品的时间确认收入的实现，其收入额按照产品的公允价值确定。

（4）企业发生非货币性资产交换，以及将货物、财产、劳务用于捐赠、偿债、赞助、集资、广告、样品、职工福利和进行利润分配等用途，应当视同销售货物、转让财产和提供劳务。

（三）相关收入实现的确认

（1）企业销售商品的同时满足下列条件的，应确认收入的实现：

1）商品销售合同已经签订，企业已将商品所有权相关的主要风险和报酬转移给购货方。

2）企业对已售出的商品既没有保留通常与所有权相联系的继续管理权，也没有实施有效控制。

3）收入的金额能够可靠地计量。

4）已发生或将发生的销售方的成本能够可靠地核算。

（2）符合上述收入确认条件，采取下列商品销售方式的，应按以下规定确认收入实现时间：

1）销售商品采用托收承付方式的，在办妥托收手续时确认收入。

2）销售商品采取预收款方式的，在发出商品时确认收入。

3）销售商品需要安装和检验的，在购买方接受商品以及安装和检验完毕时确认收入。如果安装程序比较简单，可在发出商品时确认收入。

4）销售商品采用支付手续费方式委托代销的，在收到代销清单时确认收入。

（四）不征税收入和免税收入

国家为了扶持和鼓励某些特定项目，对企业取得的某些收入予以不征税或免税的特殊政策，促进经济协同发展。

1. 不征收收入

（1）财政拨款，指各级人民政府对纳入预算管理的事业单位、社会团体等组织拨付的财政资金，但国务院和国务院财政、税务主管部门另有规定的除外。

（2）依法收取并纳入财政管理的行政事业性收费、政府性基金。行政事业性收费，是指依照法律法规等有关规定，按照国务院规定程序批准，在实施社会公共管理，以及在向公民、法人或者其他组织提供特定公共服务过程中，向特定对象收取并纳入财政管理的费用；政府性基金，是指企业依照法律、行政法规等有关规定，代政府收取的具有专项用途的财政资金。

（3）国务院规定的其他不征税收入，指企业取得的，国务院财政、税务主管部门规定专项用途并经国务院批准的财政性资金。

2. 免税收入的确认

（1）国债利息收入。为鼓励企业积极购买国债，支援国家建设，税法规定，企业因购买国债所得的利息收入，免征企业所得税。

（2）符合条件的居民企业之间的股息、红利等权益性投资收益，指居民企业直接投资于其他居民企业取得的投资收益。

（3）在中国境内设立机构、场所的非居民企业从居民企业取得与该机构、场所有实际联系的股息、红利等权益性投资收益。

股息、红利等权益性投资收益，不包括连续持有居民企业公开发行并上市流通的股票不足 12 个月取得的投资收益。

二、收入总额的审核

收入总额的审核包括主营业务收入的审核、其他业务收入的审核、投资收益的审核和营业外收入的审核。

（一）主营业务收入的审核

1. 审核主营业务收入的入账时间

对主营业务收入的审核主要采用抽查法、核对法和验算法，通常按下列步骤实施：

（1）抽查部分收入业务的原始凭证，与“主营业务收入”明细账相核对，核实已实现的收入，并检查是否已经如数入账。

（2）查阅各种收入明细账，从中抽出一部分与相关的记账凭证、原始凭证互相核对，以证实所记录的收入是否均已实现并确属本期。

（3）检查企业的销售发票是否完整无缺、连续编号，核实有无涂改或“大头小尾”现象；抽取部分发票与“库存商品明细账”、“分期收款发出商品”明细账及“主营业务收入”明细账相核对，检查其发出数与销售数量是否一致。

（4）对于已确认并已记录入账的收入，进一步与现金日记账、“应收账款”明细账、“预收账款”明细账及“库存商品”明细账相核对，以进一步确定销售数量、金额和时间是否相符。

2. 审核主营业务收入的入账金额

主营业务收入的入账金额准确与否，直接影响应纳税所得额的正确性，因此，应注意审核收入金额是否真实，有无故意隐匿收入和虚增虚减销售收入的现象。

3. 审核主营业务收入的会计处理是否正确

审核中应特别注意审核库存商品明细账的发出栏记录，检查其对应账户的正确性。

（1）对应账户为“销售费用”“管理费用”等，应注意是否将产品作为馈赠礼物。

（2）对应账户为“银行存款”“库存现金”“应收账款”，应注意其价格是否正常，有无低估收入等情况。

（3）对应账户为“原材料”等存货类账户，应注意是否存在以物易物、互不开销售发票，从而少计收入的情况。

4. 审核应税收入与不征税收入和免税收入的划分是否正确

按照税法规定，收入总额中的下列收入为不征税收入：（1）财政拨款。（2）依法收取并纳入财政管理的行政事业性收费、政府性基金。（3）国务院规定的其他不征税收入。

企业免税收入：（1）国债利息收入。（2）符合条件的居民企业之间的股息、红利等权益性投资收益。（3）在中国境内设立机构、场所的非居民企业从居民企业取得与该机构、场所有实际联系的股息、红利等权益性投资收益。（4）符合条件的非营利组织的收入。

审核人员要注意企业有无错将应税收入当作不征税收入或免税收入从收入总额中予以扣除，减少应纳税所得额。

（二）其他业务收入的审核

1. 审核其他业务收入的入账时间和入账金额是否正确

审核其他业务收入的入账时间和入账金额是否正确，是否有漏计其他业务收入的情况，或者通过往来账少计其他业务收入。审核时，应着重审核材料销售发票和其他业务的收款凭证，核实其他销售收入数额，并与“其他业务收入”账户发生额进行核对，查明企业的其他销售收入是否全部入账，有无问题；审核有无将其他业务收入转入“其他应收款”“应付职工薪酬——职工福利”“盈余公积”账户的；审核有无将其他业务收入隐匿或私分的。

2. 审核其他业务收入的账务处理是否正确

审核其他业务收入的账务处理是否正确，是否存在将不属于其他业务收入的业务收入记入本账户的情况。审核时，可根据“其他业务收入”明细账借方或贷方发生额调阅会计凭证核实。

（三）投资收益的审核

1. 投资收益会计处理方法的审核

投资收益是企业在对外进行股票、债券或其他投资活动中取得的收益。主要包括企业在对外投资中分得的利润、股利和债券利息，投资到期收回或者中途转让取得款项高于账面价值的差额，以及按照权益法核算的股票投资在被投资单位增加的净资产中所拥有的数额。

（1）股票投资收益的审核。采用“成本法”核算的企业，其审核要点包括：公司在未收回投资前，有无对“长期股权投资”账户的账面价值进行调整；公司有无将收到的股利，不作当期投资收益处理。

采用“权益法”核算的企业，其审核要点：核实投资公司的投资额；通过会计师事务所或发行公司所在地税务机关，查核发售股票公司的赢利或亏损数额，对其赢利或亏损数额应取得审定单位的法定证明；审核企业是否按投资比例计算所拥有权益的增加。在审核过程中，必须对投资双方的有关资料进行核对，看是否一致。

（2）债券投资收益的审核。

首先，审核应计利息是否正确。审核企业债券投资是否按债券的票面利率计提应计利息，计算是否正确；应计利息是否记入“投资收益”账户，有无漏记、少记或转作他用的情况。

其次，审核溢价或折价摊销额的计算是否正确。

再次，审核债券的转让收入与原账面金额的差额是否记入“投资收益”账户，同时还要注意审查“投资收益”账户的期末余额是否转入“本年利润”账户，有无长期挂账不作本年收益处理的情况。

最后，对其他投资的审核，应注意收回其他投资时，其收回的投资与投出资金的差额，是否作为增减投资收益处理。

2. 审核投资收益是否及时记入有关科目

审核投资收益是否及时、足额按规定记入“投资收益”科目。

3. 联营投资收益的审核

联营投资包括固定资产、流动资产和无形资产等的投资，其收益产生于投出资产与收回资产的差额，或联营投资的分利收入。

（四）营业外收入的审核

营业外收入是指企业发生的与其经营活动无直接关系的收入。营业外收入包括固定资产盘盈、处理固定资产净收入、罚款收入、确实无法支付而应转作营业外收入的应付款项、教育费附加返还款等。对营业外收入审核的主要内容和方法如下：

1. 审核应属于营业外收入的项目，有无不及时转账，长期挂“其他应付款”“应付账款”账户的

有些企业将应反映在营业外收入中的各种收入通过各种方式反映在“应付账款”“应付职工薪酬”“其他应付款”等账户中或作为账外“小金库”。

对上述问题的审核应从以下几个方面入手：（1）检查“银行存款”日记账及“现金”日记账的记录，从摘要记录及对方科目中发现线索；（2）有重点地检查“应付账款”“应付职工薪酬”“其他应付款”等明细账记录，必要时检查有关记账凭证和原始凭证，了解其会计处理是否符合实际业务情况。

2. 审核有无将营业外收入直接转入企业税后利润，甚至作账外处理或直接抵付非法支出的

在审核时应注意从账户的对应关系中，审核有无异常的转账凭证。从生产费用各账户贷方检查企业是否把营业外收入直接冲减费用额；从“盈余公积”贷方发生额检查企业有无将营业外收入列入税后利润；从“待处理财产损溢——待处理固定资产损溢”账户借方审核固定资产盘盈是否作为前期差错处理，记入“以前年度损益调整”账户；从“固定资产清理”账户审核出售固定资产净收益是否作为“营业外收入”入账，若发现问题，应认真查阅有关会计凭证，进而追查，弄清问题真相，凡属于营业外收入，均应调增应纳税所得额。

做中学

1. 某税务师事务所受托对某市一般纳税人A企业2020年上半年纳税情况进行检查。税务师事务所了解到A企业年初将闲置不用的4间临街门面房租赁给某服装店（该房屋为2015年购置）。税务检查时，检查人员重点审核了“其他业务收入”账户，未发现有租赁收入的记录，又审核了“营业外收入”账户，经核对也没有相关收入。检查人员进一步审核了往来结算账户，发现在“其他应付款”账户上记挂了房租收入。A企业每月收取房租30 000元，上半年共计收入180 000元，全部挂在“其他应付款——某服装店”账户上。请问，以上业务处理是否正确？如果不正确，该如何进行调整？

解析：

以上业务处理不正确，A企业应该确认房租收入，缴纳企业所得税和增值税。由于房屋是在2016年4月30日之前购置的，按简易计税方法5%的征收率缴纳增值税。

故调账处理为：

借：其他应付款——某服装店　　180 000

　贷：其他业务收入　　171 428.57

　　　应交税费——简易计税　　8 571.43

2. 以下为某企业会计核算业务，请根据给定的会计核算判断这些业务是否符合税法规定。假定汇缴时未进行纳税调整，该如何进行调整？（不需账务处理）

(1) 收到一笔国债利息收入，金额为10万元。

借：银行存款　　100 000

　贷：投资收益　　100 000

(2) 将自产产品用于职工福利，该批产品成本为80万元，同类产品对外销售价格为100万元。

借：应付职工薪酬——职工福利　　800 000

　贷：库存商品　　800 000

(3) 收到一笔12个月以上的权益性投资收益，金额为50万元。

借：银行存款　　500 000

　贷：投资收益　　500 000

(4) 将自产钢材建造厂房，成本为150万元，同类产品对外销售价格为200万元。

借：在建工程　　1 500 000

　贷：库存商品　　1 500 000

(5) 企业收到一笔捐赠收入，金额为 50 000 元。

借：银行存款　　50 000

　贷：资本公积　　50 000

解析：

(1) 国债利息收入属于免税收入，应纳税调减。

(2) 将自产产品用于职工福利，该批产品成本为 80 万元，同类产品对外销售价格为 100 万元。按税法规定应视同销售，调增收入 100 万元，调增成本 80 万元，总计调增 20 万元。

(3) 收到 12 个月以上的权益性投资收益，金额为 50 万，属于免税收入，应进行纳税调减处理。

(4) 将自产钢材建造厂房，成本为 150 万元，同类产品对外销售价格为 200 万元，不用进行纳税调整。

(5) 企业收到一笔捐赠收入，金额为 50 000 元，应并入企业收入总额，而企业计入资本公积，故应进行纳税调增处理。

归纳提升

收入确认常见涉税问题及主要检查方法，如表 4－1 所示。

表 4－1　收入确认常见涉税问题及主要检查方法

检查内容	企业常见涉税问题	税务机关和中介机构主要检查方法
收入计量不准的检查	1. 不全部确认收入，减少收入总额。 2. 价外费用没有全额计入收入。有应收款项的挂账情况。	1. 审查购销、投资等合同类资料以及资金往来的相关记录，结合原始凭证资料，分析“主营业务收入”“投资收益”等账户借方发生额和红字冲销额，查证收入项目、内容、单价、数量、金额等是否准确。 2. 结合价外费用账务处理，从以下三个方面检查价外费用是否全额入账： 第一，向销售部门了解销售情况和结算形式，通过产品销售市场分析确认有无加收价外费用的问题。 第二，重点检查“其他应收款”和“其他应付款”账户，看是否有挂账欠款，尤其是通过“其他应付款”账户的借方发生额或“其他应收款”账户的贷方发生额，看其对应账户是否和货币资金的流入或债权“应收账款”账户的借方增加额发生往来。如果存在往来核算，则需通过审阅发票、收据等原始单据进一步查明是否属于价外费用。 第三，检查成本类账户的会计核算，注意红字记录，审核“生产成本”“制造费用”“管理费用”“财务费用”等账户的借方发生额红字的冲销记录，是否存在价外收费直接冲抵成本、费用的问题。 3. 通过核查公司章程、协议、分红、供应商和销售商、网络信息等，确定与公司利益具有关联关系的企业。使用比较分析法，将关联企业的货物(应税劳务)销售价格、销售利润率与企业同类同期产品(商品、劳务)售价以及同期同行业的平均销售价格、销售利润率进行对比，核实销售价格和销售利润率是否明显偏低，确定企业与其关联方之间的业务往来是否符合独立交易原则。

续表

检查内容	企业常见涉税问题	税务机关和中介机构主要检查方法
隐匿收入的检查	隐匿收入。	1. 将“产成品”“库存商品”“材料”等明细账和仓库保管账相核对，落实各种存货的仓库出库凭证、开票时间、数量、金额、去向等，结合“主营业务收入”“其他业务收入”明细账，查实企业自制半成品、副产品、下脚料等是否有隐匿收入的情况。 2. 核实各种费用的消耗定额、单位成本与各项目之间的配比系数，确认某一时期、某一项目的比例关系，对比例异常变动的项目，运用控制计算法等方法，查明是否存在成本、收入均不入账，体外循环的问题。 3. 通过实地查看，了解实际经营项目，核实与收入明细账中的具体项目是否一致，通过排查各种疑点，查看有无“厂中厂”“店中店”的问题。 4. 采取突击检查方式，查实是否存在账外经营、私设账簿等隐匿收入的问题。 5. 对往来账户中长期挂账和长期投资中无收益的大额资金等进行追踪检查，必要时，在履行必要的手续后，可以检查主要经营管理人员存款账户及办理的相关银联金卡、银卡等，查清资金的真实去向，落实资金的实际用途，核实有无账外经营问题。
	隐匿劳务收入。	结合劳务合同、劳务结算凭据等，检查“主营业务收入”“其他业务收入”“主营业务成本”“其他业务成本”等账户，重点审查应收未收的合同或协议价款是否全额结转了当期收入总额。 1. 对从事建筑、安装、装配工程业务或者提供劳务等，持续时间超过12个月的，重点审查纳税年度结束时当期劳务收入总额、完工进度。运用测量的已完成工作量，确定已经提供的劳务占应提供劳务总量的比例，已经发生的成本占估计总成本的比例等，确认计入劳务收入金额的准确性。 2. 对实行差额结转劳务收入的，要重点审查扣除劳务项目的金额是否合理、抵扣的凭证是否合法有效。 3. 对已经发生的劳务成本预计能够得到补偿的，检查企业是否按劳务成本金额确认收入，并按相应金额结转劳务成本。 4. 对有大型机械设备的建造承包商，通过实地调查并结合“固定资产”明细账，核实大型机械设备有无对外提供机械作业不确认收入的情况。
	隐匿租金收入。	1. 对照企业的房产、土地、机器设备等所有权属证明，通过实地查看，核查企业各种财产的实际使用情况，核实财产是否存在出租、出借现象。有财产租赁行为的，通过对企业合同协议的检查，掌握企业对外租赁业务的真实情况，检查企业对外租赁业务的会计处理是否真实、完整。 2. 审查“期间费用”等账户有关财产租赁费用支出单据，核实企业租入资产的实际使用情况，落实有无转租情形。 3. 对出租收入的检查，要结合租赁合同和账面记载核查租金收入是否一致。如某公司将临街一楼8间房，共326平方米全部对外出租。“其他业务收入”账户记载租金收入77 500元。检查人员通过到租赁方核实相关合同和资金支付单据，发现该公司租金收入应为154 800元，少计租金收入77 300元。
	隐匿特许权使用费收入。	通过检查专利权、非专利技术、商标权、著作权转让合同，确定企业特许权使用费转让的金额、结算方式、结算时间等内容。检查“其他业务收入”“其他业务成本”等账户，审核有无隐瞒、截留、挪用特许权使用费收入，以收抵支或直接冲减成本的情况。必要时到权属证书的发放部门调查取证，查实商标权等权利的许可使用情况。

续表

检查内容	企业常见涉税问题	税务机关和中介机构主要检查方法
隐匿收入的检查	隐匿接受捐赠收入。	1. 检查所有捐赠业务往来科目明细账及记账原始凭据，审查企业是否存在将接受的捐赠收入长期挂往来账户未结转损益的问题，结合资产的增减变动，重点审查企业是否存在取得捐赠不入账的情况。 2. 检查“营业外收入”“资本公积”明细账，查验有无接受非货币性捐赠的情况，落实取得的非货币性收入的计价依据，与同类物品的市场价格或公允价格进行对比，对其差价进行纳税调整。 3. 到权属证书的发放部门调查取证，查实商标权、车辆等权属变化是否有捐赠情况。 4. 检查“管理费用”“销售费用”等账户，对比费用的前后期支出变动，核实有无支出异常情况，查实是否有接受捐赠的非货币性资产。如汽油费用突然增加，企业有可能接受了车辆捐赠。
	对其他收入的检查。	审查企业“其他应付款——包装物押金”“营业外收入”“管理费用”“销售费用”“财务费用”等相关账户，取得企业发生其他收入的证据。 1. 检查“其他应付款”明细账，对长期未支付的大额款项进行调查，确实无法偿付的要计入收入。 2. 检查企业“其他应付款——包装物押金”明细账中包装物押金的收取情况，对照企业合同协议有关包装物押金处理的约定，核实是否存在逾期未退押金、未作收入的情况。 3. 检查“坏账准备”和往来类账户，与坏账损失审批表相对照，核实已确认并转销的应收款项以后又收回是否进行正确账务处理。
收入确认时点的检查	纳税人延迟收入时限的检查。	1. 检查企业往来类、资本类等账户，对长期挂账不作处理的账项进行重点核实，检查是否存在收入记入往来账，不及时确认收入的情况。 2. 对季末、年末收入发生骤减的企业，采取盘存法核实企业存货进销存的实际情况，结合货币资金增减的时间，确认有无延迟收入入账时间的问题。 3. 结合成本类账户，通过收入与成本配比性的检查，对长期挂往来科目预收性质的收入逐项核实，并通过审阅合同或协议，按照结算方式查实有无未及时确认收入的问题。
	劳务收入确认时点不正确。	通过纳税人提供的劳务经济合同，核实劳务的内容、形式、时间、金额，结合“主营业务收入”“其他业务收入”“预收账款”等账户贷方发生额，与企业所得税纳税申报表进行核对，核实是否存在合同中约定的各明细项目未确认收入的情况。结合“工程施工”“劳务成本”等账户，通过劳务收入与劳务成本配比性的检查，对长期挂往来科目预收性质的劳务收入逐项核实，并通过审阅劳务合同或协议，按照结算方式审查劳务收入，核查是否存在应确认未确认的劳务收入。对餐饮、娱乐、建筑等现金收支比较大的企业，在检查时，要组织检查人员同时控制住各个收银台、财务室、仓库等经营处、管理场所，查找销售日报表、营业额记录簿、水单、账单、签单簿、押金结算簿、已使用票据、各类合同等，核实企业入账不及时的问题。
	股息、利息收入确认时点不正确。	检查“交易性金融资产”“持有至到期投资”“可供出售金融资产”“长期股权投资”等借方发生额及上年借方余额，如未体现投资收益的应重点检查“其他应付款”“应付账款”等往来账户，核实纳税人是否将投资收益挂往来账，必要时到对方单位调查取证。

续表

检查内容	企业常见涉税问题	税务机关和中介机构主要检查方法
视同销售行为的检查	未确认视同销售收入。	1. 检查企业“产成品”“库存商品”的发出，对应“应付职工薪酬”，核实有无将企业的产品、商品用于职工福利未作视同销售处理。 2. 检查“产成品”“库存商品”“生产成本”等账户，对应“管理费用”“应付职工薪酬”“其他应付款”等账户，核实企业有无将自产产品用于管理部门、非生产机构、集资、广告、赞助、样品、职工奖励等未作视同销售处理。 3. 检查“产成品”“库存商品”“原材料”“固定资产”“无形资产”“生产成本”等账户金额的减少，对应“短期投资”“长期股权投资”“其他应付款”“营业外支出”等账户，核实企业有无用非货币性资产对外投资、偿债或对外捐赠等未作视同销售处理。 4. 对房地产开发企业除应将开发产品用于对外投资、职工福利、偿债或对外捐赠业务按规定视同销售外，还要重点检查开发产品结转去向，确定有无将开发产品转作固定资产，或分配给股东、投资人，或换取其他单位和个人非货币性资产的行为。如果有结转“固定资产”“应付股利”“原材料”等非货币性资产项目，也应按规定视同销售。 5. 检查企业有无整体资产转让，整体资产置换、合并、分立业务，判断其是否属于应税重组，是否存在应确认未确认的资产转让所得或损失。

子任务二　检查企业所得税扣除项目是否正确

任务导入1

某服装厂主要生产经营各式童装。2020 年年初，某税务师事务所受托对该厂 2019 年所得税纳税情况进行审核。税务师对该厂的“销售费用”账户进行了稽查，从摘要栏中看到 2019 年 4 月和 9 月分别支付广告费 3 000 元和 5 000 元。继而审核了“销售费用——广告费”明细账户，并进一步核实了有关记账凭证和原始凭证，发现该企业为了扩大销售市场、发展关系户，在本市某服装商店和某百货市场 5 月 1 日和 10 月 1 日开业之前，分别向其支付了赞助费，然后将赞助费用视为广告费计入销售费用。请问，该服装厂的做法是否正确?

解析：

检查结论：

依照现行税法的规定：纳税人支付的各种非广告性质的赞助支出，不得在应纳税所得额中扣除。该企业将赞助费计入了销售费用，挤占了营业利润。但其不是故意的，属于对广告费的理解错误，故应调整计税利润 8 000 元，补缴所得税 2 000 元。账务调整处理为：

借：以前年度损益调整　　2 000

　贷：应交税费——应交所得税　　2 000

政策依据：

企业申报扣除的广告费支出应与赞助支出严格区分。企业申报扣除的广告费支出，必须符合下列条件：广告是通过市场监督管理部门批准的专门机构制作的；已实际支付费用，并已取得相应发票；通过一定的媒体传播。非广告性质的赞助支出不得扣除。

任务导入2

某居民企业2019年1月1日向银行贷款1 000万元，年利率为12%，其中800万元用于A车间基建工程，该车间于2019年9月交付使用；200万元用于采购材料物资从事生产经营，企业在2019年度按权责发生制原则计提了贷款利息支出120万元，全部记入“财务费用”科目借方。请问，该企业的做法是否正确?

解析：

检查结论：

该企业的利息支出未按税法规定在资本性支出与收益性支出之间进行合理分配，虚增了期间费用。

应该资本化的利息支出=800×12%×9÷12=72(万元)

计入财务费用的利息支出为48万元。

财务费用中列支了120万元，应调增利润额和应纳税所得额72万元，此外相应调整A车间折旧。

政策依据：

(1) 企业在生产经营活动中发生的合理的不需要资本化的借款费用，准予在计算企业所得税应纳税所得额时扣除。

(2) 企业为购置、建造固定资产、无形资产和经过12个月以上的建造才能达到预定可销售状态的存货发生的借款的，在有关资产购置、建造期间发生的合理的借款费用，应予以资本化，作为资本性支出计入有关资产的成本；有关资产交付使用后发生的借款利息，可在发生当期扣除。

[知识回顾与提升]

一、企业所得税扣除项目的确认

(一) 扣除项目的范围

《企业所得税法》规定，企业实际发生的与取得收入有关的、合理的支出，包括成本、费用、税金、损失、其他支出，准予在计算应纳税所得额时扣除。在实际中，计算应纳税所得额时还应注意三方面的内容：(1) 企业发生的支出应当区分收益性支出和资本性支出。收益性支出在发生当期直接扣除；资本性支出应当分期扣除或者计入有关资产成本，不得在发生当期直接扣除。(2) 企业的不征税收入用于支出所形成的费用或者财产，不得扣除或者计算对应的折旧、摊销扣除。(3) 除《企业所得税法》及其实施条例另有规定外，企业实际发生的成本、费用、税金、损失和其他支出，不得重复扣除。

1. 成本

成本是指企业在生产经营活动中发生的销售成本、销货成本、业务支出，以及其他耗费，即企业销售商品（产品、材料、下脚料、废料、废旧物资等）、提供劳务、转让固定资产、无形资产（包括技术转让）的成本。

企业必须将经营活动中发生的成本合理地划分为直接成本和间接成本。直接成本是指可直接计入有关成本计算对象或劳务的经营成本中的直接材料、直接人工等。间接成本是指多个部门为同一成本对象提供服务的共同成本，或者同一种投入可以制造、提供两种或两种以上的产品或劳务的联合成本。

2. 费用

费用是指企业每一个纳税年度为生产、经营商品和提供劳务等所发生的销售（经营）费用、管理费用和财务费用。已计入成本的有关费用除外。

销售费用是指应由企业负担的为销售商品而发生的费用，包括广告费、运输费、装卸费、包装费、展览费、保险费、销售佣金（能直接认定的进口佣金调整商品进价成本）、代销手续费、经营性租赁费及销售部门发生的差旅费、工资、福利费等费用。

管理费用是指企业的行政管理部门为管理组织经营活动提供各项支援性服务而发生的费用。

财务费用是指企业筹集经营性资金而发生的费用，包括利息净支出、汇兑净损失、金融机构手续费以及其他非资本化支出。

3. 税金

税金是指企业发生的除企业所得税和允许抵扣的增值税以外的企业缴纳的各项税金及其附加，即企业按规定缴纳的消费税、城市维护建设税、关税、资源税、土地增值税、房产税、车船税、土地使用税、印花税、教育费附加等产品销售税金及附加。这些已纳税金准予税前扣除。准许扣除的税金有两种方式：一是在发生当期扣除；二是在发生当期计入相关资产的成本，在以后各期分摊扣除。

4. 损失

损失是指企业在生产经营活动中发生的固定资产和存货的盘亏、毁损、报废损失，转让财产损失，呆账损失，坏账损失，自然灾害等不可抗力因素造成的损失以及其他损失。

企业发生的损失减除责任人赔偿和保险赔款后的余额，依照国务院财政、税务主管部门的规定扣除。

企业已经作为损失处理的资产，在以后纳税年度又全部收回或者部分收回时，应当计入当期收入。

5. 其他支出

其他支出是指除成本、费用、税金、损失外，企业在生产经营活动中发生的与生产经营活动有关的、合理的支出。

（二）扣除项目的标准

在计算应纳税所得额时，下列项目可按照实际发生额或规定的标准扣除。

1. 工资、薪金支出

企业发生的合理的工资、薪金支出准予据实扣除。工资、薪金支出是企业每一纳税年度支付给在本企业任职或与其有雇佣关系的员工的所有现金或非现金形式的劳动报酬，包括基本工资、奖金、津贴、补贴、年终加薪、加班工资，以及与任职或者受雇有关的其他支出。

2. 职工福利费、工会经费、职工教育经费

企业发生的职工福利费、工会经费、职工教育经费按标准扣除，未超过标准的按实际数扣除，超过标准的只能按标准扣除。

(1) 企业发生的职工福利费支出，不超过工资、薪金总额14%的部分准予扣除。

(2) 企业拨缴的工会经费，不超过工资、薪金总额2%的部分准予扣除。

(3) 除国务院财政、税务主管部门或省级人民政府另有规定外，企业发生的职工教育经费支出，不超过工资、薪金总额2.5%的部分准予扣除，超过部分准予结转以后纳税年度扣除。

自2018年1月1日，企业发生的职工教育经费支出，不超过工资、薪金总额8%的部分，准予在计算企业所得税应纳税所得额时扣除；超过部分，准予在以后纳税年度结转扣除。

3. 社会保险费

(1) 企业依照国务院有关主管部门或者省级人民政府规定的范围和标准为职工缴纳的“五险一金”，即基本养老保险费、基本医疗保险费、失业保险费、工伤保险费、生育保险费等基本社会保险费和住房公积金，准予扣除。

(2) 企业为投资者或者职工支付的补充养老保险费、补充医疗保险费，在国务院财政、税务主管部门规定的范围和标准内，准予扣除。企业依照国家有关规定为特殊工种职工支付的人身安全保险费和符合国务院财政、税务主管部门规定可以扣除的商业保险费准予扣除。

(3) 企业参加财产保险，按照规定缴纳的保险费，准予扣除。企业为投资者或者职工支付的商业保险费，不得扣除。

4. 利息费用

企业在生产、经营活动中发生的利息费用，按下列规定扣除：

(1) 非金融企业向金融机构借款的利息支出、金融企业的各项存款利息支出和同业拆借利息支出、企业经批准发行债券的利息支出可据实扣除。

(2) 非金融企业向非金融机构借款的利息支出，不超过按照金融企业同期同类贷款利率计算的数额的部分可据实扣除，超过部分不许扣除。

其中，所称金融机构，是指各类银行、保险公司及经中国人民银行批准从事金融业务的非银行金融机构。金融机构既包括国家专业银行、区域性银行、股份制银行、外资银行、中外合资银行以及其他综合性银行，还包括全国性保险企业、区域性保险企业、股份制保险企业、中外合资保险企业以及其他专业性保险企业，城市、农村信用社，各类财务公司，以及其他从事信托投资、租赁等业务的专业和综合性非银行金融机构。非金融机构，是指除上述金融机构以外的所有企业、事业单位以及社会团体等企业或组织。

5. 借款费用

(1) 企业在生产经营活动中发生的合理的不需要资本化的借款费用，准予扣除。

(2) 企业为购置、建造固定资产、无形资产和经过12个月以上的建造才能达到预定可销售状态的存货发生的借款的，在有关资产购置、建造期间发生的合理的借款费用，应

予以资本化，作为资本性支出计入有关资产的成本；有关资产交付使用后发生的借款利息，可在发生当期扣除。

6. 汇兑损失

企业在货币交易中，以及纳税年度终了时将人民币以外的货币性资产、负债按照期末即期人民币汇率中间价折算为人民币时产生的汇兑损失，除已经计入有关资产成本以及与向所有者进行利润分配相关的部分外，准予扣除。

7. 业务招待费

企业发生的与其生产经营业务有关的业务招待费支出，按照发生额的 60% 扣除，但最高不得超过当年销售（营业）收入的 5‰。

8. 广告费和业务宣传费

企业发生的符合条件的广告费和业务宣传费支出，除国务院财政、税务主管部门另有规定外，不超过当年销售（营业）收入 15% 的部分，准予扣除；超过部分，准予结转以后纳税年度扣除。

企业申报扣除的广告费支出应与赞助支出严格区分。企业申报扣除的广告费支出，必须符合下列条件：广告是通过工商部门批准的专门机构制作的；已实际支付费用，并已取得相应发票；通过一定的媒体传播。

9. 环境保护专项资金

企业依照法律、行政法规有关规定提取的用于环境保护、生态恢复等方面的专项资金，准予扣除。上述专项资金提取后改变用途的，不得扣除。

10. 租赁费

企业根据生产经营需要租入固定资产支付的租赁费，按照以下方法扣除：

（1）以经营租赁方式租入固定资产发生的租赁费支出，按照租赁期限均衡扣除。经营性租赁是指所有权不转移的租赁。

（2）以融资租赁方式租入固定资产发生的租赁费支出，按照规定构成融资租入固定资产价值的部分应当提取折旧费用，分期扣除。融资租赁是指在实质上转移与一项资产所有权有关的全部风险和报酬的一种租赁。

11. 劳动保护费

企业发生的合理的劳动保护支出，准予扣除。

12. 公益性捐赠支出

公益性捐赠，是指企业通过公益性社会团体或者县级以上人民政府及其部门，用于《中华人民共和国公益事业捐赠法》规定的公益事业的捐赠。

企业发生的公益性捐赠支出，在年度利润总额 12% 以内的部分，准予在计算应纳税所得额时扣除；超过年度利润总额 12% 的部分，准予结转在以后三年内在计算应纳税所得额时扣除。年度利润总额，是指企业依照国家统一会计制度的规定计算的年度会计利润。

公益性社会团体，是指同时符合下列条件的基金会、慈善组织等社会团体：

（1）依法登记，具有法人资格。

（2）以发展公益事业为宗旨，且不以营利为目的。

（3）全部资产及其增值为该法人所有。

（4）收益和劳动结余主要用于符合该法人设立目的的事业。

（5）终止后的剩余财产不归属任何个人或者营利组织。

（6）不经营与其设立目的无关的业务。

（7）有健全的财务会计制度。

（8）捐赠者不以任何形式参与社会团体财产的分配。

（9）国务院财政、税务主管部门会同国务院民政部门等登记管理部门规定的其他条件。

13. 总机构分摊的费用

非居民企业在中国境内设立的机构、场所，就其中国境外总机构发生的与该机构、场所生产经营有关的费用，能够提供总机构出具的费用汇集范围、定额、分配依据和方法等证明文件，并合理分摊的，准予扣除。

14. 资产损失

企业当期发生的固定资产和流动资产盘亏、毁损净损失，由其提供清查盘存资料，经主管税务机关审核后，准予扣除；企业因存货盘亏、毁损、报废等原因不得从销项税金中抵扣的进项税金，应视同企业财产损失，准予与存货损失一起在所得税前按规定扣除。

15. 手续费及佣金支出

企业发生与生产经营有关的手续费及佣金支出，不超过规定的计算限额以内的部分，准予扣除。超过部分，不得扣除。

（1）保险企业：财产保险企业按当年全部保费收入扣除退保金等后余额的15%（含本数，下同）计算限额。人身保险企业按当年全部保费收入扣除退保金等后余额的10%计算限额。

（2）电信企业在发展客户、拓展业务等过程中（如委托销售电话入网卡、电话充值卡等），需向经纪人、代办商支付手续费及佣金的，其实际发生的相关手续费及佣金支出，不超过企业当年收入总额5%的部分，准予在企业所得税前据实扣除。

（3）其他企业：按与具有合法经营资格的中介服务机构或个人（不含交易双方及其雇员、代理人和代表人等）所签订服务协议或合同确认的收入金额的5%计算限额。

16. 依照有关法律、行政法规和国家有关税法规定准予扣除的其他项目

如会员费、合理的会议费、差旅费、违约金、诉讼费等。

（三）不得扣除的项目

在计算应纳税所得额时，下列支出不得扣除：

（1）向投资者支付的股息、红利等权益性收益款项。

（2）企业所得税税款。

（3）税收滞纳金，是指纳税人违反税收法规，被税务机关处以的滞纳金。

（4）罚金、罚款和被没收财物的损失，是指纳税人违反国家有关法律、法规规定，被有关部门处以的罚款，以及被司法机关处以的罚金和被没收财物。

（5）超过规定标准的捐赠支出。

（6）赞助支出，是指企业发生的与生产经营活动无关的各种非广告性质支出。

（7）未经核定的准备金支出，是指不符合国务院财政、税务主管部门规定的各项资产减值准备、风险准备等准备金支出。

(8) 企业之间支付的管理费、企业内营业机构之间支付的租金和特许权使用费，以及非银行企业内营业机构之间支付的利息，不得扣除。

(9) 与取得收入无关的其他支出。

(四) 亏损弥补

亏损是指企业依照企业所得税法和暂行条例的规定，将每一纳税年度的收入总额减除不征税收入、免税收入和各项扣除后小于零的数额。税法规定，企业某一纳税年度发生的亏损可以用下一年度的所得弥补，下一年度的所得不足以弥补的，可以逐年延续弥补，但最长不得超过5年。而且，企业在汇总计算缴纳企业所得税时，其境外营业机构的亏损不得抵减境内营业机构的盈利。

自2018年1月1日起，当年具备高新技术企业或科技型中小企业资格（以下统称"资格"）的企业，其具备资格年度之前5个年度发生的尚未弥补完的亏损，准予结转以后年度弥补，最长结转年限由5年延长至10年。

其具备资格年度之前5个年度发生的尚未弥补完的亏损，是指当年具备资格的企业，其前5个年度无论是否具备资格，所发生的尚未弥补完的亏损。

2018年具备资格的企业，无论2013年至2017年是否具备资格，其2013年至2017年发生的尚未弥补完的亏损，均准予结转以后年度弥补，最长结转年限为10年。2018年以后年度具备资格的企业，依此类推，进行亏损结转弥补税务处理。

高新技术企业按照其取得的高新技术企业证书注明的有效期所属年度，确定其具备资格的年度。科技型中小企业按照其取得的科技型中小企业入库登记编号注明的年度，确定其具备资格的年度。

二、企业所得税扣除项目的审核

(一) 主营业务成本的审核

主营业务成本是企业在一定时期内（如一个纳税年度）已实现销售的产品制造成本，它是用已销产品数量乘以单位制造成本计算出来的。

由于单位制造成本是依据库存商品成本确定的，而库存商品的来源是生产车间转来的完工产品，其成本与生产过程所发生的各项费用（材料、人工和制造费用）密切相关，因此，对主营业务成本的审核应包括：材料费用的审核、制造费用的审核、产品制造成本的审核、主营业务成本的审核等。

1. 材料费用的审核

(1) 直接材料审核的主要内容。

1) 审核材料收发、领退的各种原始凭证是否完整、内容是否真实齐全，材料收入的计价是否正确，是否符合财务会计制度规定；有无没有原始凭证估计耗料，或平时不开领料单，月末一次估计耗料数量，增加生产成本的。

2) 企业有无将购进材料直接记入"生产费用"账户，多计材料消耗的。

3) 有无以领代耗，对生产已领未用材料月末不办理退料或假退料手续，加大当月生产成本的。

4) 有无将生产经营过程中回收的有利用价值的各种边角余料、下脚料不作价入账，长期留在账外，不冲减生产成本的；有无不按规定的方法计算发出材料单价（按实际成本时）、材料成本差异率和发出材料应负担差异额（按计划成本时），随意多计材料成本或多（少）转材料成本差异的。

5）有无把非生产部门领用的材料计入生产成本的。

（2）审核的主要方法。

直接材料成本的审核一般应从审阅材料和生产成本明细账入手，抽查有关的费用凭证，验证企业产品直接耗用材料的数量、计价和材料费用分配是否真实合理。

1）抽查产品成本计算单，检查直接材料成本的计算是否正确，材料费用的分配标准与计算方法是否合理和适当，是否与材料费用分配汇总表中该产品分摊的直接材料费用相符。

2）分析比较同一产品前后年度的直接材料成本，如有重大波动应查明原因。

3）抽查材料发放及领用的原始凭证，检查领料单的签发是否经过授权批准，材料发出汇总表是否经过有关人员复核，材料单位成本计价方法是否适当，是否正确及时入账。

4）对采用定额成本或标准成本的企业，应检查直接材料成本差异的计算、分配与会计处理是否正确，并查明直接材料的定额成本、标准成本在本年度内有无重大变更。

2. 低值易耗品的审核

（1）低值易耗品和固定资产界限的审核。核查企业有无将属于固定资产的生产资料按照低值易耗品处理，增加当期成本的问题。

（2）低值易耗品摊销的审核。采用“一次摊销法”的，应核查“低值易耗品”明细账的贷方发生额与“制造费用”“管理费用”“其他业务支出”明细账的借方发生额，注意有无以购代耗的问题；对采用“分期摊销法”的，应核查“低值易耗品”的贷方发生额与“待摊费用”“递延资产”明细账的借方发生额，核查有无缩短摊销期限、提高摊销额、加速摊销的问题；采用“五五摊销法”的，应核查“周转材料——低值易耗品——在库低值易耗品”账户的贷方发生额，与“周转材料——低值易耗品——在用低值易耗品”账户的借方发生额，注意有无将未用的低值易耗品摊入当期成本的问题。

（3）低值易耗品残值收入的审核。根据领用部门填写的“低值易耗品报废单”核查使用期限、残值估价是否合理，报废的低值易耗品收回残料作价是否冲销已摊销价值，有无留在账外不入账或挂往来账的问题。

3. 包装物的审核

（1）包装物出租收入的核查。根据“周转材料——包装物——出租包装物”明细账借方发生额，查明包装物出租的时间和租金收入，与其他业务收入贷方发生额相核对，审核企业有无将租金收入长期挂往来账的情况。

（2）逾期包装物押金收入的核查。根据“周转材料——包装物——出租包装物”和“周转材料——包装物——出借包装物”明细账的借方发生额，查明包装物出租、出借时间和期限，通过审核“其他应付款——存入保证金”“营业外收入”账户，收取包装物押金时开具的收款发票存根联等，审核有无逾期押金长期未清理，隐瞒租金收入的问题。

4. 材料盘盈、盘亏的审核

审核“待处理财产损溢——待处理流动资产损溢”明细账，与材料盘点表相核对，核实申报的材料盘盈、盘亏数量是否相符，审查有无擅自将盘亏转账处理，盘盈长时间挂账不作处理的问题。

5. 工资及“两项费用”的审核

工资是企业根据职工的劳动数量和质量以货币形式支付给职工个人的劳动报酬。

“两项费用”是指按工资总额一定比例提取的职工工会经费和职工教育经费。工资及“两项费用”数量的多少，直接影响到产品成本的大小和企业经营成果，从而最终影响着企业纳税额，所以对工资及“两项费用”的审核十分必要。

（1）审核纳税人实际支出的工资总额是否符合税法规定的内容，是否存在将非工资性的支出列入工资总额。对这部分内容的审核，应以“工资结算单”和有关的记账凭证为依据，逐笔对工资结算凭证上的项目进行核算，不属于工资总额的内容核对记账凭证的会计分录，看是否将不属于工资总额的内容记入“应付工资”科目，从而计入成本费用中。在审核工资结算凭证时，还应注意是否有非工资性的支出。

（2）审核纳税人有无将应由管理费用列支的离退休职工工资及 6 个月以上病假人员工资记入“生产成本”；有无将在建工程，固定资产安装、清理等发生的工资记入“生产成本”。

对这部分内容的审核，应复核工资的分配是否符合制度规定。首先了解有无从事基建工程和固定资产安装、清理的人员，然后核对工资分配表，并将“应付工资”账户贷方与“在建工程”账户借方核对，看“在建工程”账户借方有无工资列支，如有问题，再进一步查找“应付工资”的其他对应账户，看有无扩大成本、费用和其他业务支出的。

（3）有无将不属于本企业人员的工资列入本企业的工资支出的；有无弄虚作假、重复列支工资，扩大成本、费用的。对上述内容的审核，应将“应付工资”账户的每月借方发生额在月份间相互对照，看各月是否均衡，对突然偏高的月份应与本月或下月的工资结算单进行比较，找出偏高原因，必要时可结合审核“工资卡”“职工花名册”或劳动工资部门查询有关资料，从而查明是否有不属于本企业人员的工资和重复列支工资问题。

（4）工资费用、“两项费用”的列支是否符合税法规定的准予税前扣除的标准。企业实际发生的合理的职工工资、薪金，准予在税前扣除。应按税法规定如实列支工资及“两项费用”，看是否有超过标准列支“两项费用”的问题，若有应作为纳税调整项目，不允许税前扣除。

6. 制造费用的审核

制造费用，是指企业为生产产品（或提供劳务）而发生的各项间接费用，应该计入产品制造成本。对其审核的主要内容和方法如下：

（1）审核制造费用列支范围是否正确。

1）将不属于制造费用的支出列作制造费用。如将不属于成本开支范围的在建工程的人工费，在工资费用分配时计入制造费用核算，利用这种办法，企业借以达到加大产品成本，减少当期或近期的利润，以减少缴纳所得税的目的。审核人员应首先审阅“制造费用”明细账，再审阅制造费用凭证，若费用超支较多，可怀疑是否把不该列入制造费用的支出列入了。进一步审阅“在建工程”明细账、工资费用分配表，确定费用支出的实际业务内容，最后进行核对、综合分析，确定问题。

2）将属于期间费用的支出列作制造费用。如将车间工人外出学习的培训费错列入制造费用。这样的问题，审核人员一般要审阅“制造费用”明细账，根据摘要记录，确定费用支出的实际内容，查找记账凭证确定问题。

3）将不属于当月列支的费用列入当月制造费用。审核人员应审阅“制造费用”明细账中“摘要”的文字记录，确定支付的实际业务的经济内容，再与有关原始凭证核对，确定问题。

4）将属于制造费用列支的项目未列作制造费用。如将车间的大修理费列入在建工程，这样做的结果虚增了企业利润，不仅使成本和费用得不到应有的补偿，还会影响企业生产经营的顺利进行。查账人员应通过审阅“在建工程”“无形资产”等有关明细账，发现疑点或线索，核对原始凭证。调查了解该项经济业务的具体内容，在此基础上查证问题所在。

（2）审核是否有任意提高费用开支标准、加大成本的制造费用项目。如用缩短固定资产使用年限或扩大提取固定资产的折旧范围、提高折旧率等方法，提高计入制造费用的折旧率，加大产品成本，少计利润，减缓企业应缴纳的所得税。

企业提取折旧的方法、折旧率，一经确定就不能任意改动，因为它是影响成本费用正确性的重要因素。因此审核人员在审阅“累计折旧”明细账时，如发现某月提取的折旧额有变化，应带着这个问题去进一步审核固定资产的总账及有关明细账，确定提取的折旧额的变化原因，是因为设备增减造成的，还是因为折旧方法、折旧率变化所致。

7. 产品制造成本的审核

产品制造成本是工业企业生产某个种类和一定数量产品所发生的各项生产费用的总和，它反映生产费用的最终归宿，是正确计算利润的基础。产品制造成本是通过对生产过程中的生产费用归集分配，并采用一定的成本计算方法计算出来的，因此对产品制造成本的真实性、正确性审核应包括生产费用归集、分配的审核和产品制造成本计算的审核。

（1）生产费用归集、分配的审核。

生产费用分配审核主要应从企业采用的分配标准、应分配的金额和分配率等方面进行。

1）审核企业对各项费用的分配采用的分配标准是否适当，有无利用变换分配标准，人为调整各产品间应承担的费用的；分配的标准与实际发生的统计数有无不相符的。对上述内容进行审核，一是收集资料，掌握企业历年来各种间接费用采用分配标准的情况，对照本年采用的分配标准是否适当；二是查清分配标准如何确定及其取得的来源；三是核实车间原始记录、统计报表数字等，审核各种费用分配表上的分配标准是否有弄虚作假的现象。

2）审核费用分配表的分配费用总额与该项费用账户的发生额是否相符，有无将应由下期成本承担的费用提前在本期分配的；有无将不应由产品成本负担的非生产项目的费用，计入分配额的；有无将直接费用错作间接费用分配的；有无将免税产品的费用挤入分配额转嫁给应税产品的。审核时，应根据费用分配表与有关费用明细账及会计凭证核对，特别注意待摊费用和预提费用的摊销和预提是否符合制度规定，从费用归属项目、归属期限以及数字计算等方面加以核实，如发现不实应重新计算并编制费用分配表，然后同原费用分配表比较，其差额从生产成本中剔除，转入有关项目。

3）审核生产费用分配率的计算是否正确，分配给各产品的费用与应负担的生产费用是否相符。可根据“费用分配表”用以下公式计算：

应分配费用总费用分配率＝（应分配费用总额÷费用分配标准总数）×100%

某种产品应负担的费用＝某种产品的分配标准×费用分配率

通过复核，如发现有错，应查明原因，予以调整。

（2）产品成本计算的审核。

对产品成本的计算主要是核实完工产品的成本是否正确、真实，重点是检查本期发生的成本分配是否合理。

工业企业完工产品的成本按下列公式计算：

完工产品总成本＝期初在产品成本＋本期发生的生产费用－期末在产品成本

可见，期末在产品成本计算是否正确，直接影响完工产品成本计算的正确性。

（3）在产品成本计算的审核。

1）在产品数量的审核。

在产品成本核算是成本计算工作中既重要又复杂的工作，包括在产品数量的核算和在产品成本的计算。首先，审核企业是否正确组织在产品的数量核算，取得在产品收、发和结存的数量资料。在产品数量的核算，应同时具备账面核算资料和实际盘点资料，可以从账面上随时掌握在产品的动态，清查在产品的实存数量，要求按车间和产品的品种及在产品的名称（如零部件的名称）设置“在产品收发结存账”。其次，根据在产品数量核算资料有无估盘、漏盘的现象，多工序分步计算产品成本的企业，有无只按最后一道工序计算在产品的问题。最后，在审核时，一是认真核对“期末在产品盘存表”，将该表与“产品成本计算单”有关数字对照；二是深入车间、班组了解企业对在产品是否经过认真盘点，有无漏项。如发现盘点不实，可选择价值较大的做重点抽查或全面复查核实。

2）在产品成本计算的审核。

所谓在产品成本计算就是采用一定的方法将全部生产费用在在产品和完工产品之间进行分配，从而确定在产品成本。企业根据在产品数量的多少、各月在产品数量变化的大小、各项费用比重的大小，以及定额管理基础的好坏等具体条件，选择既合理又较简便的分配方法，将生产费用在完工产品和在产品之间进行分配。目前，常采用的几种分配方法是：不计算在产品成本法；按年初数固定计算在产品成本法；在产品按所耗原材料费用计价法；约当产量比例法；在产品成本按完工产品成本计算法；在产品按定额成本计价法和定额比例法。无论选用哪种方法，都必须适合企业的生产特点和对成本资料的管理要求。

a. 采用“原材料成本法”计算在产品的审核。由于在产品成本中原材料费用所占比重较大，在产品成本只计算原材料费用，工资及其他费用都由完工产品负担，所以，在审核时，应着重核实月初和月末在产品的原材料费用计算是否正确。

b. 采用“约当产量法”计算在产品成本的审核。由于在产品完工程度折算是否正确对在产品成本计算影响很大，应首先审核约当系数计算是否正确；其次根据“产品成本计算单”及“在产品盘存表”核实在产品是否包括了全部材料成本。要注意是否根据成本项目分别按不同的约当系数计算在产品成本，因为原材料一般是一次性投入，各阶段的每一产品都含有相等的原材料成本，所以，不能把原材料与工资及其他费用按同一比例折合，否则就会少计在产品的原材料成本。

c. 采用“定额成本法”计算在产品成本的审核。除了根据各工序“在产品盘存表”核实在产品数量，以及是否按定额成本资料计算外，还要注意企业各月之间在产品数量的变化差异，如果变化大，就不宜采用该法计算，因为月末在产品按定额成本计算，其实际成本脱离定额成本的差异全部由完工产品负担。

d. 采用“定额比例法”计算在产品成本的审核。应核实在产品分配的生产费用计算是否正确，是否存在人为地通过调整定额而调节在产品、产成品成本的现象。

（4）本期产品总成本计算的审核。

本期产品总成本是由“产品成本计算单”中期初余额加本期借方发生额减期末在产品成本构成的，由于本期期初余额也就是上期在产品期末余额，因此，审核在产品成本之后，对产品总成本的审核，只需对本期借方发生额做一般的审核核对即可。重点是审核期末剩料退库和有价值的边角余料的回收是否冲减了当期产品的生产成本。

8. 主营业务成本的审核

主营业务成本是企业已销产品的实际制造成本，由产品销售数量乘以单位制造成本构成。对其审核的主要内容和方法是：

由于产品销售成本是由销售数量和单位制造成本构成的，所以应主要审核有无不按销售产品的数量计算和结转销售成本，造成产品销售成本不实的；有无不按加权平均法（或先进先出法、移动平均法等）计算和结转销售成本，造成多转或少转销售成本的；有无将销货退回只冲减销售收入，不冲减销售数量，不作销售退回处理的；有无不按月计算和结转销售成本应分担的产品成本差异的；有无将在建工程领用产成品、自制半成品计在产品销售成本中，而又不作销售收入的；有无不按当月实际发生额计算工业性劳务收入和结转工业性劳务成本，造成多转或少转成本的。

（1）用“主营业务收入”明细账销售数量栏的本月销售合计，同“主营业务成本”明细账结转销售成本的数量相对照，看二者的数量是否一致，看“产品销售计算表”中计算的产品成本是否正确。

（2）对采用“加权平均法”和“移动平均法”计价的企业，要注意审核“库存商品”明细账，看其结余栏各期库存产成品单位是否平衡，有无忽高忽低现象，如有较大波动，在各月生产成本比较均衡的情况下，说明在计算结转销售成本时有金额计算错误，若出现赤字现象，可能存在多转销售成本的问题。

（3）对采用计划成本进行成本核算的企业，应审核“产品成本差异”明细账，看在计算结转销售成本时，是否同时计算并结转产品成本差异，有无未按照产品的用途结转差异的问题。此外，注意审核“主营业务收入”明细账上的销售退回是怎样计算的，对照“主营业务成本”明细账，是否相应地做冲减销售成本的处理。

（二）期间费用及支出的审核

期间费用是指企业行政管理部门为组织和管理生产经营活动，筹集资金、组织产品销售而发生的各项费用，包括企业的管理费用、财务费用，以及为销售产品和提供劳务而发生的销售费用、进货费用。

支出包括其他业务支出和营业外支出。

1. 管理费用的审核

（1）固定资产折旧费的审核。

1）固定资产折旧费审核的主要内容。

主要审核有无将未使用、不需用、已提足折旧、报废或经营租赁方式租入的固定资产计提折旧的；有无任意改变折旧方法或不按规定加速折旧的；有无将当月购进和使用的固定资产当月计提折旧的。

2）固定资产折旧费的审核方法。

首先，从“累计折旧”账户贷方看各月提取的折旧金额是否均衡，如发现有的月份折旧额突然增加和减少，应做进一步审核，看是否有多提和少提折旧的问题。

其次，通过“固定资产登记簿”和“固定资产折旧表”，对照审核固定资产残值和折旧年限的确定是否符合规定，折旧额的计算是否正确，有无擅自改变折旧方法的。

最后，审核“固定资产登记簿”和“固定资产卡片”，核实未使用、不需用、报废、已提足折旧的情况，从而审定计提折旧的范围。

（2）固定资产修理费的审核。

1）固定资产修理费审核的主要内容。

主要审核修理费用的支出是否真实，有无人为扩大修理费用，造成制造费用、管理费用不实的；采用预提办法的，有无实际发生的修理支出不冲减“预提费用”，或实际发生数小于预提数而不将差额冲减有关费用的。

2）固定资产修理费审核的方法。

可根据“制造费用”“管理费用”账户修理费用项目的发生额与“预提费用”“待摊费用”“递延资产”明细账对照，结合原始凭证进行审核，审核各项支出的内容是否真实，有无将应构成固定资产的原值的支出作为修理费用入账，各项支出的单据是否合法有效，并归属于本期应摊销的费用；有无违反规定计提大修理基金的；年终预提修理费结余数是否抵减有关费用，跨年度修理费用有无提前摊销的。

（3）无形资产摊销的审核。

1）无形资产摊销审核的主要内容。

主要审核外购无形资产入账的价值、付款的期限与合同协议是否一致，有无虚列冒报的；已作为技术转让费在费用中列支的使用非专利技术的支出，有无错按无形资产入账重复摊销的；无形资产应在有效使用期限内平均摊销，如法律和合同或者企业申请书均未规定法定的有效期限或受益年限的，按照不少于10年的期限分摊。要审核企业的摊销期和金额是否符合规定，有无缩短摊销期扩大摊销额的。

2）无形资产摊销审核的方法。

根据“无形资产”账户借方发生额，结合其原始凭证，审核入账的金额是否真实，然后根据“无形资产”账户贷方发生额审核其摊销期限和金额是否正确。

对摊销期限的审核，首先收集无形资产的法规及其证书，如专利法、商标法、版权法和专利证书、商标证明书等，了解各项无形资产有无法定年限；其次查阅企业的有关合同、协议和申请书，了解是否对无形资产的期限作出规定；最后根据收集到的有关资料判断企业无形资产有效期限的确定是否正确、合规。

（4）开办费摊销的审核。

对开办费摊销进行审核，主要审核开办费入账金额是否真实，各项费用开支是否有合法的原始凭证，各项费用的开支标准是否超过国家或本企业的有关规定，有无将计入固定资产和无形资产构建成本的支出列入开办费的；有无将应由投资者负担的费用支出列入开办费的；有无将费用计入开办费的；开办费的摊销期限及摊销账务的处理是否合理、合规。

审核时，以“长期待摊费用——开办费”账户借方逐项审核其开支内容，结合记账凭证和原始凭证审核开办费的列支是否属实、合理。以“长期待摊费用——开办费”贷方与“管理费用——开办费摊销”核对，看摊销期是否正确，摊销金额是否均衡。

（5）业务招待费的审核。

对业务招待费的审核，主要看列入业务招待费的支出是否真实、合理、合法，有无将请客送礼违反财经纪律的支出列入管理费用的；有无将不属于业务经营的费用或不合理的支出列入管理费用的；对超限额列支的业务招待费在计算所得额时是否作调增处理；实行销售大包干的企业是否列支了业务招待费。

审核时，首先，将“管理费用——业务招待费”明细账与有关会计凭证进行核对，审核其支出是否合理合法；其次，注意审核“管理费用——其他”项目，看是否有业务招待费在此列支；还应注意查看企业销售费用明细账中是否有业务招待费列支。根据税法规定，企业实际发生的与经营活动有关的业务招待费，按实际发生额的60%或不超过销售（营业）收入的5‰扣除。因此，要依据企业实际发生业务招待费的40%或超过销售（营业）收入的5‰作纳税调整处理。

（6）技术开发费的审核要点。

技术开发费是指企业研究开发新产品、新技术、新工艺所发生的新产品设计费、工艺规程制定费、设备调试费、原材料和半成品的试验费，以及包括委托其他单位进行科研试制的费用及试制失败损失。

在审核时，要调阅企业开发新产品、新技术、新工艺的专项批文并证实项目的合法性。另外还应调阅原始凭证、记账凭证，以及管理费用明细账，逐一对照核实。

（7）固定资产租赁费的审核要点。

根据税法规定，纳税人因生产、经营需要租入固定资产所支付的租赁费可以于税前扣除。这里所指的固定资产租赁费用是指以经营租赁方式租入固定资产而发生可以列入管理费用账户核算的租赁费。因此在审核“管理费用”账户时，对其中的固定资产租赁费用明细账，首先要区分是否有将融资性租赁支出列入其中的情况。我国《企业会计准则》规定，对以融资租赁形式租入的固定资产应视同承租企业自有的固定资产进行管理，并按规定计提折旧计入成本，所以如果管理费用中的固定资产租赁费中计入了融资性租赁支出，那么可以肯定，是企业扩大了当期期间费用，偷逃税款。

另外，对该费用的检查，还应审核企业的实际支出是否同合同金额相符，以及记账的原始凭证是否完整。

2. 销售费用的审核

税务师应注意审核其开支是否属于销售费用的范围，有无将应计入材料采购成本的外地运杂费、应向购货方收回的代垫费用、业务应酬费开支，以及违反财经纪律的开支列入销售费用的；开支是否属实，有无虚报冒领、营私舞弊的；销售费用在产品之间的分配是否正确。

3. 财务费用的审核

（1）利息支出的审核。

对于利息支出，主要审核企业是否存在将资产性利息支出作为生产经营期间的利息支出列入财务费用，如购建固定资产在尚未完工交付使用前发生的利息费用不计入固定资产价值，而列入财务费用；列入财务费用的利息支出金额是否超出规定的准予列支标准；有无利息收入不抵减利息支出的；长期借款利息有无人为调节利润而不按期限均衡提取的。

审核时，应将“财务费用”明细账的借方发生额，对照原始凭证逐笔进行审核。看列支的利息支出是否超范围，对集资的利息支出看是否有政府批文，计算金额是否正确，对不符合规定的列支金额应剔除，调增利润。通过审核“财务费用”明细账贷方，看企业的利息收入是否在本账户进行了全额反映；以借款合同或有关协议书为依据，核实生产期贷款利息的预提是否正确。

（2）汇兑损益的审核。

对汇兑损益，主要审核汇兑损益的计算方法是否正确；企业是否按规定时间确定汇兑损益；核对所用汇率是否正确；对于从筹建期间汇兑损益转入的，应查明其摊销方法在前后期是否保持一致，摊销金额是否正确。

审核时，应对“财务费用——汇兑损益”明细账逐笔进行核实，翻阅有关原始凭证，检查其核算的正确性。

4．营业外支出的审核

（1）营业外支出审核的主要内容。

1）有无扩大营业外支出范围的。如将应计入在建工程的基建费用，应从税后利润支出的非公益救济性捐赠，各项罚款、滞纳金，以及违反财经纪律的支出列入营业外支出，在计税时未作剔除。

2）有无不按规定要求支出的。如有些企业停工损失的界线混淆，将季节性和修理性停工损失列入营业外支出；对公益救济性捐赠超支部分，在计税时未作剔除。

税法规定：纳税人用于公益救济性的捐赠，在年度利润总额12%以内的部分，准予在计算应纳税所得额时扣除。超过年度利润总额12%的部分，准予结转以后三年内在计算应纳税所得额时扣除。

3）有无擅自列支固定资产净损失和非常损失的。

（2）营业外支出审核的方法。

1）根据“营业外支出”明细账借方发生额，对摘要栏内容进行逐笔审核，对金额较大、登记摘要不明的，应重点审核记账凭证和原始凭证所反映的经济内容，鉴别、分析是否应列入营业外支出。

2）对一些有列支标准的项目，要审核是否符合规定的标准，如将营业外支出账上列支的公益救济性捐赠数额，与按规定的标准和计算方法计算出的法定限额对照，对超支部分应在计税时剔除调增应纳税所得额。

企业当期发生的公益救济性捐赠不足年度利润总额12%的，应据实扣除。

超过年度利润总额12%的部分，准予结转以后三年内在计算应纳税所得额时扣除。

企业当年发生及以前年度结转的公益性捐赠支出，准予在当年税前扣除的部分，不能超过企业当年年度利润总额的12%。

企业发生的公益性捐赠支出未在当年税前扣除的部分，准予向以后年度结转扣除，但结转年限自捐赠发生年度的次年起计算，最长不得超过三年。

企业在对公益性捐赠支出计算扣除时，应先扣除以前年度结转的捐赠支出，再扣除当年发生的捐赠支出。

3）对于一些规定有审批手续的营业外支出项目，要检查是否有报批手续。如非常损失必须根据损失金额大小，分别报送不同级次的主管税务部门进行审批，并扣除过失人和保险赔款后列入营业外支出。如对固定资产的盘亏，要根据“待处理财产损溢——待处理固定资产损溢”账户，结合“固定资产明细账”看核销的盘亏固定资产是否已经查明原因，有无批件；盘亏固定资产是原值还是净值；已提折旧是否冲减等，对于报废和毁损及出售的固定资产的净损失，应审核“固定资产清理”账户和固定资产明细账，看转入清理的固定资产是净值还是原值，已提折旧是否转入，变价的价款是否冲减损失等。此外，还要注意对照“本年利润”账户，看期末结转的金额是否一致。

自 2020 年 1 月 1 日至新型冠状病毒感染的肺炎疫情结束期间，企业通过公益性社会组织或者县级以上人民政府及其部门等国家机关，捐赠用于应对新型冠状病毒感染的肺炎疫情的现金和物品，以及企业直接向承担疫情防治任务的医院捐赠用于应对新型冠状病毒感染的肺炎疫情的物品，允许在计算应纳税所得额时全额扣除。

5. 其他业务成本的审核

（1）审核其他业务成本是否符合配比原则，有无少计、多计或不计成本费用的现象。

（2）审核成本结转的计算方法是否正确。对于材料物资出售结转成本，可采用先进先出、加权平均法等计算其支出成本。

（3）审核“其他业务成本”账户是否有余额。审核时，应依据“其他业务成本”账户的借方发生额进行，对偏高的月份进行重点审核，并注意审核“本年利润”账户，看其期末结转是否正确，“其他业务成本”有无余额。

（三）税金审核要点

税金包括消费税、城市维护建设税、资源税、土地增值税等。附加是指国家为了筹集教育经费，支持教育事业的发展，按企业实际缴纳的消费税、增值税税额的一定比例计提的教育费附加。税金及附加的审核，主要从税金及附加的预提、缴纳、结算三个方面进行，看有无多提、少缴、不缴的情况。

1. 预提税金及附加的审核

对预提税金及附加的审核，应在核实销售收入和适用税率的基础上，认真查阅“应交税费”账户，看贷方发生额与纳税申报表上计提的应交税费及附加是否一致，如果不一致，则要查明原因。防止将耕地占用税、税收罚款等记入“税金及附加”账户中核算，减少本期利润。

2. 缴纳税金的审核

企业缴纳税金在“应交税费”明细账户借方反映，应审核税款所属期限、实际缴纳期限是否正确，缴纳的税额是否与计提数一致，并要审阅各税完税凭证，分析缴纳税金的情况。有无提而不缴或将错提、多提的税金从“应交税费”账户借方非法转入其他账户的情况。

3. 结算税金的审核

年度终了，企业应对各税缴纳的情况进行汇算清缴，及时办理补退手续。由于年度税务检查一般是在年度决算后的次年进行的，企业应补或应退的产品销售税金及附加，应在

"以前年度损益调整"账户结算。有的企业将查补上年的税款记入本年"税金及附加"账户中，抵减了本年利润，审核时要认真核实有无上述问题。

做中学

1. 教师将提前准备好的各种版本发票作为实训资料，要求学生辨别发票真伪，总结归纳识别发票真伪的方法和技巧。

解析： 根据真实发票和发票管理办法进行实操。

2. 某企业"应付职工薪酬"账户各明细栏目反映，支付给职工的工资总额合计 2 000 000 元；发生职工福利费合计 400 000 元；发生职工教育经费 190 000 元；拨缴工会经费 24 000 元（已取得相关工会拨缴款收据）。假定该企业在汇算清缴时未做任何调整，请指出企业存在的问题？

解析： 福利费限额标准为 280 000（2 000 000×14%）元，企业实际发生 400 000 元，需调增 120 000 元。

职工教育经费限额为 160 000（2 000 000×8%）元，实际发生 190 000 元，应调增 30 000 元。

职工工会经费限额为 40 000（2 000 000×2%）元，实际拨缴 24 000 元，未超标，而且取得工会拨缴款收据，故不用调增。

归纳提升

企业所得税扣除项目常见涉税问题及主要检查方法，如表 4-2 所示。

表 4-2 企业所得税扣除项目常见涉税问题及主要检查方法

企业常见涉税问题	税务机关和中介机构主要检查方法
利用虚开发票或人工费等虚增成本。	检查"原材料""库存商品""包装物""低值易耗品""制造费用"等账户借方发生额，核对计入存货成本的运输费、装卸费、途中合理损耗、直接人工费等相关费用发票，利用发票各项内容之间的逻辑关系进行对比分析，确认发票的真实性、合法性。具体鉴别方法： 1. 鉴别发票的有效性。发票在不同时期有不同的发票版式，如发现使用逾期旧版发票报销，应检查所报销发票的版次、纸质、水纹痕、时间、号码、公章等，查明是否存在使用废弃发票或假发票报销等弄虚作假的问题。 2. 鉴别发票的真实性。审查发票的笔迹，看发票日期、品名、数量、单价、大小写金额的字迹、笔体、笔划的压痕是否一致。有无用药剂褪色，用橡皮等涂改的痕迹；查看复写的字迹颜色是否相同，字迹是否位移，发票报销联的时间、数量、单价、金额是否填写齐全；对有疑点的发票，一要调查购货付款单位的发票报销联与开票单位（发货单位）的发票存根联、记账联、现金日记账、银行存款日记账、实物明细账上记载的物品名称、数量、单价、金额、劳务具体项目是否相符；二要调查发票入账后实物的去向。
资本性支出一次计入成本。	检查"原材料""低值易耗品"等资产类明细账，结合发票记载的品名、数量、金额，确定有无将购入的固定资产采用分次付款、分次开票的形式记入存货类资产账户，或以零部件名义把固定资产化整为零，作为低值易耗品、外购半成品、修理用备件入账，于领用时一次或分次计入生产成本、费用，造成提前税前扣除。

续表

企业常见涉税问题	税务机关和中介机构主要检查方法
将基建、福利等部门耗用的料、工、费直接计入生产成本等，以及对外投资发出的货物，直接计入成本、费用。	审阅辅助生产明细账、材料明细账、产成品明细账等，查看各明细账户记录是否异常。有疑点的，应结合领料单和出库单及相关的发票单据，进行追踪检查，确定有无基建、福利部门和对外投资耗用货物计入生产成本的问题。
擅自改变成本计价方法，调节利润。	检查“原材料”“生产成本”“产成品”“库存商品”等明细账和有关凭证、成本计算单，对照确认各期相关的成本计算方法是否一致。核实有无随意改变成本计价方法，通过成本调节利润的问题。
收入和成本、费用不配比的检查。	收集企业近年来电子征管资料、企业财务决算资料等，分析比较财务报表中的收入、成本、费用等相关数据，通过主营业务成本率、主营业务成本变化率、同业成本率对比差三个指标，将企业主营业务成本增减变化情况，与同行业企业同一指标的平均值进行对比分析，从中查找异常。检查销售（营业）成本与销售（营业）收入是否相匹配。主要检查以下内容： 第一，检查纳税人是否按照会计制度的规定正确核算主营业务成本和其他业务成本。 第二，检查纳税人主营业务成本和其他业务支出的会计处理与税法之间是否存在差异，如果存在差异，是否进行纳税调整。 第三，检查“主营业务成本”和“其他业务成本”账户中的具体产品或劳务的名称，如有无将甲产品（劳务）成本按乙产品（劳务）成本结转的情况。 第四，检查“主营业务收入”与“主要业务成本”账户的结转时间是否一致。
费用界限划分不清。	1. 资本性支出与费用性支出的界限划分不清。 (1) 重点审查人工费、材料费相关账簿和“无形资产”“固定资产”“管理费用”等明细账，审验原始发票、出库单据、入库单据等，实地检查原材料的使用对象，审查记入费用科目的核算是否正确。检查有无将购入固定资产及在建工程的专项物资的运杂费、包装费计入费用；核实有无将购入的固定资产采用分次付款、分次开票记入材料账，或以零部件名义把固定资产化整为零，作为低值易耗品、外购半成品、修理用备件入账，于领用时一次或分次计入期间费用。 (2) 检查“财务费用”明细账借方发生额及其会计凭证，并将“长期借款”账户贷方发生额与“在建工程”账户借方发生额及相关贷款合同相互核对，核实有无将固定资产竣工决算前或建造期在 12 个月以上才能达到预定可销售状态的存货发生的利息计入财务费用，检查列入财务费用的资本利息支出是否真实、合理。 2. 一项支出在成本和费用中重复列支的检查。 首先，审阅纳税人相关的会计凭证、账簿，成本、费用账户中有无相同和相近金额的支出；其次，检查记账原始凭证，重点是总、分支机构的费用扣除问题，审核原始凭证有无将发票复印件入账等，确认是否存在重复列支费用的问题。 3. 有扣除标准和无扣除标准费用的界限划分不清的检查。 结合运用抽查法、全查法，检查大额费用的原始凭证，对不符合营业常规的费用支出，到相关单位调查取证，确定业务发生的真实性，核实是否存在虚列费用，或有扣除标准和无扣除标准费用混淆列支的问题。

续表

企业常见涉税问题	税务机关和中介机构主要检查方法
管理费用的问题。	1. 招待费用的检查。 （1）对支出的业务招待费用，审核“管理费用——业务招待费”明细账和列入其他费用账户中的招待费发生额，查实招待费核算的明细账户，进一步落实纳税申报时归集是否完整、正确，是否存在少归集招待费的问题。 （2）对支出的大额会议费、差旅费，核查相应原始凭证，对开票为酒店、餐馆、旅行社等单位的应作为检查重点，可到开票单位检查收入日报表、POS机消费记录及现金日记账等资料，核实企业是否存在以其他支出名义列支招待费用的问题。 （3）审查“主营业务收入”账户和纳税申报表，核实全年销售收入，依据规定的比例计算业务招待费限额，然后按规定比例计算招待费扣除额，与查实的招待费金额相对比，计算纳税调整额。 2. 技术开发费用的检查。 审查技术开发项目开发计划（立项书）和开发费预算，核实技术研发专门机构编制批文和专业人员名单；到生产部门和工艺部门核定是否存在开发新产品、新工艺的行为；着重检查研发费用、财务核算的账证是否健全，研究开发费用支出范围是否符合有关政策规定，有无虚计或多计、加计扣除金额的问题。 3. 专项基金的检查。 对提取专项基金的企业，调查询问企业有关人员，掌握企业的生产特点，查阅提取专项基金的批准文件，核实企业是否存在超比例、超范围计提和列支问题；跟踪检查提取的专项基金使用情况，查清是否存在擅自改变用途等问题，对于改变用途的专项基金，不得扣除。 4. 企业之间支付管理费、企业内营业机构之间支付的租金和特许权使用费业务的检查。检查“管理费用”等明细账，询问业务人员，落实是否存在企业之间支付的管理费、企业内营业机构之间支付租金和特许权使用费的业务，核实是否进行纳税调整。对在境内设立机构场所的非居民企业还应该检查是否存在擅自扩大计提比例，有无人为调整营业机构之间利润的问题。
销售费用的问题。	1. 广告宣传费的检查。 审查企业发生的广告费和业务宣传费的原始凭据，确认支出的真实性和有效性，检查有无将不允许税前列支的费用，借用广告费和业务宣传费的名义税前扣除。审查广告合同载明的金额与期限，掌握企业广告费用的计量情况，检查企业是否将预支的以后年度广告费和业务宣传费支出提前申报扣除。 2. 专设销售机构的检查。 通过检查“销售费用——专设销售机构经费”明细账及其有关记账凭证和原始凭证，运用外调法审核专设销售机构的人员、经费及经营情况的真实性，记载经营业务原始凭证的合法性和有效性，核实有无将应计入生产成本等不属于专设销售部门人员的工资、福利费、办公费、差旅费等计入销售费用开支的；有无虚列销售人员提成工资的；有无不按规定计提折旧费和低值易耗品摊销，多列支销售费用的；有无虚报冒领，加大差旅费、办公费和修理费开支，多计入销售费用的问题。 3. 运输费、装卸费等销售费用的检查。 检查“销售费用”明细账，对发生的大额运费，要调取销售合同以及销售价格、货款结算等方面资料进行核对，并询问销售、仓库管理等人员，确定真实的销售过程和结算情况，是否存在舍近求远、加大运输费用等问题。结合其他运输企业的运费、装卸费收取情况，审查运费、装卸费支出的原始凭证和运费、装卸费支出的价格确定方式，核实是否利用虚假业务增加费用。

续表

企业常见涉税问题	税务机关和中介机构主要检查方法
财务费用的问题。	1. 运用核查法检查“短期借款”“长期借款”账户，结合每笔贷款的金额、利率、用途、贷款期限和利息支付方式，查清每笔借款资金的流向，核实有无转给其他单位使用并为其负担利息的情况。 2. 检查“财务费用”明细账记录与有关凭证，并与所得税申报资料核对，核实有无将高于金融机构同类、同期利率以上的利息支出计入财务费用的，对超过规定列支的利息支出，是否在企业所得税纳税申报表中作了调整。 3. 对关联方企业间利息支出的检查，第一，审查企业成立章程等，核实企业资金来源、购销渠道，确定企业间是否在资金、经营、购销等方面存在直接或者间接的控制关系；是否直接或者间接地同为第三者控制；是否在利益上具有相关联的其他关系，以此确认双方企业是否构成关联关系。第二，检查签订的借款合同，明确关联企业投资的性质。第三，检查企业从其关联方接受的债权性投资与权益性投资的比例是否超过规定标准，不超过标准的借款利率是否超过金融机构同类、同期利率。 4. 检查“财务费用”账户，核实企业核算汇兑损益的方法前后期是否一致，汇率使用是否正确，是否按照月度、季度或年度最后一日的人民币汇率中间价折合成人民币计算应纳税所得额，结合对资产税务处理的检查，核查汇兑损益是否计入资本性资产价值。 5. 检查非银行企业内部营业机构的“财务费用”账户，对大额支出的资金流向追踪核实，落实是否属于非银行企业内营业机构之间支付利息。
应资本化的税金税前扣除。	检查“固定资产”“无形资产”明细账，核实新增资产的项目，了解新增过程中发生的相关税金，如车辆购置过程中需要缴纳的车辆购置税，取得土地使用权和购置房地产过程中需要缴纳的耕地占用税、契税，进口的大型设备需缴纳的关税等，并结合原始凭证，核实是否计入了该资产的价值。如果该资产的价值构成中未包含以上税金，则应进一步审核其会计处理，从中落实其是否缴纳或直接进行了税前扣除。
将补提补缴的以前年度税金直接税前扣除。	运用详查法，对“税金及附加”“管理费用”“其他业务成本”“以前年度损益调整”所涉及的税金，结合税务机关的税务处理决定书，审核相关的完税凭证，核实企业有无将补提补缴的以前年度税款在本年度进行税前扣除。
将企业所得税额和应由个人负担的个人所得税额进行了税前扣除。	检查企业所得税的账务处理，核实计提的所得税金，是否直接进行了税前扣除；对企业代扣代缴的个人所得税情况进行全面排查，核实有无将应由个人负担的个人所得税进行了税前扣除。
虚列财产损失。	1. 检查财产损失的类型、程度、数量、金额、税前扣除理由和扣除期限是否符合政策规定；有关部门鉴定确认的财产损失证明资料与实际损失是否相符，有无存在虚报财产损失的情况。 2. 对损失的财产账面价值由于原值、折旧等因素的影响，造成账面净值与按税法规定确认的净值不同所形成的财产损失不一致，从而多扣除的财产损失金额，是否作纳税调整。

续表

企业常见涉税问题	税务机关和中介机构主要检查方法
已作损失处理的资产，又部分或全部收回的，未作纳税调整。	1. 通过检查“坏账准备”“待处理财产损溢”等账户，核实有无已作损失处理，又部分或全部收回的资产，是否只挂账未计入损益。 2. 通过“待处理财产损溢——待处理流动资产损溢”账户与“材料盘点表”及“材料盘亏报告表”核对，看其数量和金额是否相符，有无压低盘盈材料价格和提高盘亏材料价格的问题；再进一步查对有关批准文件，看有无只将批准核销盘亏的材料作了账务处理，而将批准核销盘盈的材料长期挂在“待处理财产损溢”账户。
销售材料的成本结转不正确；出租财产的成本结转不正确。	检查“其他业务成本——材料销售”明细账借方发生额，与“原材料”账户贷方发生额及有关凭证进行核对，核实采用的计价方法前后各期是否一致，有无不按规定结转成本或不按规定分摊材料成本差异的情况。
计提的不符合税法规定的各项准备金未作纳税调整。	检查企业计提各项准备金账户的准备金计提情况，如果已计提准备金，应进一步核实计提准备金的计提依据、计提比例、批准文件等，核实计提的各项资产减值准备、风险准备等准备金是否符合国务院财政、税务主管部门的规定。
不符合条件或超过标准的公益、救济性捐赠未作纳税调整。	全面审核“营业外支出”中的捐赠支出，并与纳税申报表核对，核实各种公益、救济性捐赠总额，计算是否超过年度利润总额12%的标准（税法另有规定的除外）；核实超过规定标准的部分在以后纳税年度结转扣除方法是否正确；核实是否有向受赠人直接捐赠的支出、未作纳税调整的情况。
罚款、被没收财物的损失；税收的滞纳金、罚金、罚款；各种赞助支出及与收入无关的支出未作纳税调整。	审查“营业外支出”明细账各支出项目内容，有无违反财会制度规定，擅自扩大营业外支出范围等情况；与纳税申报表核对，对税法规定不允许税前扣除或超过税收规定范围列支的各项支出，是否在纳税申报表中作了调整。
非正常损失未扣除个人负担或保险公司的赔款。	检查“营业外支出——处置非流动资产处置损失”明细账，与其对应的“固定资产清理”账户核对，核实有无将出售、报废和毁损的固定资产在清理过程中收回的出售价款、变价收入和保险公司或过失人的赔偿不作抵减支出而转入其他账户的；有无只将固定资产清理后的净损失转入营业外支出，而将固定资产清理后的净收益留在账内不及时结转的。经批准在税前列支的流动资产净损失，在取得保险公司赔偿后，有无冲减营业外支出或转作营业外收入处理，有无长期挂在“其他应付款”账户中的情况。

子任务三　检查应纳税所得额是否正确

任务导入

某企业为居民企业，2020 年发生的经营业务如下：

（1）取得产品销售收入 4 000 万元。

（2）发生产品销售成本 2 600 万元。

（3）发生销售费用 770 万元（其中广告费 650 万元）；管理费用 480 万元（其中业务招待费 25 万元）；财务费用 60 万元。

（4）销售税金 160 万元（含增值税 120 万元）。

（5）营业外收入 80 万元，营业外支出 50 万元（通过公益性社会团体向某学校捐款 30 万元，向某医院捐款 14 万元用于应对新型冠状病毒感染的肺炎疫情，支付税收滞纳金 6 万元）。

（6）计入成本、费用中的实发工资总额 200 万元，拨缴职工工会经费 5 万元，发生职工福利费 31 万元，发生职工教育经费 18 万元。

该企业按照当年的利润总额缴纳了企业所得税。请问该企业计算的应纳税所得额是否正确？应如何进行调整？

解析：

检查结论：

（1）会计利润总额＝4 000＋80－2 600－770－480－60－40－50＝80（万元）。

（2）广告费和业务宣传费调增所得额＝650－4 000×15%＝650－600＝50（万元）。

（3）业务招待费调增所得额＝25－15＝10（万元）。4 000×5‰＝20（万元）＞25×60%＝15（万元）。

（4）捐赠支出应调增所得额＝30－80×12%＝20.4（万元），超过部分可以结转以后三个年度扣除；税收滞纳金调增所得额 6 万元。向某医院捐款用于应对新型冠状病毒感染的肺炎疫情 14 万元可全额扣除，不用纳税调整。

（5）工会经费应调增所得额＝5－200×2%＝1（万元）。

（6）职工福利费应调增所得额＝31－200×14%＝3（万元）。

（7）职工教育经费应调增所得额＝18－200×8%＝2（万元）。

（8）应纳税所得额＝80＋50＋10＋20.4＋6＋1＋3＋2＝172.4（万元）。

政策依据：

（1）企业发生的职工福利费、工会经费、职工教育经费按标准扣除，未超过标准的按实际数扣除，超过标准的只能按标准扣除。

1）企业发生的职工福利费支出，不超过工资、薪金总额 14% 的部分准予扣除。

2）企业拨缴的工会经费，不超过工资、薪金总额 2% 的部分准予扣除。

3）企业发生的职工教育经费支出，自 2018 年 1 月 1 日起不超过工资、薪金总额 8% 的部分准予扣除，超过部分准予结转以后纳税年度扣除。

（2）企业发生的符合条件的广告费和业务宣传费支出，除国务院财政、税务主管部门另有规定外，不超过当年销售（营业）收入15%的部分，准予扣除；超过部分，准予结转以后纳税年度扣除。

（3）企业发生的公益性捐赠支出，不超过年度利润总额12%的部分，准予扣除。超过年度利润总额12%的部分，准予结转以后三年内在计算应纳税所得额时扣除。

（4）罚款和滞纳金支出不得扣除。

[知识回顾与提升]

一、应纳税所得额的确认

应纳税所得额是企业所得税的计税依据，按照《企业所得税法》的规定，应纳税所得额为企业每一个纳税年度的收入总额，减除不征税收入、免税收入、各项扣除以及允许弥补的以前年度亏损后的余额。

纳税人应纳税所得额的计算以权责发生制为原则，应纳税所得额的正确计算，同成本、费用核算关系密切，直接影响到国家财政收入和企业的税收负担。纳税人在计算应纳税所得额时，按照税法规定计算出的应纳税所得额与企业依据财务会计制度计算的会计所得额（会计利润）往往不一致。当企业财务、会计处理办法与有关税收法规不一致时，应当依照国家税收法规的规定计算缴纳企业所得税。

二、应纳税所得额的审核

应纳税所得额的审核是在前述收入、税前扣除项目审核、计算得出会计期间利润总额的基础上，对按照税法的有关规定进行纳税调整，将会计所得调整为应税所得的情况进行审核。

（一）审核超过规定标准项目

审核超过规定标准项目，即超过税法规定标准扣除的各种成本、费用和损失，应予调增应纳税所得额部分。包括税法中单独作出明确规定的扣除标准，也包括税法虽未单独明确规定标准，但财务会计制度已作了规定的部分。

（二）审核不允许扣除项目

审核不允许扣除项目，指税法不允许扣除，但企业已作为扣除项目而予以扣除的各项成本、费用和损失，应调增应纳税所得额。

1. 资本性支出

通过审核“低值易耗品”“管理费用”“制造费用”“财务费用”“长期借款”“在建工程”“应付债券”等账户，确认企业有无将资本性支出作收益性支出处理，有无将应资本化的利息费用作为期间费用，若有，作相关调账处理，调增应纳税所得额。

2. 无形资产受让开发支出

根据税法的规定，无形资产开发支出未形成资产的部分可作与收入无关的支出，是指与企业生产经营无关的支出部分。企业任何费用支出，必须与应税收入有关。如企业为其他纳税人提供与本身应纳税收入无关的贷款担保，因被担保方还不清贷款由该担保纳税人承担的本息等，不得在担保企业税前扣除。税务师在对“营业外支出”“其他业务成本”

“管理费用”“财务费用”等科目的审核过程中，若发现类似与企业收入无关的支出，应予以调账，进而调增应纳税所得额。

（三）审核应税收益项目

审核应税收益项目，指纳税人根据税法及有关政策规定应计入应纳税所得额的收益，以及由于其他原因少提或未计入应纳税所得额而应补报的收益。税务师主要审核以下项目。

1. 无赔款优待

企业参加财产保险和运输保险，按规定缴纳的保险费用，准予扣除。保险公司给予企业的无赔款优待，须计入应纳税所得额。

2. 已收回的坏账准备

企业按财政部的规定提取的坏账准备金和商品削价准备金，准予在计算应纳税所得额时扣除；纳税人已作为支出、亏损或坏账处理的应收款项，在以后年度全部或部分收回时，应计入收回年度的应纳税所得额。税务师要注意，按现行财务会计制度规定，企业发生的坏账损失、冲减坏账准备金、收回已核销的坏账、增加坏账准备金的财务制度与税法规定不同，应该遵守税法规定计入应纳税所得额，故税务师可通过“坏账准备”“应收账款”“银行存款”等账户予以确认。

3. 其他少计、未计应税收益

其他少计、未计应税收益，指企业应计而未计或少计应纳税所得额而应补报的收益，对属于计算上的差错或其他特殊原因而多报的收益，可用“—”号表示。

（四）其他纳税调整项目的审核

税务师主要审核按财务制度规定计入当期会计所得，而根据现行税收规定，应从当期应税所得中抵减的项目。

1. 审核弥补亏损

税务师应审核企业以前年度亏损弥补期限及结转的计算是否正确，有无少转或多转亏损的问题。根据企业所得税纳税调整项目表上的弥补亏损金额，对照以前年度税务机关调整后的亏损额，核实本年度可弥补亏损金额，对不符合规定的应加以调整，按调整后的金额弥补亏损。

注意弥补亏损年限适用是否正确。

自 2018 年 1 月 1 日起，当年具备高新技术企业或科技型中小企业资格（以下统称“资格”）的企业，其具备资格年度之前 5 个年度发生的尚未弥补完的亏损，准予结转以后年度弥补，最长结转年限由 5 年延长至 10 年。

受新型冠状病毒感染的肺炎疫情影响较大的困难行业企业 2020 年度发生的亏损，最长结转年限由 5 年延长至 8 年。

2. 审核“投资收益”“未分配利润”

对于税后利润应从应税所得中调减。如联营分回利润、股息收入、境外收益，按税法规定免予征税的所得，企业事业单位进行技术转让 500 万元以下的收益，国库券利息收入等，直接从应税所得中扣除。应根据所得税申报表及附表有关项目，结合“投资收益”科目进行核查。对于企业来源于中国境外的所得已在境外缴纳的所得税税款，准予在汇总纳税时从其应纳税额中扣除。因此，应重点审核企业境外所得税款扣除限额的计算是否正确，申请抵免的境外所得税额是否有投资国税务机关填发的完税凭证原件等。

做中学

某居民企业2019年全年取得收入总额为3 000万元，取得租金收入50万元；销售成本、销售费用、管理费用共计2 800万元；"营业外支出"中列支35万元，其中通过希望工程基金委员会向某灾区捐款10万元，直接向某困难地区捐赠5万元，非广告性赞助20万元。假定企业汇缴未作任何纳税调整，请指出企业存在的问题。

解析： 企业利润总额＝3 000＋50－2 800－35＝215（万元）。

直接捐赠5万元税前不得扣除；非广告性赞助20万元不得税前扣除；公益性捐赠税前扣除标准为25.8（215×12%）万元，通过希望工程基金委员会向某灾区捐款10万元，可以扣除，故应调增25（5＋20）万元。调整后应纳税所得额为240（215＋25）万元。该居民企业应补缴企业所得税6.25（25×25%）万元。

任务三　企业所得税应纳税额的检查

任务导入

某中型工业企业为居民纳税人，2020年企业会计报表利润总额为20万元，未作任何项目调整，已按25%的所得税率计算缴纳所得税5万元。税务检查人员对该企业进行所得税纳税审查，发现如下问题：

（1）企业2020年度有正式职工100人，实际列支工资为120万元，以此计提并上缴工费经费3万元，实际发生职工福利费20.8万元，职工教育经费3万元。

（2）企业年初向中国银行借款10万元，年利率为5%；向其他企业借款20万元，年利率为10%，上述借款均用于生产经营。

（3）全年销售收入为6 000万元，企业列支业务招待费25万元。

（4）企业通过红十字会向某灾区捐款4万元，直接向某困难地区捐赠3万元，通过某基金会为疫情地区捐款10万元。

（5）非广告性赞助8万元。

（6）国债持有期间的利息收入2万元。

经核实无其他问题，符合现行会计制度及税法规定。

请指出该企业存在的纳税问题，并计算应补缴多少企业所得税。

解析：

检查结论：

该企业存在的问题如下：

（1）职工福利费和工会经费存在超标准扣除的问题。

（2）向其他企业借款的利息支出超过按中国银行（金融企业）同期同类贷款利率计算

的利息支出部分不得在税前扣除。

(3) 业务招待费扣除超规定标准。

(4) 直接向受灾地区的捐赠不得扣除，非广告性赞助支出不得扣除。

(5) 国债利息收入为免税收入。

计算应补缴的企业所得税额：

(1) 职工福利费超标准扣除＝20.8－120×14％＝20.8－16.8＝4（万元）。

工会经费超标准扣除＝3－120×2％＝0.6（万元）。

职工教育经费扣除标准＝120×8％＝9.6（万元），不用调整。

(2) 不得税前扣除利息支出＝20×（10％－5％）＝1（万元）。

(3) 业务招待费扣除限额为15（6 000×5‰＝30＞25×60％＝15）元。

不得税前扣除业务招待费＝25－15＝10（万元）。

(4) 直接向受灾地区的捐赠不得扣除，非广告性赞助支出不得扣除，通过某基金会为疫情地区捐款10万元可全额扣除。

(5) 不得税前扣除公益性捐赠为1.6（4－2.4）万元，但自2016年9月1日开始可以结转以后三个年度内扣除。

公益性捐赠扣除限额为2.4（20×12％）万元，实际支出4万元。

(6) 直接捐赠不得扣除，应调增3万元；非广告性质的赞助支出不得扣除，应调增8万元；国债利息收入不计税，应调减2万元。

应纳企业所得税额＝（20＋4＋0.6＋1＋10＋1.6＋3＋8－2）×25％＝11.55（万元）。

应补缴企业所得税额＝11.55－5＝6.55（万元）。

政策依据：

(1) 企业发生的职工福利费、工会经费、职工教育经费按标准扣除，未超过标准的按实际数扣除，超过标准的只能按标准扣除。

1) 企业发生的职工福利费支出，不超过工资、薪金总额14％的部分准予扣除。

2) 企业拨缴的工会经费，不超过工资、薪金总额2％的部分准予扣除。

3) 企业发生的职工教育经费支出，自2018年1月1日不超过工资、薪金总额8％的部分准予扣除，超过部分准予结转以后纳税年度扣除。

(2) 企业在生产、经营活动中发生的利息费用，按下列规定扣除：

1) 非金融企业向金融机构借款的利息支出、金融企业的各项存款利息支出和同业拆借利息支出、企业经批准发行债券的利息支出可据实扣除。

2) 非金融企业向非金融机构借款的利息支出，不超过按照金融企业同期同类贷款利率计算的数额的部分可据实扣除，超过部分不许扣除。

(3) 企业发生的与其生产、经营业务有关的业务招待费支出，按照发生额的60％扣除，但最高不得超过当年销售（营业）收入的5‰。

(4) 直接向受灾地区的捐赠不得扣除，非广告性赞助支出不得扣除。

(5) 国债利息收入为免税收入。

[知识回顾与提升]

一、居民企业应纳税额的计算

居民企业应缴纳企业所得税税额的基本公式：

应纳税额=应纳税所得额×税率－减免税额－抵免税额

在实际过程中，应纳税所得额的计算有以下两种方法：

（1）直接计算法。其计算公式为：

应纳税所得额=收入总额－不征税收入－免税收入－各项扣除金额－弥补亏损

（2）间接计算法。其计算公式为：

应纳税所得额=会计利润总额 ± 纳税调整项目金额

二、企业所得税应纳税额的审核

（一）适用税率的审核

审核企业所得税适用税率是否正确，对于小型微利企业，是否符合税法规定的条件，有无用错税率的情况。审核时，应以企业所得税申报表为依据，看其确定的适用税率是否正确。

（二）应缴入库所得税额的审核

根据企业纳税申报表应纳税额的计算，在进行减免税额或应补税额的调整的基础上，确定企业实际应缴的所得税税额，年终汇算清缴应补退所得税税额。

1. 减免税额的审核要点

根据企业申报的减免税额，核对适用的减免税政策与计算方法，确认政策依据、审批手续是否符合减免税规定，有无擅自减免或多计减免税的问题。特别是校办企业、福利企业、安置待业人员就业的劳服企业更应该重点审核其减免税条件是否具备，有无虚假申报骗取减免的问题。

2. 应补税额审核要点

企业所得税的纳税方法是按期预缴，年终汇算清缴。注册税务师应审核“应交税费——应交所得税”明细账借方发生额，与已缴税款原始凭证和纳税申报表相核对确定实缴税款。

任务四　企业所得税税收优惠政策的检查

任务导入1

某企业于2019年购置并实际使用了《环境保护专用设备企业所得税优惠目录》内的环境保护专用设备，设备投资额为1 000万元。2019年企业的应纳税所得额为600万元。该企业应该如何进行税额抵免？

解析：

检查结论：

该企业 2019 年未考虑投资设备之前的应纳税额＝600×25％＝150（万元）。

设备投资额的 10％ 为 100 万元，可以抵免 2019 年所得税 100 万元，所以实际缴纳 50 万元的企业所得税。

政策依据：

企业购置并实际使用相关规定的环境保护、节能节水、安全生产等设备的，该设备的投资额的 10％ 可以从企业当年的应纳税额中抵扣。当年应纳税额不足抵免的，可以向以后年度结转，但结转期不得超过 5 个纳税年度。

任务导入2

某创业投资企业于 2018 年 1 月 1 日向某未上市的中小高新技术企业投资 100 万元，截至 2019 年年底上述投资未转让。该创业投资企业 2019 年度企业所得税汇算清缴时的各项应纳税所得额为 100 万元，并直接以 100 万元作为应纳税所得额计算 2019 年的所得税。请问该企业的做法是否正确？

解析：

检查结论：

该企业的做法不正确。2019 年度企业所得税汇算清缴时的各项应纳税所得额为 100 万元，可抵扣 70（100×70％）万元，即以 30 万元作为 2019 年企业所得税应税所得，并依法计缴企业所得税。所以，2019 年应缴纳的所得税为 7.5（30×25％）万元。

政策依据：

创业投资企业采取股权投资方式投资于未上市的中小高新技术企业 2 年以上，凡符合条件的，可以按照其对中小高新技术企业投资额的 70％，在股权持有满 2 年的当年抵扣该创业投资企业的应纳税所得额；当年不足抵扣的，可以在以后纳税年度结转抵扣。

任务导入3

甲公司经营《公共基础设施项目企业所得税优惠目录》规定的码头，2017 年取得第一笔生产经营收入，2018 年开始盈利，2020 年甲公司将码头转让给乙公司经营，乙公司当年因码头项目取得应纳税所得额 5 000 万元。2020 年乙公司就该项目所得应缴纳多少企业所得税？

解析：

检查结论：

乙公司应缴纳企业所得税＝5 000×25％×50％＝625（万元）。

政策依据：

企业从事国家重点扶持的公共基础设施项目的投资经营的所得，自项目取得第一笔生产经营收入所属纳税年度起，第一年至第三年免征企业所得税，第四年至第六年减半征收企业所得税。

[知识回顾与提升]

一、企业所得税税收优惠政策的确认

税收优惠指国家运用税收政策在税收法律、行政法规中规定对某一部分特定纳税人和课税对象给予减轻或免除税收负担的一种措施。《中华人民共和国企业所得税法》规定的企业所得税的税收优惠方式包括免税、减税、加计扣除、加速折旧、减计收入、税额抵免等。

（一）免税收入

（1）国债利息收入。

（2）符合条件的居民企业之间的股息、红利等权益性投资收益。

（3）在中国境内设立机构、场所的非居民企业从居民企业取得与该机构、场所有实际联系的股息、红利等权益性投资收益。

（4）符合条件的非营利组织的收入。

（二）免征与减征优惠

企业的下列所得，可以免征、减征企业所得税；企业如果从事国家限制和禁止发展的项目，不得享受企业所得税优惠。

1. 从事农、林、牧、渔业项目的所得

企业从事下列项目的所得，免征企业所得税：

（1）蔬菜、谷物、薯类、油料、豆类、棉花、麻类、糖料、水果、坚果的种植。

（2）农作物新品种的选育。

（3）中药材的种植。

（4）林木的培育和种植。

（5）牲畜、家禽的饲养。

（6）林产品的采集。

（7）灌溉、农产品的初加工、兽医、农技推广、农机作业和维修等农、林、牧、渔服务业项目。

（8）远洋捕捞。

企业从事下列项目的所得，减半征收企业所得税：

（1）花卉、茶以及其他饮料作物和香料作物的种植。

（2）海水养殖、内陆养殖。

2. 从事国家重点扶持的公共基础设施项目投资经营的所得

企业从事国家重点扶持的公共基础设施项目的投资经营的所得，自项目取得第一笔生产经营收入所属纳税年度起，第一年至第三年免征企业所得税，第四年至第六年减半征收企业所得税。

国家重点扶持的公共基础设施项目，是指《公共基础设施项目企业所得税优惠目录》规定的港口码头、机场、铁路、公路、城市公共交通、电力、水利等项目。企业承包经

营、承包建设和内部自建自用上述规定的项目，不得享受上述企业所得税优惠。

3. 从事符合条件的环境保护、节能节水项目的所得

企业从事符合条件的环境保护、节能节水项目的所得，自项目取得第一笔生产经营收入所属纳税年度起，第一年至第三年免征企业所得税，第四年至第六年减半征收企业所得税。

符合条件的环境保护、节能节水项目，包括公共污水处理、公共垃圾处理、沼气综合开发利用、节能减排技术改造、海水淡化等。

4. 符合条件的技术转让所得

企业所得税法所称符合条件的技术转让所得免征、减征企业所得税，是指一个纳税年度内，居民企业技术转让所得不超过500万元的部分，免征企业所得税；超过500万元的部分，减半征收企业所得税。

（三）高新技术企业税收优惠

国家需要重点扶持的高新技术企业，减按15%的税率征收企业所得税。

（四）小型微利企业优惠

1. 小型微利企业认定

小型微利企业是指从事国家非限制和禁止行业，且同时符合年度应纳税所得额不超过300万元、从业人数不超过300人、资产总额不超过5 000万元等三个条件的企业。

2. 小型微利企业的优惠政策

自2017年1月1日至2019年12月31日，将小型微利企业的年应纳税所得额上限由30万元提高至50万元，对年应纳税所得额低于50万元（含50万元）的小型微利企业，其所得减按50%计入应纳税所得额，按20%的税率缴纳企业所得税。

自2018年1月1日至2020年12月31日，将小型微利企业的年应纳税所得额上限由50万元提高至100万元，对年应纳税所得额低于100万元（含100万元）的小型微利企业，其所得减按50%计入应纳税所得额，按20%的税率缴纳企业所得税。

自2019年1月1日至2021年12月31日，对小型微利企业年应纳税所得额不超过100万元的部分，减按25%计入应纳税所得额，按20%的税率缴纳企业所得税；对年应纳税所得额超过100万元但不超过300万元的部分，减按50%计入应纳税所得额，按20%的税率缴纳企业所得税。

小型微利企业无论按查账征收方式或核定征收方式缴纳企业所得税，均可享受上述优惠政策。

新政速递

国家税务总局

关于实施小型微利企业普惠性所得税减免政策有关问题的公告

国家税务总局公告2019年第2号

根据《中华人民共和国企业所得税法》及其实施条例、《财政部 税务总局关于实施

小微企业普惠性税收减免政策的通知》(财税〔2019〕13号，以下简称《通知》)等规定，现就小型微利企业普惠性所得税减免政策有关问题公告如下：

一、自2019年1月1日至2021年12月31日，对小型微利企业年应纳税所得额不超过100万元的部分，减按25%计入应纳税所得额，按20%的税率缴纳企业所得税；对年应纳税所得额超过100万元但不超过300万元的部分，减按50%计入应纳税所得额，按20%的税率缴纳企业所得税。

小型微利企业无论按查账征收方式或核定征收方式缴纳企业所得税，均可享受上述优惠政策。

二、本公告所称小型微利企业是指从事国家非限制和禁止行业，且同时符合年度应纳税所得额不超过300万元、从业人数不超过300人、资产总额不超过5 000万元等三个条件的企业。

三、小型微利企业所得税统一实行按季度预缴。

预缴企业所得税时，小型微利企业的资产总额、从业人数、年度应纳税所得额指标，暂按当年度截至本期申报所属期末的情况进行判断。其中，资产总额、从业人数指标比照《通知》第二条中“全年季度平均值”的计算公式，计算截至本期申报所属期末的季度平均值；年度应纳税所得额指标暂按截至本期申报所属期末不超过300万元的标准判断。

四、原不符合小型微利企业条件的企业，在年度中间预缴企业所得税时，按本公告第三条规定判断符合小型微利企业条件的，应按照截至本期申报所属期末累计情况计算享受小型微利企业所得税减免政策。当年度此前期间因不符合小型微利企业条件而多预缴的企业所得税税款，可在以后季度应预缴的企业所得税税款中抵减。

按月度预缴企业所得税的企业，在当年度4月、7月、10月预缴申报时，如果按照本公告第三条规定判断符合小型微利企业条件的，下一个预缴申报期起调整为按季度预缴申报，一经调整，当年度内不再变更。

五、小型微利企业在预缴和汇算清缴企业所得税时，通过填写纳税申报表相关内容，即可享受小型微利企业所得税减免政策。

六、实行核定应纳所得税额征收的企业，根据小型微利企业所得税减免政策规定需要调减定额的，由主管税务机关按照程序调整，并及时将调整情况告知企业。

七、企业预缴企业所得税时已享受小型微利企业所得税减免政策，汇算清缴企业所得税时不符合《通知》第二条规定的，应当按照规定补缴企业所得税税款。

八、《国家税务总局关于贯彻落实进一步扩大小型微利企业所得税优惠政策范围有关征管问题的公告》(国家税务总局公告2018年第40号)在2018年度企业所得税汇算清缴结束后废止。

特此公告。

国家税务总局

2019年1月18日

（五）加计扣除优惠

加计扣除优惠包括以下两项内容。

1. 研究开发费

研究开发费，是指企业为开发新技术、新产品和新工艺发生的研究开发费用，未形成无形资产计入当期损益的，在按照规定据实扣除的基础上，按照研究开发费用的75%加计扣除；形成无形资产的，按照无形资产成本的 175% 摊销。

2. 企业安置残疾人员所支付的工资

企业安置残疾人员的，在按照支付给残疾职工工资据实扣除的基础上，按照支付给残疾职工工资的 100% 加计扣除。

（六）创投企业优惠

创业投资企业采取股权投资方式投资于未上市的中小高新技术企业 2 年以上的，凡符合以下条件的，可以按照其对中小高新技术企业投资额的 70%，在股权持有满 2 年的当年抵扣该创业投资企业的应纳税所得额；当年不足抵扣的，可以在以后纳税年度结转抵扣。

（七）加速折旧优惠

企业的固定资产由于技术进步等原因，确实需要加速折旧的，可以缩短折旧年限或者采取加速折旧的方法。可以采取以上折旧方法的固定资产，包括：

（1）由于技术进步，产品更新换代较快的固定资产。

（2）常年处于强震动、高腐蚀状态的固定资产。

采取缩短折旧年限方法的，最低折旧年限不得低于规定折旧年限的 60%；采取加速折旧方法的，可以采取双倍余额递减法或者年数总和法。

企业在 2018 年 1 月 1 日至 2020 年 12 月 31 日期间新购进的设备、器具，单位价值不超过 500 万元的，允许一次性计入当期成本费用在计算应纳税所得额时扣除，不再分年度计算折旧（以下简称“政策”一次性税前扣除）。

所称设备、器具，是指除房屋、建筑物以外的固定资产（以下简称“固定资产”）；所称购进，包括以货币形式购进或自行建造，其中以货币形式购进的固定资产包括购进的使用过的固定资产；以货币形式购进的固定资产，以购买价款和支付的相关税费以及直接归属于使该资产达到预定用途发生的其他支出确定单位价值，自行建造的固定资产，以竣工结算前发生的支出确定单位价值。

固定资产购进时点按以下原则确认：以货币形式购进的固定资产，除采取分期付款或赊销方式购进外，按发票开具时间确认；以分期付款或赊销方式购进的固定资产，按固定资产到货时间确认；自行建造的固定资产，按竣工结算时间确认。

自 2020 年 1 月 1 日起至 2020 年 12 月 31 日，对新型冠状病毒感染的肺炎疫情防控重点保障物资生产企业为扩大产能新购置的相关设备，允许一次性计入当期成本费用在企业所得税税前扣除。

固定资产在投入使用月份的次月所属年度一次性税前扣除。

企业选择享受一次性税前扣除政策的，其资产的税务处理可与会计处理不一致。企业根据自身生产经营核算需要，可自行选择享受一次性税前扣除政策。未选择享受一次性税前扣除政策的，以后年度不得变更。

（八）减计收入优惠

企业以《资源综合利用企业所得税优惠目录》规定的资源作为主要原材料，生产国家非限制和禁止并符合国家和行业相关标准的产品取得的收入，减按90%计入收入总额。

（九）税额抵免优惠

企业购置并实际使用《环境保护专用设备企业所得税优惠目录》《节能节水专用设备企业所得税优惠目录》《安全生产专用设备企业所得税优惠目录》规定的环境保护、节能节水、安全生产等专用设备的，该专用设备的投资额的10%可以从企业当年的应纳税额中抵免；当年不足抵免的，可以在以后5个纳税年度结转抵免。

（十）民族自治地方企业的税收优惠

民族自治地方的自治机关对本民族自治地方的企业应缴纳的企业所得税中属于地方分享的部分，可以决定减征或者免征。自治州、自治县决定减征或者免征的，须报省、自治区、直辖市人民政府批准。

（十一）非居民企业优惠

非居民企业减按10%的所得税税率征收企业所得税。该类非居民企业取得下列所得免征企业所得税：

（1）外国政府向中国政府提供贷款取得利息所得。

（2）国际金融组织向中国政府和居民企业提供优惠贷款取得的利息所得。

（3）经国务院批准的其他所得。

（十二）促进节能服务产业发展的优惠

对符合条件的节能服务公司实施合同能源管理项目，符合《企业所得税法》有关规定的，自项目取得第一笔生产经营收入所属纳税年度起，第1年至第3年免征企业所得税，第4年至第6年按照25%的法定税率减半征收企业所得税，即3免3减半。

（十三）软件产业和集成电路产业优惠

（1）集成电路线宽小于0.8微米（含）的集成电路生产企业，经认定后，在2017年12月31日前自获利年度起计算优惠期，2免3减半。

（2）集成电路线宽小于0.25微米或投资额超过80亿元的集成电路生产企业，经认定后，减按15%的税率征收企业所得税，其中经营期在15年以上的，在2017年12月31日前自获利年度起计算优惠期，5免5减半。

（3）我国境内新办的集成电路设计企业和符合条件的软件企业，经认定后，在2017年12月31日前自获利年度起计算优惠期，2免3减半。

（4）国家规划布局内的重点软件企业和集成电路设计企业，如当年未享受免税优惠的，可减按10%的税率征收企业所得税。

（5）符合条件的软件企业按规定取得的即征即退增值税款，由企业专项用于软件产品研发和扩大再生产并单独进行核算，可作为不征税收入，在计算时从收入总额中减除。

（6）集成电路设计企业和符合条件软件企业的职工培训费用，应单独进行核算并按实际发生额在计算应纳税所得额时扣除。

（7）企业外购的软件，凡符合固定资产或无形资产确认条件的，可以按照固定资产或无形资产进行核算，其折旧或摊销年限可以适当缩短，最短可为2年（含）。

（8）集成电路生产企业的生产设备，其折旧年限可以适当缩短，最短可为3年（含）。

（9）软件、集成电路企业规定条件中所称研究开发费用政策口径，按照（财税〔2015〕119号）的规定执行。

（10）软件、集成电路企业应从企业的获利年度起计算定期减免税优惠期。

如获利年度不符合优惠条件的，应自首次符合软件、集成电路企业条件的年度起，在其优惠期的剩余年限内享受相应的减免税优惠。

二、税收优惠政策的审核

（一）审核符合享受减免税条件的企业是否充分运用了优惠政策

根据税法规定，企业的下列支出，可以在计算应纳税所得额时加计扣除：开发新技术、新产品、新工艺发生的研究开发费用；安置残疾人员及国家鼓励安置的其他就业人员所支付的工资。创业投资企业从事国家需要重点扶持和鼓励的创业投资，可以按投资额的一定比例抵扣应纳税所得额。企业的固定资产由于技术进步等原因，确需加速折旧的，可以缩短折旧年限或者采取加速折旧的方法。企业综合利用资源，生产符合国家产业政策规定的产品所取得的收入，可以在计算应纳税所得额时减计收入。企业购置用于环境保护、节能节水、安全生产等专用设备的投资额，可以按一定比例实行税额抵免。审核人员在检查时，应注意企业对于减免税政策运用得是否正确，是否存在应该享受的优惠由于企业的原因没有足额享受，不应享受的优惠又超范围、超标准享受的情况。

（二）审核企业享受减免的金额计算是否正确

审核时，第一，应通过询问，对照税收优惠政策，看看该企业应享受哪些政策；第二，审核所得税申报表，看看企业已享受了哪些优惠政策；第三，对所得税申报表上已享受的减免税项目，应审核是否符合相关规定；第四，对所得税申报表上的减免税不符合规定的应予以剔除，对企业应该享受而未享受的减免税，帮助企业尽快享受。

做中学

1. 2019年9月，某化肥厂购进一台污水处理设备并投入使用（该设备属于《环境保护专用设备企业所得税优惠目录》列举项目），取得增值税专用发票注明设备价款100万元、进项税额13万元。该厂可抵免的企业所得税税额是多少？

解析：可抵免的企业所得税税额＝100×10%＝10（万元）。

2. 某企业2019年税前利润100万元，有直接计入期间费用的符合税法规定的“三新”开发费用50万元，假定企业汇算清缴未做纳税调整，指出企业存在的涉税问题。

解析：“三新”费用可按发生额的75%加计扣除。

练一练

一、单选题

1. 税务机关在对某企业检查过程中，发现企业的下列收入，属于免税收入不缴纳所得税的是（　　）。

A. 接受捐赠收入　　B. 国库券利息收入

C. 财政性资金　　D. 固定资产盘盈收入

2. 自2019年1月1日至2021年12月31日，对小型微利企业年应纳税所得额不超过（　　）万元的部分，减按25%计入应纳税所得额，按20%的税率缴纳企业所得税。

A. 30　　B. 50　　C. 100 %　　D. 300

3. 企业为开发新技术、新产品和新工艺发生的研究开发费用，未形成无形资产计入当期损益的，在按照规定据实扣除的基础上，按照研究开发费用的（　　）加计扣除。

A. 50%　　B. 75%　　C. 150%　　D. 175%

4. 自2020年1月1日起至疫情结束对疫情防控重点保障物资生产企业为扩大产能新购置的相关设备，允许（　　）计入当期成本费用在企业所得税税前扣除。

A. 分期　　B. 分10年　　C. 分5年　　D. 一次性

5. 某饭店2020年度为受新型冠状病毒感染的肺炎疫情影响较大的困难行业企业，该企业2020年度发生的亏损，最长结转年限延长至（　　）年。

A. 5　　B. 8　　C. 10　　D. 6

6. 企业于2019年3月至2019年10月自行开发某项新技术，发生研究开发支出共计2 000万元，计入无形资产核算，按10年摊销。企业当年计算所得税时，可以税前扣除的研发费用为（　　）万元。

A. 2 000　　B. 200　　C. 300　　D. 350

7. 下列各项中，按照负担、支付所得的企业所在地确定所得来源地的是（　　）。

A. 销售货物所得　　B. 转让房屋所得

C. 股息、红利等权益性投资所得　　D. 特许权使用费所得

8. 在税务检查中如果发现会计分录为：借记“应收账款”，贷记“库存商品”，则最有可能存在的问题是（　　）。

A. 纳税人以库存商品抵偿债务

B. 纳税人隐瞒经营收入

C. 纳税人存在账外经营行为

D. 纳税人销售价格明显偏低，且无正当理由

9. 下列项目中，不允许在应纳税所得额中扣除的有（　　）。

A. 对外投资支出　　B. 劳动保护支出

C. 违反经济合同支付的违约金　　D. 广告性质赞助支出

10. 对纳税人采用“以旧换新”方式销售货物的，检查其有无将收回旧货物直接冲减销售额的情况，下列方法正确的是（　　）。

A. 检查“主营业务收入”明细账中是否存在产品销售价格明显偏低的情况

B. 检查销售额与旧货作价额是否在同一张发票上注明

C. 检查纳税人“主营业务成本”明细账的贷方发生额与“原材料”等账户的借方发生额核算内容是否一致

D. 检查纳税人“主营业务成本”明细账的贷方发生额与“库存商品”等账户的借方发生额核算内容是否一致

二、多选题

1. 企业所得税纳税检查中，下列哪项支出所得税前不得扣除？（　　）

A. 罚金　　B. 税收滞纳金　　C. 经济合同罚款　　D. 借款利息

2. 下列属于企业所得税常见涉税问题的是（　　）。

A. 隐匿收入　　B. 收入确认时点不正确

C. 应该视同销售未视同销售　　D. 业务招待费未纳税调整

3. 企业所得税的纳税义务人包括（　　）。

A. 居民个人　　B. 非居民个人

C. 居民企业　　D. 非居民企业

4. 下列属于企业所得税常见税务风险评估指标的是（　　）。

A. 所得税贡献率　　B. 所得税贡献变动率

C. 利润税负率　　D. 增值税税负率

5. 下列属于企业所得税常见涉税问题的是（　　）。

A. 隐匿收入　　B. 虚列成本

C. 业务招待费超标准未纳税调整　　D. 取得扣除凭证不合规

6. 企业所得税调整增加的项目一般有（　　）。

A. 违法经营的罚款和被没收财务的损失

B. 赞助支出

C. 自然灾害或意外事故损失有赔偿的部分

D. 超过规定限额的业务招待费支出

7. 企业所得税调整减少的项目一般有（　　）。

A. 弥补亏损　　B. 股息收入

C. 国债利息收入　　D. 境外收益

8. 企业的下列收入应计入收入总额计算缴纳所得税的有（　　）。

A. 在建工程发生的试运行收入　　B. 国债利息收入

C. 接受捐赠收入　　D. 固定资产盘盈收入

三、判断题

1. 居民企业应对来源于中国境内和境外的所得负有无限纳税义务。（　　）

2. 企业列支的工资、薪金与个人所得税申报工资、薪金、社保缴费基数之间没有比对关系。（　　）

3. 居民企业是指依照法律、法规在中国境内成立，或者实际管理机构、总机构在中国境内的企业。（　　）

4. 企业所得税的征税对象是指企业的生产经营所得、其他所得和清算所得。（　　）

5. 企业收到捐赠收入不用并入应纳税所得税缴纳企业所得税。（　　）

6. 除国务院、财政部、国家税务总局规定有指定用途的项目以外，减免或返还的流转税需并入应纳税所得额，征收企业所得税。（　　）

四、案例分析与实践操作

1. 某公司为增值税一般纳税人，主要生产机械设备，2020 年 6 月当地税务机关对其 2019 年度的纳税情况实施全面稽查。稽查人员采用审阅法稽查“其他应付款”账户相关

记账凭证时，发现2019年12月8日记账凭证记载如下：（记账凭证上注明为包装费）

借：银行存款　232 000

　贷：其他应付款　232 000

请指出企业所得税业务存在的涉税问题，并作相应纳税调整。

2. 某企业2019年度收入为2 000万元，当年“管理费用”中列支业务招待费20万元，“营业外支出”中列支税收罚款滞纳金为3万元。当年企业所得税汇算清缴未做纳税调整。请指出企业存在的涉税问题，并做正确的纳税调整。

3. 某居民企业2020年全年利润总额为300万元，其中“营业外支出”中列支50万元，为通过希望工程基金委员会向某灾区捐款30万元，直接向某困难地区捐赠5万元，2月份因武汉疫情直接向武汉某参与救治医院捐款15万元。假定企业汇缴未作任何纳税调整，请指出企业存在的问题。

项目五　个人所得税税务检查

学习目标

知识目标

1. 掌握个人所得税的最新政策。
2. 掌握个人所得税纳税检查常用方法、常见涉税问题。

能力目标

1. 会检查个人所得税纳税义务人判定与适用存在的涉税问题。
2. 会检查个人所得税是否代扣代缴、计算是否存在问题。
3. 会检查个人所得税税收优惠政策适用是否存在问题。

[大数据下个人所得税常见税务风险评估指标及信息比对]

指标一：个人所得税申报工资薪金与企业所得税前列支的工资薪金、社保缴费基数进行数据比对。

指标二：免征额扣除是否正确。

指标三：专项附加扣除是否正确

指标三：居民个人综合所得是否综合进行了汇算清缴。

指标四：经营所得适用税率是否正确。

指标五：股权转让价格低于账面净资产价格、平价进行股权转让。

任务一　居民个人和非居民个人的检查

任务导入

英国的约翰先生于 2019 年 1 月 1 日来华工作，直至 2019 年 12 月 31 日。在这段时间内，他因出差和休假先后两次离开中国，每次时间分别为 15 天和 25 天。请根据我国个人所得税的相关税收政策，判断 2019 年度约翰先生是我国的居民个人，还是非居民个人。

解析：

依据《中华人民共和国个人所得税法》的规定，在中国境内有住所，或者无住所而一个纳税年度内在中国境内居住累计满183天的个人，为居民个人。2019年约翰先生两次离境，累计时间为40天，因此他在我国实际居住的天数为325天，因而2019年度约翰先生为我国的居民个人。

［知识回顾与提升］

个人所得税的纳税人，包括中国公民（含香港、澳门、台湾同胞）、个体工商户、个人独资企业投资者和合伙企业自然人合伙人以及外籍公民。

个人所得税纳税义务人依据住所和居住时间两个标准，区分为居民个人和非居民个人。

一、居民个人

在中国境内有住所，或者无住所而一个纳税年度内在中国境内居住累计满183天的个人，为居民个人。在中国境内有住所，是指因户籍、家庭、经济利益关系而在中国境内习惯性居住；纳税年度，自公历1月1日起至12月31日止。

无住所个人一个纳税年度内在中国境内累计居住天数，按照个人在中国境内停留的天数计算。在中国境内停留的当天满24小时的，计入在中国境内居住天数，在中国境内停留的当天不足24小时的，不计入中国境内居住天数。

居民个人从中国境内和境外取得的所得，依照法律规定缴纳个人所得税。

在中国境内无住所的个人，在中国境内居住累计满183天的、年度连续不满六年的，经向主管税务机关备案，其来源于中国境外且由境外单位或者个人支付的所得，免予缴纳个人所得税。在中国境内居住累计满183天的任一年度中有一次离境超过30天的，其在中国境内居住累计满183天的年度的连续年限重新起算。

中国境内无住所的个人，在一个纳税年度内在中国境内累计居住满183天的，如果此前六年在中国境内每年累计居住天数都满183天，而且没有任何一年单次离境超过30天，该纳税年度来源于中国境内、境外所得应当缴纳个人所得税；如果此前六年的任一年在中国境内累计居住不满183天或者单次离境超过30天，该纳税年度来源于中国境外且由中国境外单位或者个人支付的所得，免缴个人所得税。

这里的“此前六年”，是指该纳税年度的前一年至前六年的连续六个年度，此前六年的起始年度自2019年（含）以后年度开始计算。

二、非居民个人

在中国境内无住所又不居住，或者无住所而一个纳税年度内在中国境内居住累计不满183天的个人，为非居民个人。非居民个人从中国境内取得的所得依法缴纳个人所得税。

在中国境内无住所的个人，在一个纳税年度内在中国境内居住累计不超过90天的，其来源于中国境内的所得，由境外雇主支付并且不由该雇主在中国境内的机构、场所负担的部分，免予缴纳个人所得税。

从中国境内和境外取得的所得，分别是指来源于中国境内的所得和来源于中国境外的所得。

中国境内无住所的个人所得税来源地的判定征免规则，如表5-1所示。

表5-1　中国境内无住所的个人所得来源地的判定征免规则

居住时间	纳税人性质	来自境内的所得		来自境外的所得	
		境内支付或境内负担	境外支付	境内支付	境外支付
累计不超过90天	非居民纳税人	√	免税	×	×
累计超过90天，不超过183天		√	√	×	×
超过183天的年度连续不满6年的	居民纳税人	√	√	√	免税
超过183天的年度连续满6年后又满183天		√	√	√	√

注：超过183天的年度连续满6年，但其间单次离境超过30天的，视为第三类情形。

归纳提升

有关居民个人和非居民个人的检查，如表5-2所示。

表5-2　有关居民个人和非居民个人的检查

检查内容	企业常见涉税问题	税务机关和中介机构主要检查方法
纳税义务人的检查	1. 居民个人和非居民个人划分不清。 2. 境内所得和境外所得判定不正确。	1. 主要检查在中国境内任职的外籍人员与任职单位签署的合同、薪酬发放资料，对照个人护照记录判断纳税人身份。 2. 检查居民纳税人在境内、外取得的所得是否履行了纳税义务时，需通过与国际税收管理部门进行资料交换等手段进行。 3. 判定所得属于境内所得还是境外所得。

任务二　综合所得的检查

任务导入1

《中华人民共和国个人所得税法》（以下简称《个人所得税法》）自2019年1月1日起实施，开启了我国适用综合与分类相结合的个人所得税制模式。请结合法律规定说明居民个人综合所得包括哪些项目。如何进行纳税申报？

解析：

目前世界上大多数国家对个人所得税的征收都采用综合与分类相结合的税制模式，2019年1月1日起我国实施的《个人所得税法》将工资薪金、劳务报酬、稿酬和特许权使用费4项所得纳入综合所得征税范围，实行按月或按次分项预扣预缴、按年汇总计算、多退少补的征管模式。我国对于个人所得税实行综合与分类相结合的税制，可以更好地兼顾纳税人的收入水平和负担能力。

任务导入2

2020年2月，A市税务机关对辖区内甲企业2019年度纳税情况进行税务检查，发现该企业市场拓展部经理刘某2019年1—6月工资为40 000元，7—12月工资为45 000元，每月个人缴纳的养老保险费、医疗保险费、失业保险费和住房公积金共计5 900元。该企业财务人员按照每月扣除费用5 000元标准，为其代扣代缴了个人所得税，其中1—6月每月扣税873元，7—12月每月扣税1 023元，全年合计11 416元。请根据我国个人所得税法的相关规定判断该企业在向刘某支付工资时代扣个人所得税是否存在涉税问题，是否需要年度终了汇算清缴。

解析：

该企业财务人员为刘某代扣代缴个人所得税的方法和金额是错误的。根据《个人所得税法》的规定，扣缴义务人向居民个人支付工资薪金时，应当采用累计预扣法计算预扣税款，并按月办理全员全额扣缴申报。按照预扣预缴的规定，正确扣缴税额情况如表5-3所示。

表5-3　刘某工资薪金预扣预缴个人所得税额计算表

月份	当月收入	基本减除费用	专项扣除	扣除合计	累计应纳税所得额	预扣率	扣除数	累计预扣税额	当月预扣税额
1	40 000	5 000	5 900	10 900	29 100	3%	0	873	873
2	40 000	5 000	5 900	10 900	58 200	10%	2 520	3 300	2 427
3	40 000	5 000	5 900	10 900	87 300	10%	2 520	6 210	2 910
4	40 000	5 000	5 900	10 900	116 400	10%	2 520	9 120	2 910
5	40 000	5 000	5 900	10 900	145 500	20%	16 920	12 180	3 060
6	40 000	5 000	5 900	10 900	174 600	20%	16 920	18 000	5 820
7	45 000	5 000	5 900	10 900	208 700	20%	16 920	24 820	6 820
8	45 000	5 000	5 900	10 900	242 800	20%	16 920	31 640	6 820
9	45 000	5 000	5 900	10 900	276 900	20%	16 920	38 460	6 820
10	45 000	5 000	5 900	10 900	311 000	25%	31 920	45 830	7 370
11	45 000	5 000	5 900	10 900	345 100	25%	31 920	54 355	8 525
12	45 000	5 000	5 900	10 900	379 200	25%	31 920	62 880	8 525

由此可见，单位未按税法规定进行正确扣税。少纳税51 464（62 880—11 416）元，故年终需要进行汇算清缴，在次年3月1日—6月30日进行。

[知识回顾与提升]

综合所得是指工资薪金所得、劳务报酬所得、稿酬所得、特许权使用费所得。居民个人取得综合所得按纳税年度合并计算个人所得税；非居民个人取得的各项综合所得，按月或者按次分项计算个人所得税。

一、居民个人综合所得范畴

（一）工资薪金所得

工资薪金所得是指个人因任职或者受雇而取得的工资、薪金、奖金、年终加薪、劳动分红、津贴、补贴以及与任职或者受雇有关的其他收入。

但是，下列不属于工资、薪金性质的补贴、津贴或者不属于纳税人本人工资薪金所得项目的收入，不征收个人所得税：

（1）独生子女补贴。

（2）执行公务员工资制度未纳入基本工资总额的补贴、津贴差额和家属成员的副食品补贴。

（3）托儿补助费。

（4）差旅费津贴、误餐补助。

（二）劳务报酬所得

劳务报酬所得，是指个人独立从事非雇佣的各种劳务取得的所得。内容包括：设计、装潢、安装、制图、化验、测试、医疗、法律、会计、咨询、讲学、新闻、广播、翻译、审稿、书画、雕刻、影视、录音、录像、演出、表演、广告、展览、技术服务、介绍服务、经纪服务、代办服务、其他劳务。个人兼职取得的收入，应按照“劳务报酬所得”缴纳个人所得税。

（三）稿酬所得

稿酬所得，是指个人因其作品以图书、报刊形式出版、发表而取得的所得。

（四）特许权使用费所得

特许权使用费所得，是指个人提供专利权、商标权、著作权、非专利技术以及其他特许权的使用权取得的所得。

二、居民个人综合所得应纳税所得额

居民个人的综合所得，以每一纳税年度的收入额减除费用6万元以及专项扣除、专项附加扣除和依法确定的其他扣除、符合条件的公益慈善事业捐赠（以下简称“捐赠”）后的余额，为应纳税所得额。

（一）收入额

综合所得包括工资薪金所得、劳务报酬所得、稿酬所得、特许权使用费所得。其中，工资薪金收入全额计入收入额，劳务报酬所得、稿酬所得、特许权使用费所得以收入减除20%的费用后的余额为收入额，稿酬所得的收入额减按70%计算。

（二）费用扣除金额

居民个人的综合所得的费用扣除金额，包括费用6万元（5 000元/月）、专项扣除、专项附加扣除和依法确定的其他扣除。

1. 专项扣除

专项扣除，包括居民个人按照国家规定的范围和标准缴纳的基本养老保险、基本医疗保险、失业保险等社会保险费和住房公积金等。

2. 专项附加扣除

专项附加扣除，包括子女教育、继续教育、大病医疗、住房贷款利息或者住房租金、赡养老人专项附加扣除。

（1）子女教育。

纳税人的接受全日制学历教育的子女及年满 3 岁至小学入学前处于学前教育阶段的子女的相关教育支出，按照每个子女每月 1 000 元的标准定额扣除。

学历教育包括义务教育（小学、初中教育）、高中阶段教育（普通高中、中等职业、技工教育）、高等教育（大学专科、大学本科、硕士研究生、博士研究生教育）。

父母可以选择由其中一方按扣除标准的 100% 扣除，也可以选择由双方分别按扣除标准的 50% 扣除，具体扣除方式在一个纳税年度内不能变更。

纳税人子女在中国境外接受教育的，纳税人应当留存境外学校录取通知书、留学签证等相关教育的证明资料备查。

（2）继续教育。

纳税人在中国境内接受学历（学位）继续教育的支出，在学历（学位）教育期间按照每月 400 元定额扣除。同一学历（学位）继续教育的扣除期限不能超过 48 个月。纳税人接受技能人员职业资格继续教育、专业技术人员职业资格继续教育的支出，在取得相关证书的当年，按照 3 600 元定额扣除。

个人接受本科及以下学历（学位）继续教育，符合规定扣除条件的，可以选择由其父母扣除，也可以选择由本人扣除。

纳税人接受技能人员职业资格继续教育、专业技术人员职业资格继续教育的，应当留存相关证书等资料备查。

（3）大病医疗。

在一个纳税年度内，纳税人发生的与基本医保相关的医药费用支出，扣除医保报销后个人负担（指医保目录范围内的自付部分）累计超过 15 000 元的部分，由纳税人在办理年度汇算清缴时，在 80 000 元限额内据实扣除。

纳税人发生的医药费用支出可以选择由本人或者其配偶扣除；未成年子女发生的医药费用支出可以选择由其父母一方扣除。

纳税人及其配偶、未成年子女发生的医药费用支出，按《个人所得税专项附加扣除暂行办法》第四章第十一条规定分别计算扣除额。

纳税人应当留存医药服务收费及医保报销相关票据原件（或者复印件）等资料备查。医疗保障部门应当向患者提供在医疗保障信息系统记录的本人年度医药费用信息查询服务。

（4）住房贷款利息。

纳税人本人或者配偶单独或者共同使用商业银行或者住房公积金个人住房贷款为本人或者其配偶购买中国境内住房，发生的首套住房贷款利息支出，在实际发生贷款利息的年度，按照每月 1 000 元的标准定额扣除，扣除期限最长不超过 240 个月。纳税人只能享受一次首套住房贷款的利息扣除。

首套住房贷款是指购买住房享受首套住房贷款利率的住房贷款。

经夫妻双方约定，可以选择由其中一方扣除，具体扣除方式在一个纳税年度内不能变更。

夫妻双方婚前分别购买住房发生的首套住房贷款，其贷款利息支出，婚后可以选择其中一套购买的住房，由购买方按扣除标准的 100% 扣除，也可以由夫妻双方对各自购买的住房分别按扣除标准的 50% 扣除，具体扣除方式在一个纳税年度内不能变更。

纳税人应当留存住房贷款合同、贷款还款支出凭证备查。

（5）住房租金。

纳税人在主要工作城市没有自有住房而发生的住房租金支出，可以按照以下标准定额扣除：

1）直辖市、省会（首府）城市、计划单列市以及国务院确定的其他城市，扣除标准为每月 1 500 元。

2）除以上所列城市以外，市辖区户籍人口超过 100 万的城市，扣除标准为每月 1 100 元；市辖区户籍人口不超过 100 万的城市，扣除标准为每月 800 元。

纳税人的配偶在纳税人的主要工作城市有自有住房的，视同纳税人在主要工作城市有自有住房。

市辖区户籍人口，以国家统计局公布的数据为准。

主要工作城市是指纳税人任职受雇的直辖市、计划单列市、副省级城市、地级市（地区、州、盟）全部行政区域范围；纳税人无任职受雇单位的，为受理其综合所得汇算清缴的税务机关所在城市。

夫妻双方主要工作城市相同的，只能由一方扣除住房租金支出。住房租金支出由签订租赁住房合同的承租人扣除。

纳税人及其配偶在一个纳税年度内不能同时分别享受住房贷款利息和住房租金专项附加扣除。

纳税人应当留存住房租赁合同、协议等有关资料备查。

（6）赡养老人。

纳税人赡养一位及以上被赡养人的赡养支出，统一按照以下标准定额扣除：

1）纳税人为独生子女的，按照每月 2 000 元的标准定额扣除。

2）纳税人为非独生子女的，由其与兄弟姐妹分摊每月 2 000 元的扣除额度，每人分摊的额度不能超过每月 1 000 元。可以由赡养人均摊或者约定分摊，也可以由被赡养人指定分摊。约定或者指定分摊的须签订书面分摊协议，指定分摊优先于约定分摊。具体分摊方式和额度在一个纳税年度内不能变更。

被赡养人是指年满 60 岁的父母，以及子女均已去世的年满 60 岁的祖父母、外祖父母。

3. 其他扣除

其他扣除，包括个人支付的公益性捐赠、企业年金与职业年金、商业健康保险、税收递延型商业养老保险等。比如 2020 年 1 月 1 日到新冠病毒感染的肺炎疫情结束期间，个人通过公益性社会组织或者县级以上人民政府及其部门等国家机关，直接向承担疫情防治任务的医院，捐赠用于应对新型冠状病毒感染的肺炎疫情的现金和物品，允许在计算应纳税所得额时全额扣除。

三、税率

（一）综合所得税率（预扣率）表

综合所得税率（预扣率）表，如表 5－4 所示。

表 5－4 综合所得税率（预扣率）表

级数	累计预扣预缴应纳税所得额 / 年应纳税所得额	预扣率、税率（%）	速算扣除数
1	不超过 36 000 元的部分	3	0
2	超过 36 000 元至 144 000 元的部分	10	2 520
3	超过 144 000 元至 300 000 元的部分	20	16 920
4	超过 300 000 元至 420 000 元的部分	25	31 920
5	超过 420 000 元至 660 000 元的部分	30	52 920
6	超过 660 000 元至 960 000 元的部分	35	85 920
7	超过 960 000 元的部分	45	181 920

（二）按月换算的居民个人综合所得税率表

非居民个人取得工资薪金所得、劳务报酬所得、稿酬所得和特许权使用费所得，依照居民个人综合所得税率表按月换算确定，如表 5－5 所示。

表 5－5 按月换算的居民个人综合所得税率表

级数	全月应纳税所得额	税率	速算扣除数
1	不超过 3 000 元的	3%	0
2	超过 3 000 元至 12 000 元的部分	10%	210
3	超过 12 000 元至 25 000 元的部分	20%	1 410
4	超过 25 000 元至 35 000 元的部分	25%	2 660
5	超过 35 000 元至 55 000 元的部分	30%	4 410
6	超过 55 000 元至 80 000 元的部分	35%	7 160
7	超过 80 000 元的部分	45%	15 160

四、应纳税额

（一）综合所得预扣预缴

1. 工资薪金预扣预缴

扣缴义务人向居民个人支付工资薪金所得时，应当按照累计预扣法计算预扣税款，并按月办理扣缴申报。

累计预扣法，是指扣缴义务人在一个纳税年度内预扣预缴税款时，以纳税人在本单位截至当前月份工资薪金所得累计收入减除累计免税收入、累计减除费用、累计专项扣除、累计专项附加扣除和累计依法确定的其他扣除后的余额为累计预扣预缴应纳税所得额。适用个人所得税预扣率表（见表 5－4），计算累计应预扣预缴税额，再减除累计减免税额和累计已预扣预缴税额，其余额为本期应预扣预缴税额。

余额为负值时，暂不退税。纳税年度终了后余额仍为负值时，由纳税人通过办理综合所得年度汇算清缴，税款多退少补。

具体计算公式如下：

本期应预扣预缴税额=(累计预扣预缴应纳税所得额×预扣率－速算扣除数)－累计减免税额－累计已预扣预缴税额

累计预扣预缴应纳税所得额=累计收入－累计免税收入－累计减除费用－累计专项扣除－累计专项附加扣除－累计依法确定的其他扣除

其中：累计减除费用，按照 5 000 元/月乘以纳税人当年截至本月在本单位的任职受雇月份数计算。

2. 劳务报酬所得、稿酬所得、特许权使用费所得扣缴

扣缴义务人向居民个人支付劳务报酬所得、稿酬所得、特许权使用费所得时，应当按照以下方法按次或者按月预扣预缴税款：

劳务报酬所得、稿酬所得、特许权使用费所得以收入减除费用后的余额为收入额；其中，稿酬所得的收入额减按 70% 计算。

减除费用：预扣预缴税款时，劳务报酬所得、稿酬所得、特许权使用费所得每次收入不超过 4 000 元的，减除费用按 800 元计算；每次收入 4 000 元以上的，减除费用按收入的 20% 计算。

应纳税所得额：劳务报酬所得、稿酬所得、特许权使用费所得，以每次收入额为预扣预缴应纳税所得额，计算应预扣预缴税额。

稿酬所得、特许权使用费所得适用 20% 的比例预扣率，劳务报酬所得适用 20%～40%的超额累进预扣率（见表 5-6）。

表 5-6　劳务报酬个人所得税预扣率表

级数	预扣预缴应纳税所得额	预扣率（%）	速算扣除数
1	不超过 20 000 元的	20	0
2	超过 20 000 元至 50 000 元的部分	30	2 000
3	超过 50 000 元的部分	40	7 000

居民个人工资薪金所得、劳务报酬所得、稿酬所得、特许权使用费所得年度预扣预缴税额与年度应纳税额不一致的，由居民个人于次年 3 月 1 日至 6 月 30 日向主管税务机关办理年度综合所得汇算清缴，税款多退少补。

（二）综合所得年终汇算清缴

应纳税所得额=每一纳税年度收入额－免税收入－减除费用 60 000 元－专项扣除－专项附加扣除－依法确定的其他扣除－符合条件的公益慈善事业捐赠(以下简称“捐赠”)

本期应纳税额=(应纳税所得额×税率－速算扣除数)－累计已预扣预缴税额

归纳提升

个人所得税综合所得检查，如表 5-7 所示。

表 5-7　个人所得税综合所得检查

检查内容	企业常见涉税问题	税务机关和中介机构主要检查方法
综合所得检查	1. 少报、瞒报职工薪酬或虚增人数分解薪酬。 2. 自行扩大工资薪金所得的税前扣除项目。 3. 从两处或两处以上取得收入未合并纳税。 4. 未全员全额申报纳税。 5. 综合所得未预扣预缴税款。 6. 劳务报酬所得、稿酬所得、特许权使用费所得扣缴方法不正确。 7. 未按规定进行汇缴。	1. 通过调查人力资源信息资料、签订的劳动合同、外籍人员等高收入者的有关信息，审查财务部门“工资结算单”中发放工资人数，检查是否有故意虚增职工人数、分解降低薪酬或者编造假的工资结算表的情况。 2. 检查“生产成本”“制造费用”“管理费用”“销售费用”“在建工程”“应付职工薪酬”等账户，核实有无通过以上账户发放奖金、补助的情况；还应注意现金伙食补贴、实物福利、节假日福利费等，是否有合并计入工资薪金收入总额中计算扣税的情况。 3. 对单位外派分支机构人员，要通过人力资源部门获取详细的薪酬发放信息，通过函证、协查方式检查员工同时从两处或两处以上取得的工资薪金所得，是否仅就一处所得申报或在两处分别申报，重复扣除税前扣除项目，而未进行合并申报。 4. 随着自然人税收管理时代的到来，是否严格履行全员全额申报。 5. 预扣预缴与汇算清缴执行是否规范。 6. 专项附加扣除是否符合税法规定。 7. 工资薪金所得、劳务报酬所得、稿酬所得、特许权使用费所得预扣预缴方法是否正确。

任务三　经营所得个人所得税的检查

一、经营所得界定

经营所得是指：

(1) 个体工商户从事生产、经营活动取得的所得，个人独资企业投资人、合伙企业的个人合伙人来源于境内注册的个人独资企业、合伙企业生产、经营的所得。

(2) 个人依法从事办学、医疗、咨询以及其他有偿服务活动取得的所得。

(3) 个人对企业、事业单位承包经营、承租经营以及转包、转租取得的所得。

(4) 个人从事其他生产、经营活动取得的所得。

二、经营所得税率表

经营所得税率表，如表 5-8 所示。

表 5-8　经营所得税率表

级数	全年应纳税所得额	税率	速算扣除数
1	不超过 30 000 元的	5%	0
2	超过 30 000 元至 90 000 元的部分	10%	1 500
3	超过 90 000 元至 300 000 元的部分	20%	10 500
4	超过 300 000 元至 500 000 元的部分	30%	40 500
5	超过 500 000 元的部分	35%	65 500

三、经营所得应纳税额检查

（一）常见涉税问题

（1）收入构成核算不实。

（2）虚列成本，成本费用的发生额超标准部分未作调整。

（3）家庭费用支出与企业费用支出混淆，多计、多转成本。

（4）个体工商户业主将本人的工资在税前扣除。

（5）投资两个或两个以上企业，应纳税所得额计算不正确。

（二）主要检查方法

（1）对生产、经营收入的检查。经营所得具有现金结算较多、收入不稳定等特点，容易出现收入不入账或者少入账，转移、隐瞒、分解经营收入的情况。在检查中，要通过实地查看、询问等方法，了解掌握个体工商户等主体生产、经营范围、规模等情况，结合对其成本费用、收入账的检查，采取纵向和横向比较分析的办法找出疑点，核实其是否存在账外经营、隐匿收入等行为。

（2）对生产、经营成本和费用的检查。要将纳税人的“原材料”“生产成本”“制造费用”“管理费用”等成本、费用明细账与有关会计凭证、原始凭证进行仔细核对，认真分析投入产出比率，参考相关技术数据，核实其各项成本损耗比例是否恰当。对费用列支要审核原始资料及支出用途，看纳税人税前列支的费用是否合理，比例是否正确，是否属于与企业生产、经营有关的费用，有无超标准列支或故意混淆费用问题。

（3）检查成本、费用账簿及原始单据，核实支出费用的详细去向和类别，有无将家庭购置的资产或发生的费用计入其中。如某私营企业主为其在外地上学的儿子购置汽车一辆，价值 120 000 元，计入企业固定资产并计提折旧。按照规定，该折旧不能税前扣除。

（4）检查“应付职工薪酬”账户、员工薪酬发放表等，核实业主的工资发放情况，确认发放的业主工资是否按规定做了纳税调整，并规范享受法定费用扣除和专项附加扣除。

（5）对投资两个或两个以上个人独资企业或合伙企业的企业投资者，首先要检查各被投资企业的章程协议，确定投资者的资本构成；其次要检查各被投资企业的会计报表及纳税申报表，确定被投资企业的经营效益及利润分配，最终核实投资者从各被投资企业分得的利润计算是否准确、是否按规定合并纳税。

（6）审查承包、承租经营合同（协议），调查掌握承包、承租企业的经营期限以及承包人、承租人对企业经营成果的分配比例、分配方式、分配时间等内容。

（7）审查“其他应收款”或“其他应付款”等往来账户，检查是否存在承包人、承租人以借款名义从企业借款长期不还，实质为分配的承包、承租利润的问题，要进一步追查借款的用途和实质，核实是否存在将承包、承租利润长期挂账的行为。

（8）向发包人（出租人）调查了解承包人（承租人）上缴承包费、租赁费、水电费、管理费等的情况，和承包人、承租人的账簿记录相核对，核实账簿记录的真实性，对照承包、承租合同或协议准确推算计税收入。

[知识回顾与提升]

经营所得个人所得税应纳税所得额的计算公式：

应纳税所得额＝收入总额－成本、费用以及损失、其他支出及以前年度亏损应纳税额

应纳税额＝应纳税所得额×适用税率－速算扣除数

一、个体工商户不得扣除的支出

（1）个人所得税税款。

（2）税收的滞纳金。

（3）罚金、罚款和被没收财物的损失。

（4）不符合扣除规定的捐赠支出。

（5）赞助支出。

（6）用于个人和家庭的支出。

（7）与取得生产经营收入无关的其他支出。

（8）国家税务总局规定不准扣除的支出。

二、其他规定

生产经营活动中应当分别核算生产经营费用和个人、家庭费用。对于生产经营与个人、家庭生活混用难以分清的费用，其 40% 视为与生产经营有关费用准予扣除。

纳税年度发生的亏损，准予向以后年度结转，用以后年度的生产经营所得弥补，但结转年限最长不得超过五年。

取得经营所得的个人没有综合所得的，计算其每一纳税年度的应纳税所得额时，应当减除费用 6 万元、专项扣除、专项附加扣除以及依法确定的其他扣除，其中专项附加扣除在办理汇算清缴时减除。

三、扣除项目及标准

（1）个体工商户实际支付给从业人员的、合理的工资薪金支出，准予扣除。个体工商户业主的工资不得在税前扣除。

（2）依照国务院有关主管部门或者省级人民政府规定的范围和标准为其业主和从业人员缴纳的基本养老保险费、基本医疗保险费、失业保险费、生育保险费、工伤保险费和住房公积金，准予扣除。个体工商户为从业人员缴纳的补充养老保险费、补充医疗保险费，分别在不超过职工工资总额 5% 标准内的部分据实扣除；超过部分，不得扣除。

为其业主缴纳的补充养老保险费、补充医疗保险费，以当地（地级市）上年度社会平均工资的 3 倍为计算基数，分别在不超过该计算基数 5% 标准内的部分据实扣除；超过部分，不得扣除。

（3）在生产经营活动中发生的下列利息支出，准予扣除：

1）向金融企业借款的利息支出。

2）向非金融企业和个人借款的利息支出，不超过按照金融企业同期同类贷款利率计算的数额的部分。

（4）向当地工会组织拨缴的工会经费、实际发生的职工福利费支出、职工教育经费支出分别在工资薪金总额的 2%、14%、2.5% 的标准内据实扣除。

业主向当地工会组织拨缴的工会经费、实际发生的职工福利费支出、职工教育经费支出，以当地（地级市）上年度社会平均工资的 3 倍为计算基数，在上述规定比例内据实扣除。

（5）通过公益性社会团体或者县级以上人民政府及其部门，用于规定的公益事业的捐赠，捐赠额不超过其应纳税所得额 30% 的部分可以据实扣除。个体工商户直接对受益人的捐赠不得扣除。

（6）研究开发新产品、新技术、新工艺所发生的开发费用，以及研究开发新产品、新技术而购置单台价值在 10 万元以下的测试仪器和试验性装置的购置费准予直接扣除；单台价值在 10 万元以上（含 10 万元）的测试仪器和试验性装置，按固定资产管理，不得在当期直接扣除。

（7）广告宣传费：不超过当年收入 15% 的部分，可以据实扣除，超过部分，准予在以后纳税年度结转扣除。

（8）业务招待费：按照实际发生额的 60% 扣除，但最高不超过当年销售收入的 0.5%。

任务四　利息、财产、偶然所得的检查

一、利息、财产、偶然所得的界定

利息、财产、偶然所得分别为利息、股息、红利所得，财产租赁所得，财产转让所得和偶然所得。其中：

（1）利息、股息、红利所得，是指个人拥有债权、股权等而取得的利息、股息、红利所得。

（2）财产租赁所得，是指个人出租不动产、机器设备、车船以及其他财产取得的所得。

（3）财产转让所得，是指个人转让有价证券、股权、合伙企业中的财产份额、不动产、机器设备、车船以及其他财产取得的所得。

（4）偶然所得，是指个人得奖、中奖、中彩以及其他偶然性质的所得。

二、利息、财产、偶然所得的税额计算

（1）财产租赁所得，每次收入不超过 4 000 元的，减除费用 800 元；4 000 元以上的，减除 20% 的费用，其余额为应纳税所得额。

（2）财产转让所得，以转让财产的收入额减除财产原值和合理费用后的余额，为应纳税所得额。

(3) 利息、股息、红利所得和偶然所得，以每次收入额为应纳税所得额。

三、常见涉税问题

(1) 不报或少报财产租赁应税收入，虚增维修费用，多次抵扣。

(2) 各项所得税额计算不正确，未及时足额纳税。

(3) 隐瞒不报或少报财产转让收入，扩大财产原值或转让财产费用。

(4) 扣缴单位在支付应税利息、股息、红利所得或偶然所得时，少扣缴或未扣缴税款。

四、主要检查方法

(1) 结合租赁合同，检查支付租赁费用的单位或个人的支付凭证，掌握纳税人财产租赁的详细信息；审查纳税人提供的按规定支付的有关税费的原始凭证和修缮费用等支出凭证，核实是否与财产租赁有关，修缮费用是否按规定限额按月抵扣，应税数额计算是否正确。

(2) 财产转让所得的检查：

1) 通过财产所在地房管部门、车辆管理部门等单位了解个人转让建筑物、机器设备、车辆等财产的转让情况。

2) 检查纳税人的有关账簿、凭证或检查支付单位或个人的支付凭证，掌握其转让财产取得的所得额。

3) 审查纳税人提供的财产原值凭证，是否合法、有效；对资产评估增值的，应审查有无合法的资产评估报告。

4) 审查纳税人财产转让时的完税凭证和费用支出凭证，核对这些支出是否与财产转让有关，数额是否合理。

5) 检查转让债券的原值和相关费用，核对转让债券所得的应纳税所得额计算是否正确。

(3) 通过了解发行股票、债券的公司或企业向个人分派股息、配股以及支付利息的情况，检查个人取得的应税利息、股息及红利所得是否按规定进行了纳税申报。对偶然所得的应纳税所得额进行检查时，要到举办有奖销售、发放彩票的单位进行查证，掌握获奖者的名单和获奖金额，以及申报纳税情况。

任务五　个人所得税税收优惠的检查

任务导入

注册税务师检查某国有企业纳税情况时发现，企业工会3月以福利费的名义给女职工发放化妆品，每人所得化妆品市值2 000元，记入“其他应付款”科目，没有代扣个人所得税。

解析：

工会以福利费的名义给每位女职工发放化妆品 2 000 元，应并入当月工资计算缴纳个人所得税。

[知识回顾与提升]

一、免征个人所得税

（1）省级人民政府、国务院部委和中国人民解放军军以上单位，以及外国组织、国际组织颁发的科学、教育、技术、文化、卫生、体育、环境保护等方面的奖金。

（2）国债和国家发行的金融债券利息。

（3）按照国家统一规定发给的补贴、津贴。

（4）福利费、抚恤金、救济金。

（5）保险赔款。

（6）军人的转业费、复员费、退役金。

（7）按照国家统一规定发给干部、职工的安家费、退职费、基本养老金或者退休费、离休费、离休生活补助费。

（8）依照有关法律规定应予免税的各国驻华使馆、领事馆的外交代表、领事官员和其他人员的所得。

（9）中国政府参加的国际公约、签订的协议中规定免税的所得。

（10）国务院规定的其他免税所得。

二、减征个人所得税

（1）残疾、孤老人员和烈属的所得。

（2）因自然灾害遭受重大损失的。

国务院可以规定其他减税情形，报全国人民代表大会常务委员会备案。

三、特殊事项优惠政策规定

自 2020 年 1 月 1 日起至新型冠状病毒感染的肺炎疫情结束期间，有以下优惠政策：

（1）对参加疫情防治工作的医务人员和防疫工作者，按照政府规定标准取得的临时性工作补助和奖金，免征个人所得税。政府规定标准包括各级政府规定的补助和奖金标准。

（2）对省级及省级以上人民政府规定的对参与疫情防控人员的临时性工作补助和奖金，比照执行。

（3）单位发给个人用于预防新型冠状病毒感染的肺炎的药品、医疗用品和防护用品等实物（不包括现金），不计入工资薪金收入，免征个人所得税。

归纳提升

个人所得税税收优惠常见涉税问题及主要检查方法，如表 5－9 所示。

表 5-9　个人所得税税收优惠常见涉税问题及主要检查方法

检查内容	企业常见涉税问题	税务机关和中介机构主要检查方法
税收优惠检查	1. 企业管理层个人因经营业绩突出获得的政府一次性奖励，混同免税所得未申报个人所得税。 2. 企业工会组织用工会经费为员工发放人人有份的实物福利或以“困难补助”名义发放福利，混同免税所得未代扣个人所得税。 3. 故意扩大免税基数，少代扣个人所得税。 4. 特殊业务减免税政策运用不正确。	1. 通过核实政府的有关文件，依据政府奖励的人员名单及奖金发放的有关情况，对企业“其他应付款”“其他应收款”“银行存款”“现金”等账户进行检查，对照《个人所得税扣缴税款报告表》，审查有无将该项奖励混同免税所得未扣缴个人所得税。 2. 检查企业“应付职工薪酬——职工福利”“应付职工薪酬——工会经费”等账户，审查有无对员工采取实物方式发放福利的行为；对企业以“生活补助”名义发放的项目，要逐项审查原始资料，核对受助人员是否符合条件，有无名为补助、实为变相福利的情况，混同免税所得未扣缴个人所得税。 3. 检查员工薪酬发放明细表，审查对允许税前扣除的基本养老保险、医疗保险、住房公积金、失业保险等项目是否按规定比例计算扣除，核实有无提高计算比例增加扣除额或变相为员工增加薪酬的问题。 4. 特殊业务减免税政策运用是否正确，比如疫情期间个人所得税优惠政策运用是否正确。

练一练

一、单选题

1. 判定居民个人和非居民个人标准时，如果在中国境内有住所，或者无住所而一个纳税年度内在中国境内居住累计满（　　）天的个人，为居民个人。

A. 90　　B. 183　　C. 210　　D. 365

2. 根据个人所得税法律制度的规定，下列各项中，应按照工资、薪金所得项目计算缴纳个人所得税的是（　　）。

A. 独生子女补贴　　B. 误餐补助　　C. 差旅费津贴　　D. 全年一次性奖金

3. 根据个人所得税法律制度的规定，下列各项中，在计算综合所得应纳税所得额时，属于专项扣除的是（　　）。

A. 子女教育支出　　B. 基本养老保险

C. 住房贷款利息支出　　D. 继续教育支出

4. 根据个人所得税法律制度的规定，下列各项中，不得在计算个体工商户经营所得中扣除的是（　　）。

A. 为特殊工种从业人员支付的人身安全保险费

B. 个体工商户按照规定缴纳的摊位费

C. 合理的不需要资本化的借款费用

D. 个人所得税税款

5. 2019 年王先生在北京工作，每月住房租金支出为 1 000 元，则王先生每月能扣除的住房租金支出为（　　）元。

A. 2 000　　B. 1 500　　C. 1 000　　D. 1 100

6. 纳税人赡养（　　）父母以及其他法定赡养人的赡养支出，可以按照标准定额扣除。

A. 50 岁以上　　B. 65 岁以上　　C. 60 岁以上　　D. 70 岁以上

7. 下列关于子女教育专项附加扣除标准的说法正确的是（　　）。

A. 每孩每月 1 500 元　　B. 每孩每月 800 元

C. 每孩每月 1 000 元　　D. 无论几个小孩每月都是 1 000 元

8. 纳税人在我国境内接受学历（学位）继续教育，在学历（学位）教育期间按照每月（　　）元的标准定额扣除。

A. 300　　B. 400　　C. 500　　D. 800

9. 需要办理综合所得汇算清缴的纳税人，应当向任职、受雇单位所在地主管税务机关办理汇算清缴申报，办理时间是（　　）。

A. 取得所得的次年 1 月 1 日至 3 月 31 日内

B. 取得所得的次年 3 月 1 日至 5 月 31 日内

C. 取得所得的次年 3 月 1 日至 6 月 30 日内

D. 取得所得的次年 1 月 1 日至 5 月 31 日内

二、多选题

1. 根据个人所得税法律制度的规定，下列各项中，属于我国居民纳税人的有（　　）。

A. 在中国境内有住所的个人

B. 在中国境内无住所且不在我国境内居住的个人

C. 在中国境内无住所而一个纳税年度内在中国境内居住累计满 183 天的个人

D. 在中国境内无住所而一个纳税年度内在中国境内居住累计不满 183 天的个人

2. 根据个人所得税法律制度的规定，下列选项中，应按照“劳务报酬所得”项目征收个人所得税的有（　　）。

A. 审稿收入　　B. 出版书画作品收入

C. 技术服务收入　　D. 设计服务收入

3. 根据个人所得税法律制度的规定，发生下列（　　）情形的纳税人，应当按照规定依法办理纳税申报。

A. 取得应税所得没有扣缴义务人

B. 取得境外所得

C. 非居民个人在中国境内从两处以上取得工资、薪金所得

D. 因移居境外注销中国户籍

4. 下列属于个人所得税专项附加扣除的事项为（　　）。

A. 子女教育　　B. 赡养老人支出　　C. 住房租金　　D. 大病医疗支出

5. 下列属于个人所得税检查常见涉税问题的是（　　）。

A. 支付单位未履行扣缴义务　　B. 个人所得税纳税义务发生时间不正确

C. 个人所得税适用税率不正确　　D. 综合所得应汇缴但未进行汇缴

6. 下列属于个人所得税综合所得的是（　　）。

A. 工资薪金所得　　B. 劳务报酬所得　　C. 稿酬所得　　D. 房屋租赁所得

E. 特许权使用费所得

三、判断题

1. 个体工商户生产经营活动中，应当分别核算生产经营费用和个人、家庭费用。对

于生产经营与个人、家庭生活混用难以分清的费用，全部视为个人、家庭生活费用，不允许在税前扣除。(　　)

2. 非居民个人取得的劳务报酬所得、稿酬所得、特许权使用费所得，属于一次性收入的，以取得该项收入为一次；属于同一项目连续性收入的，以一个月内取得的收入为一次。(　　)

3. 纳税人取得经营所得，按年计算个人所得税，由纳税人在月度或者季度终了后15日内向税务机关报送纳税申报表，并预缴税款；在取得所得的次年5月31日前办理汇算清缴。(　　)

4. 赡养老人支出约定分摊与指定分摊不一致，以约定分摊为准。(　　)

5. 居民个人应对来源于中国境内和境外的所得负有无限纳税义务。(　　)

6. 偶然所得，是指个人得奖、中奖、中彩以及其他偶然性质的所得。(　　)

四、案例分析与实践操作

1. 中国公民刘某是国内某大学教师，每月取得扣除“三险一金”后的工资为10 000元，另每月有岗位津贴1 600元。刘某需负担其上小学的儿子以及上初中的女儿的教育费用。2019年1—3月取得的部分收入如下：

(1) 1月从任职学校取得规定的工资和补贴，还取得差旅费津贴1 500元。

(2) 9月出版一本技术专著，取得稿酬20 000元。

(其他相关资料：对子女教育专项附加扣除，刘某选择在任职学校预扣预缴其税款时扣除)

要求：

(1) 计算刘某1月取得工资、津贴、补贴等收入应预扣预缴的个人所得税。

(2) 计算刘某9月稿酬所得应预扣预缴的个人所得税。

(3) 假定刘某当年一直在该学校任职，年度终了是否需要对综合所得做汇算清缴申报？请说明理由。

(4) 如果需要汇算清缴申报，请说明规定的申报时间和地点。

2. 居民个人张某为独生子，2019年交完社保和住房公积金后共取得税前工资收入25万元、劳务报酬收入7万元、稿酬收入1万元。张某有两个上中学的小孩，均由其扣除子女教育专项附加扣除，张某的父母健在且均已年满60岁。

要求：

(1) 计算张某当年计入综合所得的劳务报酬收入并说明理由。

(2) 计算张某当年计入综合所得的稿酬收入并说明理由。

(3) 计算张某综合所得的全年应纳税所得额。

(4) 计算张某综合所得全年应纳税额。

3. 张丽为大学教授，中国居民，2019年度每个月应发工资16 000元，个人每月需要承担的“三险一金”为1 000元/月，当年在外授课取得授课收入30 000元，取得稿酬收入20 000元，一项专利技术转让收入80 000元。

张丽有一个孩子，就读中学，约定由其全部扣除子女教育支出；张丽为独生子女，其父亲已经65岁；张丽的首套住房贷款尚在偿还期，每月需偿还1 600元。

2019年度的工资和收入支付单位均扣缴了税款，共计19 240元，故张丽认为年度终了不需要进行汇算清缴年度汇算清缴。请判断其说法是否正确。如果汇缴，需要补缴还是退税？

项目六　其他税种税务检查

学习目标

知识目标

1. 掌握其他税种的最新政策规定。
2. 掌握其他税种纳税检查常用方法、常见涉税问题。

能力目标

1. 会检查房产税存在的涉税问题。
2. 会检查城镇土地使用税存在的涉税问题。
3. 会检查契税存在的涉税问题。
4. 会检查印花税存在的涉税问题。
5. 会检查土地增值税存在的涉税问题。

[大数据下其他税种常见税务风险评估指标及信息比对]

指标一：印花税税负变动系数。

印花税税负变动系数＝本期印花税负担率÷上年同期印花税负担率

其中：

印花税负担率＝(应纳税额÷计税收入)×100%

指标二：印花税同步增长系数。

印花税同步增长系数＝应纳税额增长率÷主营业务收入增长率

其中：

应纳税额增长率＝[(本期累计应纳税额－上年同期累计应纳税额)÷上年同期累计应纳税额]×100%

主营业务收入增长率＝[(本期累计主营业务收入额－上年同期累计主营业务收入额)÷上年同期累计主营业务收入额]×100%

指标三：房产税同步增长系数。

房产税同步增长系数＝应纳税额增长率÷固定资产增长率

其中：

应纳税额增长率＝[(本期累计应纳税额－上年同期累计应纳税额)÷上年同期累

计应纳税额]×100%

固定资产增长率=[(本期固定资产平均值−上年固定资产平均值)÷上年固定资产平均值]×100%

指标四：土地使用税与企业实际占用面积进行比对，税务机关从土地资源部门获取企业实际占用土地面积。

任务一　房产税税务检查

任务导入

检查人员2020年4月对某企业进行纳税检查时发现，该企业于2019年1月向某部队无租借入一幢营房做简易仓库，经向该部队查询，该幢房产原值20万元。部队营房属免税用房，借给企业未收取租金，未缴房产税。企业以该房所有权不属于企业，借入做简易仓库不需付房租、不属于房屋租赁为由，也不申报纳税。请分析该企业的做法是否正确。

解析：

检查结论：

根据纳税人无租使用免税单位房产应代缴房产税的规定，查补该企业2019年一季度应纳房产税。

政策依据：

《中华人民共和国房产税暂行条例》(以下简称《房产税暂行条例》) 第二条规定：房产税由产权所有人缴纳。产权属于全民所有的，由经营管理的单位缴纳；产权出典的，由承典人缴纳；产权所有人、承典人不在房产所在地的，或者产权未确定及租典纠纷未解决的，由房产代管人或者使用人缴纳。另外，对于纳税单位和个人无租使用房产管理部门、免税单位及纳税单位的房产，应由使用人代缴房产税。

对纳税人和征收范围检查的基本方法是：首先应对照政策，确定企业和个人的房产是否属于开征房产税范围内的房产；其次应审查“固定资产”明细账（对个人应进行实地调查)，核实纳税人的房产种类、数量及用途，分清房地产的使用情况，并根据有关纳税义务人的规定，审核正确的纳税人，检查其是否已依法进行纳税申报。

[知识回顾与提升]

一、房产税的计税依据

房产税的计税依据是房产的计税价值或房产的租金收入。按照房产计税价值征税的，称为从价计征；按照房产租金收入征税的，称为从租计征。

(一) 从价计征

《中华人民共和国房产税暂行条例》(以下简称《房产税暂行条例》) 第三条规定，房产税依照房产原值一次减除10%～30%后的余值计算缴纳。具体减除幅度由省、自治区、直辖市人民政府规定。没有房产原值作为依据的，由房产所在地税务机关参考同类房产核定。

所谓房产原值，是指纳税人按照会计制度规定，在账簿“固定资产”科目中记载的房屋原价。对纳税人未按会计制度记载的，在计征房产税时，应按规定调整房产原值；对房产原值明显不合理的，应重新予以评估。

在房产原值确定以后，应当根据当地所适用的扣除比例，计算确定房产余值。对于扣除比例，一定要按省、自治区、直辖市人民政府确定的比例执行，且减除幅度只在10%～30%，不能超过这个范围。

另外，还应注意以下两个问题：

(1) 对投资联营的房产，在计征房产税时应予以区别对待。对于以房产投资联营，投资者参与投资利润分红，共担风险的，按房产原值作为计税依据计征房产税；对以房产投资，收取固定收入，不承担联营风险的，实际以联营名义取得房产租金，应根据的有关规定由出租方按租金收入计缴房产税。

(2) 对融资租赁房屋的情况，由于租赁费包括购进房屋的价款、手续费、借款利息等，与一般房屋出租的“租金”内涵不同，且租赁期满后，当承租方偿还最后一笔租赁费时，房屋产权要转移到承租方，这实际上是一种变相的分期付款购买固定资产的形式，所以在计征房产税时应以房产余值计算征收。至于租赁期内房产税的纳税人，由当地税务机关根据实际情况确定。

(二) 从租计征

《房产税暂行条例》第三条规定，房产出租的，以房产租金收入为房产税的计税依据。所谓房产租金收入，是指房屋产权所有人出租房产使用权所得的报酬，包括货币收入和实物收入。如果是以劳务或其他形式为报酬抵付房租收入的，应根据当地同类房产的租金水平，确定一个标准租金金额从租计征。

需注意的是，纳税人对个人出租房屋的租金收入中申报不实，或申报数与同一地段同类房屋的租金收入相比明显不合理的，税务部门可以按照有关规定，采取科学合理的方法核定其应纳税款。具体办法由各省、自治区、直辖市地方税务机关结合当地实际情况制定。

二、房产税适用税率

我国现行房产税采用的是比例税率。《房产税暂行条例》第四条规定，房产税的税率，依照房产余值计算缴纳的，税率为1.2%；依照房产租金收入计算缴纳的，税率为12%。

做中学

甲企业在2019年发生以下业务：

(1) 2月10日对刚建成的一个生产车间办理竣工决算，并于当月投入使用，原值400万元。自3月份开始按从价计征方式扣除30%缴纳房产税。

(2) 10 月 7 日，房产出典给某金融机构，获得租金 100 万元，企业仍以从价计征方式缴纳房产税。

请分析甲企业是否存在纳税问题。

解析：甲企业存在涉税问题，出租房产后应以从租计征方式按租金收入 12%缴纳房产税。

归纳提升

房产税常见涉税问题及主要检查方法，如表 6-1 所示。

表 6-1　房产税常见涉税问题及主要检查方法

检查内容	企业常见涉税问题	税务机关和中介机构主要检查方法
纳税义务人和征税范围的检查	1. 属于房产税征收范围的纳税人未申报纳税。 2. 产权所有人或承典人不在房产所在地，或者产权未确定以及租典纠纷未解决的房产，未申报纳税。 3. 纳税单位无租使用免税单位的房产，未申报纳税。	1. 纳税人的检查。 (1) 通过检查房产权属证明等书面资料，确定产权所有人。 (2) 对于产权出典的，检查相关协议、承典合同等资料，确定承典人。 (3) 对于产权所有人、承典人不在房产所在地的，或者产权未确定及租典纠纷未解决的，通过实地调查、核查相关资料，确定实际的房产代管人或者使用人。 (4) 检查纳税人的“固定资产”“在建工程”等账户，与纳税人实际房产使用情况进行比对，审核其房产租用情况，无租使用免税房产的，是否缴纳房产税。 2. 征税范围的检查。 房产税的征税范围限于城市、县城、建制镇和工矿区。在检查时，要查看纳税人的房产是否属于确定的房产税征税区域，同时注意区分征税范围内应税房产和免税房产的界限。审查纳税人“固定资产”“在建工程”等账户，或通过实地勘察是否有已建成投入使用但未入账的房产。
计税依据和适用税率的检查	1. 房租收入不入账，或直接冲减费用。 2. 从租计征的，按从价计税。 3. 少计房产原值。	1. 在核实房产用途的基础上，检查“其他业务收入”账户的贷方发生额，核实有无房产租金收入。有租金收入的，应查阅房屋租赁合同或协议，核实租金收入是否及时入账；核对纳税申报表，核实是否如实申报房产税，是否应按照房租计征错按房产计税余值计征。同时，结合检查“其他业务支出”等费用账户或往来账户，核实有无以收抵支或转移租金收入的情况。 2. 检查“固定资产——房屋”明细账的借方发生额或“固定资产卡片”，一是将其与“房产税纳税申报表”进行核对，核实申报数是否账表相符；二是与有关房产原始价值资料进行核对，核实房产价值是否全部入账；三是承建房产应与承建合同、“在建工程”账户核对，核实房产价款；四是购入房产应与购货合同及发票核对，核实是否是实际购价；五是自建房产应与“在建工程”账户核对，核实是否是实际造价。

任务二　城镇土地使用税税务检查

任务导入

某开发公司作为政府融资平台，从事成片土地开发、基础设施开发建设等业务。

2019 年 3 月，税务部门检查发现该企业于 2018 年 10 月购得郊区一块 40 万平方米的土地，土地出让合同约定 2018 年 11 月底前交付给企业。企业取得该地块后暂未进行实质性开发，并认为土地没有投入使用也就不需要缴纳城镇土地使用税。

请分析该企业的做法是否正确。

解析：

检查结论：

该开发公司根据合同约定已于 2018 年 11 月底前获得该土地使用权，不论是否进行开发，都应该从 2018 年 12 月起申报缴纳城镇土地使用税。根据上述规定，税务机关对该公司 2018 年 12 月及 2019 年 1—3 月做出了补税、加收滞纳金及罚款的处理。

政策依据：

《中华人民共和国城镇土地使用税暂行条例》第九条规定，新征收的土地，依照下列规定缴纳土地使用税：（一）征收的耕地，自批准征收之日起满一年时开始缴纳土地使用税；（二）征收的非耕地，自批准征收次月起缴纳土地使用税。

根据《财政部、国家税务总局关于房产税、城镇土地使用税有关政策的通知》（财税〔2006〕186 号）的规定，对纳税人自建、委托施工及开发涉及的城镇土地使用税的纳税义务发生时间，由纳税人从取得土地使用权合同约定交付土地时间的次月起缴纳城镇土地使用税；合同未约定交付土地时间的，由受让方从合同签订的次月起缴纳城镇土地使用税。

[知识回顾与提升]

《中华人民共和国城镇土地使用税暂行条例》规定：在城市、县城、建制镇、工矿区范围内使用土地的单位和个人，为城镇土地使用税（以下简称“土地使用税”）的纳税义务人（以下简称“纳税人”），应当依照本条例的规定缴纳土地使用税。

一、纳税义务人的基本含义

（1）拥有土地使用权的单位和个人是纳税人。

（2）拥有土地使用权的单位和个人不在土地所在地的，其土地的实际使用人和代管人为纳税人。

（3）土地使用权未确定的或权属纠纷未解决的，其实际使用人为纳税人。

（4）土地使用权共有的，共有各方都是纳税人，由共有各方分别纳税。

二、征税范围及税率

城镇土地使用税的征税范围是城市、县城、建制镇和工矿区。征税范围不包括农村。城市、县城、建制镇、工矿区以外的工矿企业不缴纳城镇土地使用税。其中城市的征税范围包括市区和郊区；县城的征税范围为县人民政府所在地的城镇；建制镇的征税范围一般为镇人民政府所在地。征收对象是开征范围的土地，包括国家土地和集体所有的土地。

城镇土地使用税采用定额税率，即采用有幅度的差别税额，按大、中、小城市和县城、建制镇、工矿区分别规定每平方米土地使用税年应纳税额。具体标准如下：

（1）大城市 1.5 元至 30 元。

（2）中等城市 1.2 元至 24 元。

（3）小城市 0.9 元至 18 元。

（4）县城、建制镇、工矿区 0.6 元至 12 元。

三、城镇土地使用税的计算方法

以实际占用的土地面积（以平方米为单位）为计税依据。其计算公式为：

城镇土地使用税应纳税额＝应税面积×单位税额

四、城镇土地使用税的特点

（1）对占用土地的行为征税。

（2）征税对象是土地。

（3）征税范围有所限定。

（4）实行差别幅度税额。

做中学

某县税务稽查局于 2019 年 8 月对位于城郊的国有企业远洋公司 2019 年 1—6 月的纳税情况进行检查。在检查城镇土地使用税纳税情况时，检查人员发现公司提供的政府部门核发的土地使用证书显示：公司实际占地面积 80 000 平方米，其中：

（1）企业内学校和医院共占地 2 000 平方米。

（2）厂区外公共绿化用地 5 000 平方米。

（3）2019 年 1 月 1 日，公司将一块 3 000 平方米的土地对外出租给另一企业用于生产经营。

（4）除上述土地外，其余土地均为公司生产经营用地（该公司所在地适用税额为 10 元/平方米）。

假定该企业 1—6 月按 70 000 平方米申报缴纳土地使用税，判断该公司是否存在涉税问题。

解析：该公司存在涉税问题，除学校和医院用地外，无论租赁还是绿化用地均应缴纳土地使用税。该公司上半年少缴纳土地使用税＝(5 000＋3 000)×10/2＝40 000（元）。

归纳提升

土地使用税常见涉税问题及主要检查方法，如表6-2所示。

表6-2 土地使用税常见涉税问题及主要检查方法

检查内容	企业常见涉税问题	税务机关和中介机构主要检查方法
纳税义务人和征税范围的检查	1. 纳税单位使用免税单位的土地，未履行纳税义务。 2. 征免界限划分不清。	1. 纳税义务人的检查。通过实地检查土地的具体使用情况及用途，根据纳税义务人确认的规定，审核确定纳税人。检查拥有土地使用权的单位和个人不在土地所在地的，或者土地使用权未确定的，以及权属纠纷未解决的纳税人，实际使用人或代管人是否按规定申报纳税。同时注意检查纳税人有无使用免税单位的土地，是否按照规定履行纳税义务。 2. 征税区域的检查。城镇土地使用税的征税范围限于城市、县城、建制镇和工矿区。在检查时，要查看纳税人的实际经营场所用地是否属于确定的城镇土地使用税征税区域。如在征税区域之内则征城镇土地使用税，否则不征城镇土地使用税。同时注意检查土地是否用于农业种植、养殖等，如果核实为农业生产等用地，免征土地使用税。
计税依据和适用税额的检查	1. 纳税人申报的计税土地面积不准确。 2. 同一企业处在不同地段的适用单位税额不正确。 3. 土地等级调整后，纳税申报时未作相应调整。	1. 检查时，可将纳税人纳税申报表中的土地面积与土地使用证所记载的面积相对照，调阅原征地凭证、土地管理机关的批文等文件进行核对，必要时也可实际丈量，核实纳税人申报的土地面积是否真实，有无少报、漏报现象。 2. 检查适用单位税额时，根据纳税人所处的地理位置，对照人民政府对本地区土地的等级划分界限及规定的单位税额，核实纳税人适用的单位税额是否正确。

任务三 印花税税务检查

任务导入

2020年4月，某税务稽查局检查某房地产开发有限责任公司2019年度纳税情况，发现该公司2019年1月与某建筑工程公司签订甲工程施工合同，金额为6 500万元，合同签订后，印花税已缴纳。该工程于2019年11月竣工，因工程建筑图纸有重大修改，原商业用房由五层改为三层，实际工程决算金额为4 800万元。该公司2019年12月签订乙工程建筑施工合同后，以甲工程多缴印花税为由，按照冲减合同金额1 700万元后的金额计算缴纳印花税。检查中还发现甲、乙两工程的建筑设计合同金额200万元，电力安装工程合同金额400万元，消防安装合同金额300万元，建设技术咨询合同金额20万元，均未计税贴印花税票。

解析：

检查结论：

该房地产开发有限责任公司应补征建筑施工合同印花税5 100（17 000 000×0.3‰）

元，应补征建筑设计合同印花税 1 000（2 000 000×0.5‰）元，应补征电力安装工程合同印花税 1 200（4 000 000×0.3‰）元，应补征消防安装工程合同印花税 900（3 000 000×0.3‰）元，应补征建设技术咨询合同印花税 60（200 000×0.3‰）元，共计补征印花税 8 260 元。

政策依据：

根据《中华人民共和国印花税暂行条例》（以下简称《印花税暂行条例》）第二条、第三条的规定，建筑工程承包合同为合同价款总额，建筑工程承包合同包括建筑工程勘察设计合同和建筑安装工程承包合同，分别适用 0.5‰和 0.3‰的印花税税率。

依照《印花税暂行条例》，合同签订时即应贴花履行完税手续，因此，不论合同是否兑现或者能否按期兑现，都一律按照法规贴花，凡多贴花者不得申请退税或抵用。

[知识回顾与提升]

一、印花税的纳税人

在中华人民共和国境内书立、领受《印花税暂行条例》所列举凭证的单位和个人，都是印花税的纳税义务人，应当按照规定缴纳印花税。具体有：立合同人、立据人、立账簿人、领受人、使用人。

二、印花税的计算方法

印花税有两种计算方法：

（1）按比例税率计算应纳税额，计算公式为：

应纳税额＝计税金额×适用税率

（2）按定额税率计算应纳税额，计算公式为：

应纳税额＝凭证数量×单位税额

三、印花税的缴纳

印花税实行由纳税人根据规定自行计算应纳税额，购买并一次贴足印花税票（以下简称“贴花”）的缴纳办法。

为简化贴花手续，应纳税额较大或者贴花次数频繁的，纳税人可向税务机关提出申请，采取以缴款书代替贴花或者按期汇总缴纳的办法。

印花税的纳税环节应当在书立或领受时贴花。印花税一般实行就地纳税。

四、印花税的征税范围

我国经济活动中发生的经济凭证种类繁多、数量巨大，现行印花税只对《印花税暂行条例》列举的凭证征收，没有列举的凭证不征税。正式列举的凭证分为 5 类，即经济合同，产权转移书据，营业账簿，权利、许可证照和经财政部门确认的其他凭证。

印花税税目中的合同比照我国原《经济合同法》（已废止）对经济合同的分类，在税目税率表中列举了 10 大类合同。分别是：购销合同、加工承揽合同、建设工程勘察设计合同、建筑安装工程承包合同、财产租赁合同、货物运输合同、仓储保管合同、借款合同、财产保险合同、技术合同。

产权转移书据包括财产所有权、版权、商标专用权、专利权、专有技术使用权共5项产权的转移书据。另外，土地使用权出让合同、土地使用权转让合同、商品房销售合同按照产权转移书据征收印花税。

营业账簿根据反映的内容不同，在税目中分为记载资金的账簿（以下简称“资金账簿”）和其他营业账簿两类，以便于分别采用按金额计税和按件计税两种计税方法。

权利、许可证照是政府授予单位、个人某种法定权利和准予从事特定经济活动的各种证照的统称。包括政府部门发给的房屋产权证、工商营业执照、商标注册证、专利证、土地使用证等。

《印花税法征求意见稿》税目的变化有：购销合同变成了买卖合同；加工承揽合同变成了承揽合同；建筑安装工程承包合同变成了建设工程合同；货物运输合同变成了运输合同；仓储保管合同分成了两个税目，仓储合同和保管合同。增加了融资租赁合同、证券交易税目。

五、印花税的税率

我国现行印花税采用比例税率和定额税率两种。

比例税率分为1‰、0.5‰、0.3‰、0.05‰四档。按比例税率征收的应税项目包括：各种合同及具有合同性质的凭证、记载资金的账簿和产权转移书据等。

适用定额税率的权利、许可证照和营业账簿中的其他账簿，采取按件征收固定税额，单位税额均为每件5元。

印花税税目税率表，如表6-3所示。

表6-3　印花税税目税率表

税目	范围	税率	纳税人	说明
购销合同	包括供应、预购、采购、购销、结合及协作、调剂等合同	按购销金额0.3‰贴花	立合同人	
加工承揽合同	包括加工、定作、修缮、修理、印刷广告、测绘、测试等合同	按加工或承揽收入0.5‰贴花	立合同人	
建设工程勘察设计合同	包括勘察、设计合同	按收取费用0.5‰贴花	立合同人	
建筑安装工程承包合同	包括建筑、安装工程承包合同	按承包金额0.3‰贴花	立合同人	
财产租赁合同	包括租赁船舶、飞机、机动车辆、机械、器具、设备等合同	按租赁金额1‰贴花。税额不足1元，按1元贴花	立合同人	
货物运输合同	包括民用航空运输、铁路运输、海上运输、内河运输、公路运输、联运合同	按运输费用0.5‰贴花	立合同人	单据为合同使用的，按合同贴花

续表

税目	范围	税率	纳税人	说明
仓储保管合同	包括仓储、保管合同	按仓储保管费用1‰贴花	立合同人	仓单或栈单作为合同使用的，按合同贴花
借款合同	银行及其他金融组织和借款人（不包含银行同业——拆借）所签订的合同	按借款金额0.05‰贴花	立合同人	单据作为合同使用的，按合同贴花
财产保险合同	包括财产、责任、保证、信用等保险合同	按保险费收入1‰贴花	立合同人	单据作为合同使用的，按合同贴花
技术合同	包括技术开发、转让、咨询、服务等合同	按所载金额0.3‰贴花	立合同人	
产权转移书据	包括财产所有权、版权、商标专用权、专利权、专有技术使用权、土地使用权出让合同、商品房销售合同等	按所载金额0.5‰贴花	立据人	
营业账簿	生产、经营用账册	记载资金的账簿，按实收资本和资本公积合计金额的0.5‰贴花；其他账簿按件计税5元/件	立账簿人	自2018年5月1日起，对按0.5‰贴花的资金账簿减半征收印花税，资金账簿免税。自2019年1月1日对增值税小规模纳税人可以在50%的税额幅度内减征资源税、城市维护建设税、房产税、城镇土地使用税、印花税（不含证券交易印花税）、耕地占用税和教育费附加、地方教育附加。增值税小规模纳税人已依法享受资源税、城市维护建设税、房产税、城镇土地使用税、印花税、耕地占用税、教育费附加、地方教育附加其他优惠政策的，可叠加享受本通知第三条规定的优惠政策。
权利、许可证照	包括政府部门发给的房屋产权证、工商营业执照、商标注册证、专利证、土地使用证	按件贴花5元	领受人	

做中学

华威电子科技有限公司于 2019 年 3 月注册成立，为小规模纳税人，注册资金为 500 万元，会计设置了总账、现金、银行日记账、往来明细账、明细账共计 5 个账簿。

2019 年 4 月公司和银行签订了一份借款合同，合同金额为 200 万元，向乙单位借款 100 万元，也签订了借款合同。该企业假定未申报任何印花税，请计算其漏缴的印花税金额。

解析： 资金账簿减半再减半，其他账簿免税，和乙单位借款合同不纳税，应纳印花税税额＝5 000 000×0.5 ‰×50%/2＋2 000 000×0.05‰＝2 500/4＋100＝725（元）。

归纳提升

印花税常见涉税问题及主要检查方法，如表 6－4 所示。

表 6－4　印花税常见涉税问题及主要检查方法

检查内容	企业常见涉税问题	税务机关和中介机构主要检查方法
纳税义务人和征税范围的检查	1. 单位和个人在订立合同时有意将具有合同性质的书据称为意向书、契约等，未按规定贴花。 2. 将有息贷款合同作为无息贷款合同未贴花。 3. 将农村手工业品购销合同作为农副产品收购合同未贴花。	1. 检查过程中，应当以经济主体所订立的契约或意向书是否具有合同的性质，是否能起到合同的作用为标准，而不是以其订立的契约或意向书的名称为标准，判断其是否属于具有法律效力的合同或具有合同性质的凭证，进而判断其是否应该贴花纳税。 2. 检查时要注意纳税人有无故意混淆合同性质的行为，如将有息贷款合同作为无息贷款合同、将农村手工业品购销合同作为农副产品收购合同。对存在上述情况的，应深入企业单位内部供销、储运、业务等各有关部门，根据实质重于形式的原则，对企业单位所订立的各种合同、单据进行分类，区分哪些是应税合同、哪些是非应税合同以及免税合同。 3. 将应税合同的纳税贴花金额进行汇总，并与“管理费用”账户中的印花税支出数额进行核对，核实是否有应税未贴或少贴印花税的情况。
税目、税率的检查	1. 适用比例税率计税的应税凭证，使用定额税率计算贴花。 2. 纳税人将性质相似的应税凭证错用税目、税率。	1. 检查纳税人书立的各种凭证，是否具有合同性质，再对凭证的内容和性质进行审核，参照《印花税税目税率表》确定合同是否属于应税凭证，重点审核有无将货物运输、仓储保管、银行借款、财产保险等单据不作为合同而漏贴印花，或将应税合同错当免税合同未贴印花。 2. 对照《印花税税目税率表》所属的税目，核实纳税人有无混淆税目，错用税率的情况，如房地产开发公司将应按照“产权转移书据”贴花的房屋销售合同，错按“购销合同”贴花；将“建设工程勘察设计合同”错按“建筑承包合同”贴花。

续表

检查内容	企业常见涉税问题	税务机关和中介机构主要检查方法
印花税计税依据的检查	1. 应税合同未按规定贴花。 2. 记载资金的账簿按规定计算贴花后，“实收资本”和“资本公积”合计金额增加的，增加部分未计算补贴印花。 3. 以定额税率贴花的应税合同，隐匿件数少贴花。	1. 对应税合同计税依据检查时，要逐项审阅应税合同，确定计税金额和应纳税额。如对各类技术合同只就合同所载的报酬金额贴花，研究开发经费不作为计税依据。把确定的应纳税额与粘贴的应税合同上的印花税票或缴纳印花税的缴款书核对，补贴少贴的印花。 2. 对记载资金的营业账簿计税依据检查时，审查“实收资本”和“资本公积”账户，资金总额增加的，审核企业是否按规定补贴了印花。 3. 对适用定额税率的应税凭证计税依据检查时，核实应税凭证的件数及每件应税凭证的计税贴花情况，应注意纳税人是否有疏忽遗漏或故意隐匿应税凭证的问题。

任务四　契税税务检查

任务导入

某公司通过招拍挂拿地时，已缴纳土地出让金 30 000 万元，并缴纳了契税 1 200 万元。税务稽查局在检查后提出：在公司取得土地后，缴纳的市政建设配套费 4 500 万元，还应补缴契税 180 万元，请问税务机关的说法是否正确？（当地税务机关规定，契税税率为 4%。）

解析：

检查结论：

市政建设配套费也应作为契税计税依据，故应补缴契税 4 500×4%=180（万元），所以税务机关的说法正确。

政策依据：

《财政部、国家税务总局关于国有土地使用权出让等有关契税问题的通知》财税〔2004〕134 号规定，出让国有土地使用权的，其契税计税价格为承受人为取得该土地使用权而支付的全部经济利益。同时规定，以协议方式出让的，其契税计税价格为成交价格，成交价格包括土地出让金、土地补偿费、安置补助费、地上附着物和青苗补偿费、拆迁补偿费、市政建设配套费等承受者应支付的货币、实物、无形资产及其他经济利益。以竞价方式出让的，其契税计税价格，一般应确定为竞价的成交价格，土地出让金、市政建设配套费以及各种补偿费用应包括在内。

[知识回顾与提升]

一、契税的概念

契税是指在中华人民共和国境内转移土地、房屋权属时向承受土地使用权、房屋所有权的单位和个人征收的一种行为税。

土地权属转移是指土地使用权的转移，包括出让和转让两种方式，其中转让又包括出售、赠与、交换等。农村集体土地承包经营权的转移不包括在内。

房屋权属转移是指房屋所有权转移，包括买卖、赠与和交换三种方式。

二、契税的纳税人

在中华人民共和国境内转移土地、房屋权属的单位和个人是契税的纳税人。

三、契税的征税对象

契税的征税对象是土地、房屋权属转移的行为，应具备以下三个条件：

（1）转移的客体，一是土地使用权（不是土地所有权），二是房屋所有权。

（2）权属必须发生转移，由一方转移到另一方，由一个权属人变更为另一个权属人。

（3）存在利益关系，除赠与之外，权属发生转移时，承受方须向转出方交付一定数量的货币、实物、无形资产或者其他经济利益。

四、契税的征税范围

（1）国有土地使用权出让，指土地使用者向国家交付土地使用权出让费用，国家将国有土地使用权在一定年限内让予土地使用者的行为。

（2）土地使用权转让，指土地使用者以出售、赠与、交换等方式将土地使用权转移给其他单位和个人的行为。其中，赠与是指土地使用者将其土地使用权无偿转让给受赠者的行为；土地使用权交换是指土地使用者之间相互交换土地使用权的行为。

（3）房屋买卖，指房屋所有者将其房屋出售，由承受方交付货币、实物、无形资产或者其他经济利益的行为。

（4）房屋赠与，指房屋所有者将其房屋无偿转让给受赠者的行为。

（5）房屋交换，指房屋所有者之间相互交换房屋所有权的行为。

五、契税的计税依据

契税以土地、房屋权属转移当事人签订的合同成交价格或者核定的市场价格作为计税依据。

2020 年 8 月 11 日通过、自 2021 年 9 月 1 日起施行的《中华人民共和国契税法》（以下简称《契税法》）第四条规定：

（1）土地使用权出让、出售，房屋买卖，为土地、房屋权属转移合同确定的成交价格，包括应交付的货币以及实物、其他经济利益对应的价款；

（2）土地使用权互换、房屋互换，为所互换的土地使用权、房屋价格的差额；

（3）土地使用权赠与、房屋赠与以及其他没有价格的转移土地、房屋权属行为，为税务机关参照土地使用权出售、房屋买卖的市场价格依法核定的价格。

纳税人申报的成交价格、互换价格差额明显偏低且无正当理由的，由税务机关依照《中华人民共和国税收征收管理法》的规定核定。

六、契税的税率

我国《契税法》规定契税的税率为3%～5%。首次购买90平方米及以下普通住房的个人在2008年11月1日后（含当天）签订购买合同的，暂统一按1%税率征收契税。上述普通住房标准应同时满足以下三个条件：

（1）住房小区建筑容积率在1.0以上。

（2）当套住房建筑面积144平方米（含144平方米）以下。

（3）实际成交价格低于同级别土地上住房平均价格1.2倍（含1.2倍）以下。

七、契税的应纳税额

计算公式：

应纳税额＝计税依据×税率

应纳税额以人民币计算。转移土地、房屋权属以外汇结算的，应当按照纳税义务发生之日中国人民银行公布的人民币市场汇率中间价折合成人民币计算。

八、契税的纳税时间

契税的纳税义务发生时间，为纳税人签订土地、房屋权属转移合同的当日，或者纳税人取得其他具有土地、房屋权属转移合同性质凭证的当日。

合同性质凭证是指具有合同效力的契约、协议、合约、单据、确认书以及由省级人民政府确定的其他凭证。

《契税法》第十条规定：纳税人应当在依法办理土地、房屋权属登记手续前申报缴纳契税。

九、契税征收的特别规定

（1）公民继承土地、房屋不属于土地、房屋权属转移的范围，因此，不征收契税。国家、法人及其他组织不能作为土地、房屋的继承人，但可作为接受房产的受赠人。非继承人承受遗赠房屋，属于赠与性质，应按赠与行为征收契税。

（2）债务人以土地、房屋权属抵债属于土地使用权出售或房屋买卖，债权人应到土地房产部门办理房地产权属变更手续，因此，视同土地使用权转让和房屋买卖征收契税。

（3）单位、个人因突出贡献或者参加社会活动（例如抽奖等）而获得奖励的土地、房屋，属于无偿转移，视同土地使用权转让、房屋赠与行为征收契税。

（4）土地、房屋权属交换，双方的土地、房屋权属均发生转移，并且都是权属的承受者，因此，都是契税的纳税人。征收契税时按照差额计征，交换价格不等的，由多交付货币、实物、无形资产或者其他经济利益的一方缴纳税款；交换价格相等的，双方均免缴契税。

十、契税的减免税政策

（1）根据《契税法》第六条的规定，有下列情形之一的，免征契税：

1）国家机关、事业单位、社会团体、军事单位承受土地、房屋权属用于办公、教学、医疗、科研、军事设施；

2）非营利性的学校、医疗机构、社会福利机构承受土地、房屋权属用于办公、教学、医疗、科研、养老、救助；

3）承受荒山、荒地、荒滩土地使用权用于农、林、牧、渔业生产；

4）婚姻关系存续期间夫妻之间变更土地、房屋权属；

5）法定继承人通过继承承受土地、房屋权属；

6）依照法律规定应当予以免税的外国驻华使馆、领事馆和国际组织驻华代表机构承受土地、房屋权属。

根据国民经济和社会发展的需要，国务院对居民住房需求保障、企业改制重组、灾后重建等情形可以规定免征或者减征契税，报全国人民代表大会常务委员会备案。

（2）根据《契税法》第七条的规定，省、自治区、直辖市可以决定对下列情形免征或者减征契税：

1）因土地、房屋被县级以上人民政府征收、征用，重新承受土地、房屋权属；

2）因不可抗力灭失住房，重新承受住房权属。

上述规定的免征或者减征契税的具体办法，由省、自治区、直辖市人民政府提出，报同级人民代表大会常务委员会决定，并报全国人民代表大会常务委员会和国务院备案。

（3）根据国家税务总局《关于离婚后房屋权属变化是否征收契税的批复》（国税函〔1999〕391号）规定：因夫妻财产分割而将原共有房屋产权归属一方，是房产共有权的变动而不是现行契税政策规定征税的房屋产权转移行为。因此，对离婚后原共有房屋产权的归属人不征收契税。

（4）财政部、税务总局《关于继续支持企业事业单位改制重组有关契税政策的通知》。

1）企业改制。企业按照《中华人民共和国公司法》有关规定整体改制，包括非公司制企业改制为有限责任公司或股份有限公司，有限责任公司变更为股份有限公司，股份有限公司变更为有限责任公司，原企业投资主体存续并在改制（变更）后的公司中所持股权（股份）比例超过75%，且改制（变更）后公司承继原企业权利、义务的，对改制（变更）后公司承受原企业土地、房屋权属，免征契税。

2）事业单位改制。事业单位按照国家有关规定改制为企业，原投资主体存续并在改制后企业中出资（股权、股份）比例超过50%的，对改制后企业承受原事业单位土地、房屋权属，免征契税。

3）公司合并。两个或两个以上的公司，依照法律规定、合同约定，合并为一个公司，且原投资主体存续的，对合并后公司承受原合并各方土地、房屋权属，免征契税。

4）公司分立。公司依照法律规定、合同约定分立为两个或两个以上与原公司投资主体相同的公司，对分立后公司承受原公司土地、房屋权属，免征契税。

5）企业破产。企业依照有关法律法规规定实施破产，债权人（包括破产企业职工）承受破产企业抵偿债务的土地、房屋权属，免征契税；对非债权人承受破产企业土地、房屋权属，凡按照《中华人民共和国劳动法》等国家有关法律法规政策妥善安置原企业全部职工规定，与原企业全部职工签订服务年限不少于三年的劳动用工合同的，对其承受所购企业土地、房屋权属，免征契税；与原企业超过30%的职工签订服务年限不少于三年的劳动用工合同的，减半征收契税。

6）资产划转。对承受县级以上人民政府或国有资产管理部门按规定进行行政性调整，划转国有土地、房屋权属的单位，免征契税。同一投资主体内部所属企业之间土地、房屋权属的划转，包括母公司与其全资子公司之间，同一公司所属全资子公司之间，同一自然人与其设立的个人独资企业、一人有限公司之间土地、房屋权属的划转，免征契税。母公司以土地、房屋权属向其全资子公司增资，视同划转，免征契税。

7）债权转股权。经国务院批准实施债权转股权的企业，对债权转股权后新设立的公司承受原企业的土地、房屋权属，免征契税。

8）划拨用地出让或作价出资。以出让方式或国家作价出资（入股）方式承受原改制重组企业、事业单位划拨用地的，不属上述规定的免税范围，对承受方应按规定征收契税。

9）公司股权（股份）转让。在股权（股份）转让中，单位、个人承受公司股权（股份），公司土地、房屋权属不发生转移，不征收契税。

做中学

因市政府实施城市规划，甲银行将原办公楼出售，并购入新办公楼。经资产评估机构评定，原办公楼含税市场价格为 26 250 万元。2019 年 6 月，甲银行以此价格转让给乙商务管理有限公司（乙公司）。2019 年 7 月，甲银行与丙房地产开发有限公司（丙公司）签订商品房买卖合同，购入丙公司 2016 年 4 月 30 日前建成的新办公楼，含税成交价格 24 150 万元，其中价款 23 000 万元，增值税税额 1 150 万元。新、旧办公楼尚未办理产权交割手续。甲银行在编制购置办公楼财务预算时，其中涉及计算缴纳契税及账务处理如下（当地税务机关规定，契税税率为 3%）：

应缴纳契税金额＝(26 250－24 150)×3%＝2 100×3%＝63(万元)。

借：在建工程　　630 000

　贷：应交税费——应交契税　　630 000

税务人员依据税法规定，认定甲银行确定契税计税依据有问题，请指出错误之处。

解析：甲银行的确存在少缴纳契税问题，因为不是置换是新购入，应该按新购入的办公楼全额纳税，应纳契税税额应为 690（23 000×3%）万元，而不是 63 万元，故甲银行少缴纳契税 627（690－63）万元。

任务五　土地增值税税务检查

任务导入

某房地产公司聘请了一位老会计，她采用的是手工方式作账。检查人员发现“应付账款——某事业单位”上年结转数有涂改的痕迹，将“21 216 600”涂改为“31 216 600”，对此会计解释为誊抄去年字数时笔误。检查人员再往去年追溯时发现此笔金额有同样的改动，摘要有“征地用款”的记录。检查人员要求企业提供取得土地使用权的相关资料，无奈之下企业提供了与某单位签订的合作建房合同以及相关的土地来源的资料。采取的形式是某单位将土地使用权作价转让到该房地产公司，待房屋建成后按作价金额分房。为保证收款安全，某单位与该房地产公司共同设立一个账户，某单位通过共同账户收取本单位职工的团购房款，以此冲抵土地款。因此在该房地产公司账上未见收取购房款，未将购房款作为收入核算。

请指出该业务中存在的涉税问题。

解析：

该公司隐匿收入，少缴纳流转税、城建税、教育费附加、地方教育附加和土地增值税。

[知识回顾与提升]

土地增值税只对转让国有土地使用权的行为征税，对出让国有土地使用权的行为不征税。它是以转让房地产取得的收入，减除法定扣除项目金额后的增值额作为计税依据，并按照四级超率累进税率进行征收。

一、土地增值税的特点

（1）在房地产转让环节征收。

（2）以房地产转让实现的增值额为计税依据。

（3）征税范围比较广。

（4）采用扣除法和评估法计算增值额。

（5）实行超率累进税率。

二、土地增值税的纳税人

土地增值税的纳税人是指转让国有土地使用权、地上建筑物及其附着物并取得收入的单位和个人。土地增值税的纳税义务人不论法人与自然人，不论经济性质，不论内资与外资企业、中国公民与外籍个人，不论部门。

三、土地增值税的征税范围

（一）征税范围的一般规定

（1）土地增值税只对转让国有土地使用权的行为征税，对出让国有土地使用权的行为不征税（国家才是所有者，才能出让）。

（2）土地增值税既对转让土地使用权的行为征税，也对转让地上建筑物及其他附着物产权的行为征税。

（3）土地增值税只对有偿转让的房地产征税，对以继承、赠与等方式无偿转让的房地产，不予征税。

（二）征税范围的具体和特殊规定

（1）以房地产进行投资联营。

以房地产进行投资联营，一方以土地作价入股进行投资或者作为联营条件，免征收土地增值税。其中如果投资联营的企业从事房地产开发，或者房地产开发企业以其建造的商品房进行投资联营的就不能暂免征税。

（2）房地产开发企业将开发的房产转为自用或者用于出租等商业用途，如果产权没有发生转移，不征收土地增值税。

（3）房地产的互换，由于发生了房产转移，因此属于土地增值税的征税范围。但是对于个人之间互换自有居住用房的行为，经过当地税务机关审核，可以免征土地增值税。

（4）合作建房，对于一方出地，另一方出资金，双方合作建房，建成后按比例分房自用的，暂免征收土地增值税；但建成后转让的，应征收土地增值税。

（5）房地产的出租，指房产所有者或土地使用者，将房产或土地使用权租赁给承租人使用由承租人向出租人支付租金的行为。房地产企业虽然取得了收入，但没有发生房产产权、土地使用权的转让，因此，不属于土地增值税的征税范围。

（6）房地产的抵押，指房产所有者或土地使用者作为债务人或第三人向债权人提供不动产作为清偿债务的担保而不转移权属的法律行为。这种情况下房产的产权、土地使用权在抵押期间并没有发生权属的变更，因此对房地产的抵押，在抵押期间不征收土地增值税。

（7）企业兼并转让房地产，在企业兼并中，对被兼并企业将房地产转让到兼并企业中的，免征收土地增值税。

（8）房地产的代建行为，是指房地产开发公司代客户进行房地产的开发，开发完成后向客户收取代建收入的行为。对于房地产开发公司而言，虽然取得了收入，但没有发生房地产权属的转移，其收入属于劳务收入性质，故不在土地增值税征税范围。

（9）房地产的重新评估，按照财政部门的规定，国有企业在清产核资时对房地产进行重新评估而产生的评估增值，因其既没有发生房地产权属的转移，房产产权、土地使用权人也未取得收入，所以不属于土地增值税征税范围。

（10）土地使用者处置土地使用权，土地使用者转让、抵押或置换土地，无论其是否取得了该土地的使用权属证书，无论其在转让、抵押或置换土地过程中是否与对方当事人办理了土地使用权属证书变更登记手续，只要土地使用者享有占用、使用收益或处分该土地的权利，具有合同等证据表明其实质转让、抵押或置换了土地并取得了相应的经济利益，土地使用者及其对方当事人就应当依照税法规定缴纳土地增值税和契税等。

《中华人民共和国土地增值税法（征求意见稿 2019）》规定：转移房地产，是指下列行为：（1）转让土地使用权、地上的建筑物及其附着物。（2）出让集体土地使用权、地上的建筑物及其附着物，或以集体土地使用权、地上的建筑物及其附着物作价出资、入股。

四、土地增值税应纳税额的计算

（一）计算公式

土地增值税应纳税额＝增值额×适用税率－扣除项目金额×速算扣除系数

（二）计算步骤

（1）计算转让房地产取得的收入（货币收入、实物收入）。

（2）计算扣除项目。

1）取得土地使用权支付的金额。

2）开发土地的成本、费用。

3）新建房及配套设施的成本、费用或者旧房及建筑物的评估价格。

4）与转让房地产有关的税金，包括城市维护建设税、印花税、教育费附加。

（3）计算增值额。计算公式为：

增值额＝转让房地产的收入－扣除项目

（4）计算增值率。计算公式为：

增值率＝(增值额÷扣除项目金额)×100％

（5）确定适用税率和速算扣除系数，按照计算出的增值率确定。

五、土地增值税的减免税

（1）纳税人建造普通标准住宅出售，增值额未超过扣除项目金额 20％ 的，予以免税；超过 20％ 的，应按全部增值额缴纳土地增值税。高级公寓、别墅、度假村不属于普通标准住宅。

（2）因国家建设需要依法征用、收回的房地产，免征土地增值税。因城市实施规划、国家建设的需要而搬迁，由纳税人自行转让原房地产的，比照有关规定免征土地增值税。

（3）企事业单位、社会团体以及其他组织转让旧房作为廉租住房、经济适用住房房源且增值额未超过扣除项目金额 20％ 的，免征土地增值税。

六、土地增值税的纳税申报

（一）土地增值税纳税申报程序

（1）纳税人应在转让房地产合同签订后 7 日内，到房地产所在地主管税务机关办理；经常转让经审核可按月、按季申报纳税。

（2）纳税人采取预售方式销售房地产的，对在项目全部竣工结算前转让房地产取得的收入，税务机关可以预征土地增值税，之后办理纳税清算后，多退少补。

（二）土地增值税纳税清算

1. 土地增值税的清算条件，区分“应当清算”和“可要求清算”

（1）符合下列情形之一的，纳税人应当进行土地增值税的清算：

1）房地产开发项目全部竣工、完成销售的。

2）整体转让未竣工决算房地产开发项目的。

3）直接转让土地使用权的。

（2）符合下列情形之一的，主管税务机关可以要求纳税人进行土地增值税清算：

1）已竣工验收的房地产开发项目，已转让的房地产建筑面积占整个项目可售建筑面积的比例在 85％ 以上，或该比例虽未超过 85％，但剩余的可售建筑面积已经出租或自用的。

2）取得销售（预售）许可证满三年仍未销售完毕的。

3）纳税人申请注销税务登记但未办理土地增值税清算手续的。

4）省级税务机关规定的其他情况。

《中华人民共和国土地增值税法（征求意见稿 2019）》规定：从事房地产开发的纳税人应当自达到以下房地产清算条件起 90 日内，向税务机关报送土地增值税纳税申报表，自行完成清算，结清应缴税款或向税务机关申请退税。

(1) 已竣工验收的房地产开发项目，已转让的房地产建筑面积占整个项目可售建筑面积的比例在85%以上，或该比例虽未超过85%，但剩余的可售建筑面积已经出租或自用的；(2) 取得销售（预售）许可证满三年仍未销售完毕的；(3) 整体转让未竣工决算房地产开发项目的；(4) 直接转让土地使用权的；(5) 纳税人申请注销税务登记但未办理土地增值税清算手续的；(6) 国务院确定的其他情形。

2. 清算后再转让房地产的处理

单位建筑面积成本费用＝清算时扣除项目总金额÷清算的总建筑面积

3. 土地增值税的核定征收

有无账可查或申报不可信的情形时，税务机关可以参照有关规定，核定征收。

（三）土地增值税的纳税地点

1. 纳税人是法人的

当转让的房地产坐落地与其机构所在地或经营所在地一致时，在办理税务登记的原管辖税务机关申报纳税；如果转让的房地产坐落地与其机构所在地或经营所在地不一致时，应在房地产坐落地的税务机关申报纳税。

2. 纳税人是自然人的

当转让的房地产坐落地与其居住所在地一致时，在居住所在地税务机关申报纳税；当转让的房地产坐落地与其居住所在地不一致时，在办理过户手续所在地的税务机关申报纳税。

同时，凡在我国境内转让房地产并取得收入的单位和个人，除税法规定免税的外，均应依照《土地增值税暂行条例》的规定缴纳土地增值税。换言之，凡发生应税行为的单位和个人，不论其经济性质，也不分内、外资企业或中、外籍人员，无论专营或兼营房地产业务，均有缴纳土地增值税的义务。

做中学

某房地产开发企业开发的一栋楼，在2019年5月份与海洋公司共同投资成立一家五星级酒店，其中海洋公司占股权比例51%，负责运营管理，房地产开发企业将建造房屋投资酒店，股权比例为49%。2020年3月，税务机关对房地产开发企业检查时认为该企业就此投资行为应缴纳土地增值税，而企业认为不应纳税。请问该房地产开发企业的观点是否正确？

解析： 该企业的观点错误。对于以房地产进行投资、联营的，投资、联营的一方以土地（房地产）作价入股进行投资或作为联营条件，将房地产转让到所投资、联营的企业中时，暂免征收土地增值税。但是对于以土地（房地产）作价入股进行投资或联营的，凡所投资、联营的企业从事房地产开发的，或者房地产开发企业以其建造的商品房进行投资和联营的，均不适用暂免征收土地增值税的规定，所以该企业应缴纳土地增值税。

归纳提升

土地增值税常见涉税问题及主要检查方法，如表6-5所示。

表 6-5　土地增值税常见涉税问题及主要检查方法

检查内容	企业常见涉税问题	税务机关和中介机构主要检查方法
纳税义务人的检查	转让国有土地使用权、地上建筑物及其附着物时，未按规定履行纳税义务。	1. 检查单位“固定资产”和“无形资产”明细账，了解其拥有的国有土地使用权、地上建筑物及其附着物发生增减变化的情况，发生减少的，要通过土地、房产等管理部门核实被查单位拥有的国有土地使用权、地上建筑物及其附着物的变化，进一步确定是否转让了其拥有的房地产和土地并取得收入，转让并取得收入的单位或个人为土地增值税纳税义务人。 2. 对不设置账簿或账簿记录不完整的单位和个人，应当深入实际进行调查，通过走访、询问土地、房产、受让方等部门和单位，了解被查单位是否发生了有偿转让国有土地使用权、地上的建筑物及其附着物的行为，发生转让行为并取得收入的单位或个人为土地增值税纳税义务人。 3. 对未办理土地使用权证而转让土地的单位和个人，结合“营业外收入”“其他业务收入”“资本公积”和“银行存款”等账户，确定是否有未办理土地使用证而转让土地的情况。
征税范围的检查	混淆土地增值税的征免税范围。	1. 征税范围确认的检查。检查“固定资产”“无形资产”“银行存款”等账户，核查单位有无转让国有土地使用权、地上建筑物等行为的发生。如果发生土地使用权的转移，还应进一步确定转让土地的权属是否为国家所拥有。 2. 土地使用权转让与出让区分的检查。土地使用权属转移包括两种方式：转让与出让。国有土地使用权的转让是指土地使用者通过出让等形式取得土地使用权后，将土地使用权再转让的行为，包括出售、交换和赠与，属于土地增值税的征税范围。国有土地使用权出让是指国家以土地所有者的身份将土地使用权在一定年限内让与土地使用者，并由土地使用者向国家支付土地使用权出让金的行为，不属于土地增值税的征税范围。 3. 房地产开发企业与非房地产开发企业投资和联营的检查。 对于房地产开发企业，检查企业“长期股权投资”等账户，发现企业有对外投资和联营行为，应进一步检查“开发产品”和“投资性房地产”账户，确定企业对外投资和联营的形式，对于以其建造的商品房对外投资或联营的，属于土地增值税的征税范围。 对于非房地产开发企业，检查企业“长期股权投资”“固定资产”“无形资产”等明细账，如果发现以土地（房地产）作价入股进行投资或联营的，凡所投资、联营的企业从事房地产开发的，应属于土地增值税的征税范围；凡所投资、联营的企业从事非房地产开发的，则不属于土地增值税的征税范围。 4. 被兼并企业转让国有土地使用权、地上建筑物及其附着物的检查。通过合同、协议、批文等资料和“固定资产”“无形资产”等账户，重点查实国有土地使用权、地上建筑物及其附着物等转让行为发生的时间、形式，如果属于被兼并企业将国有土地使用权、地上建筑物及其附着物转让到兼并企业的，暂免征收土地增值税，其他行为应属于土地增值税的征税范围。 5. 搬迁企业土地、房产的检查。对于有搬迁行为的企业，要询问企业负责人、财务人员，掌握具体的搬迁情况，查看当地的城市规划，查实是否因城市实施规划、国家建设需要而搬迁，对于符合免税条件的免征土地增值税。达不到以上条件的，属于土地增值税的征税范围。

续表

检查内容	企业常见涉税问题	税务机关和中介机构主要检查方法
应税收入的检查	1. 转让收入长期挂账不及时结转，延迟纳税。 2. 少报转让价格，少申报纳税。 3. 视同销售行为未申报纳税。 4. 取得非货币收入未按规定计量，少申报纳税。 5. 部分房地产销售收入不入账，形成账外资金，少申报纳税。	1. 检查“银行存款”“其他应付款”“应付账款”“预收账款”等账户，核实实现的收入是否长期挂账不及时结转收入，未按税法规定的时间申报纳税。 2. 查阅有关的转让合同、协议、评估报告，检查“主营业务收入”“其他业务收入”“固定资产清理”“银行存款”等账户，查询房产、土地管理部门及购买方，核实取得的收入是否真实、准确、完整，有无少报收入的情况；在审查核实房地产转让收入时，成交价格明显低于评估价格，又无正当理由的，可以用评估价格来计算征税。 3. 视同销售行为的检查。主要通过检查“开发产品”“固定资产”“无形资产——土地使用权”等明细账，结合对合同协议的审查，核实企业是否发生了视同销售行为；对发生视同销售行为的，主要检查账务处理和收入核算是否准确，是否按规定申报纳税。 4. 非货币收入的检查。主要查阅销售合同、转让协议，了解取得非货币性项目的市场价格，核实非货币收入是否全额记入“主营业务收入”“其他业务收入”等账户，入账的评估价格是否合理。 5. 房地产转让收入完整性的检查，要从“主营业务收入”“产成品”“固定资产清理”等明细账入手，认真核对合同协议书、评估报告等关联资料，同时对已售商品房实地查看，登记造册，逐项账实核对，分别从数量上、金额上核实商品房销售收入的准确性。
扣除项目的检查	1. 虚列开发成本，多计扣除项目金额。 2. 旧房的重置成本确定不准确，多计扣除项目金额。 3. 自行扩大加计扣除的适用范围。	1. 取得土地使用权支付金额的检查。 (1) 重点审查“开发成本”账户，查阅和土地交易有关的证明文件及原始凭证，核实土地坐落位置和开发项目是否相符。(2) 对分期开发的房地产项目，准确计算总体开发面积。通过检查“产成品”“开发成本——土地成本”“银行存款”“主营业务收入”“主营业务成本”等账户，核查已销房产土地成本的分摊金额是否正确。 2. 开发土地和新建房及配套设施成本的检查。 (1) 结合“拆迁协议书”到拆迁户实地确定拆迁政策和面积，检查“银行存款”“开发成本”明细账户，查实有无虚假拆迁、虚报拆迁价格和面积的情况。(2) 到统计部门了解开发项目所在地的建安成本单位价格，与开发单位建安成本进行对比，成本差异较大的，要审查建筑合同，查清承建形式、面积、付款方式和时间，查实有无虚报建安成本的情况。(3) 检查房地产转让合同，确认公共配套设施的使用方式，如果建成后有偿转让的，应查看收入账户，通过计算收入核实准予扣除的成本、费用。(4) 检查“开发成本”明细账，并与有关会计凭证核对，核实有无将不属于开发产品的基础设施费、公共配套设施费和开发间接费用计入了开发费用的问题，已发生开发费用的分配与结转是否合理、准确。 3. 开发土地和新建房及配套设施费用的检查。 (1) 检查“开发成本”明细账和“管理费用”“销售费用”账户，核实有无加大加计扣除基数的问题。(2) 对财务费用中利息支出检查，要查阅所提供金融机构证明的可靠性，利息是否超过按商业银行同类同期贷款利率计算的金额，超过部分和罚息不能扣除。(3) 对属于多个房地产项目共同的成本费用，应核实成本费用分割方法是否正确，已售出房产项目的费用扣除是否准确。 4. 与转让房地产有关税金的检查。 (1) 结合售房合同，检查企业“开发成本”和“管理费用”账户，检查有无将非转让房地产环节的印花税计入开发成本重复扣除的情况。(2) 检查“应交税费”“其他业务收入”“营业外收入”等账户，核实企业有无将转让房地产以外的税金及附加重复扣除。

续表

检查内容	企业常见涉税问题	税务机关和中介机构主要检查方法
适用税率和应纳税额的检查	1. 增值额和扣除项目的计算不正确，导致适用税率和速算扣除系数错误。 2. 未准确划分普通住宅和非普通住宅，导致土地增值税计算错误。	1. 在核实纳税人增值额与扣除项目金额的基础上，计算出增值率，并据以确定适用税率、速算扣除系数，与企业申报的增值率、适用税率和速算扣除系数进行核对，检查申报土地增值税适用税率和税额是否正确。 2. 对照文件中规定的普通住房标准，实地核实普通住宅和非普通住宅划分的真实性，有无把非普通住宅按照普通住宅申报土地增值税。尤其是需要根据不动产所在地政策标准进行判定。

练一练

一、单选题

1. 下列可以不征收印花税的项目是（　　）。

A. 专利证书　　B. 房屋中介服务合同

C. 技术开发合同　　D. 出版印刷合同

2. 下列情形中，税务机关不应按照房地产评估价格对纳税人计算征收土地增值税的是（　　）。

A. 纳税人不进行土地增值税纳税申报的

B. 纳税人提供的扣除金额不实

C. 纳税人隐瞒、虚报房地产成交价格

D. 纳税人转让房地产的成交价格低于房地产评估价格且无正当理由

3. 下列项目中，不属于房地产开发成本的是（　　）。

A. 土地征用费　　B. 耕地占用税　　C. 前期工程费　　D. 销售费用

4. 按照房产计税价值征收房产税的，称为（　　）。

A. 比例税率　　B. 从价计征　　C. 房屋面积　　D. 从租计征

5. 自 2018 年 5 月 1 日起，对按 0.5‰ 贴花的资金账簿（　　）征收印花税，资金账簿免税。

A. 全部减免　　B. 减半　　C. 全额　　D. 75%

二、多选题

1. 房产税的计税依据是（　　）。

A. 计税价值　　B. 房产的租金收入　　C. 房屋面积　　D. 房屋净值

2. 对记载资金的营业账簿计税依据进行检查时，应审查（　　）账户。

A. “应收账款”　　B. “银行存款”　　C. “资本公积”　　D. “实收资本”

3. 契税的征税对象是权属转移的行为的有（　　）。

A. 土地　　B. 大型设备　　C. 专利技术　　D. 房屋

4. 下列属于土地增值税征税范围的是（　　）。

A. 房屋销售　　B. 土地销售　　C. 房屋抵押　　D. 房屋租赁

5. 纳税人应当进行土地增值税清算的情形是（　　）。

A. 房地产开发项目全部竣工、完成销售的　B. 整体转让未竣工决算房地产开发项目的

C. 直接转让土地使用权的　D. 房地产开发项目全部竣工但尚未销售的

三、判断题

1. 土地增值税的纳税人为转让土地使用权、地上的建筑物及其附着物并取得收入的单位和个人。(　　)

2. 对于代收费用未作为转让房地产的收入计税的，在计算增值税额时不允许扣除代收费用。(　　)

3. 城镇土地使用税的征税范围是城市、县城、建制镇、工矿区和农村所有的土地。(　　)

4. 房产税采用的是比例税率，税率为12%。(　　)

5. 自2019年1月1日对增值税纳税人可以在50%的税额幅度内减征资源税、城市维护建设税、房产税、城镇土地使用税、印花税（不含证券交易印花税）、耕地占用税和教育费附加、地方教育附加。(　　)

四、案例分析与实践操作

1. 2020年税务检查时，检查人员发现某企业经营用房在建工程金额为8 000万元，当地规定允许按减除30%后的余值计税，适用税率为1.2%。假定该房屋于2018年12月份投入使用，但未办理竣工决算手续。税务机关2020年检查时发现企业2019年度未申报缴纳房产税，请判定该企业是否需要缴纳房产税。如果需要，请计算应纳房产税税额。

2. 居民甲有两套住房，将一套出售给居民乙，成交价格为2 500 000元；将另一套两室住房与居民丙交换成两处一室住房，并支付给丙换房差价款800 000元。假定三方认为都不用缴纳契税，请判断他们是否需要纳税；如果需要，请计算甲、乙、丙相关行为应缴纳的契税税额（假定税率为4%）。

3. 某企业2019年8月开业，为一般纳税人，当年发生以下相关业务事项：领受房屋产权证、工商营业执照、土地使用证各1件；与其他企业订立转移专用技术使用权书据1份，所载金额为200万元；订立产品购销合同1份，所载金额为500万元；订立借款合同1份，所载金额为600万元；企业记载资金的账簿，“实收资本”与“资本公积”为1 000万元；其他营业账簿10本。税务机关检查发现该企业当年未纳印花税。请计算该企业2019年应补缴的印花税税额。

4. 位于某城市的一家企业实际占用土地面积为50 000平方米，该企业按年税额为5元/平方米缴纳税款。税务机关检查后认为该企业坐落于一级地段，适用年税额为10元/平方米。请计算企业全年应补缴的城镇土地使用税。

项目七　典型行业税务检查

学习目标

知识目标

1. 掌握房地产业、建筑业、制造业、商业和服务业常见涉税问题。
2. 掌握典型行业纳税检查常用方法、常见涉税问题。
3. 掌握典型行业纳税问题的调整方法和技巧。

能力目标

1. 会检查房地产业存在的常见涉税问题。
2. 会检查建筑业存在的常见涉税问题。
3. 会检查制造业存在的常见涉税问题。
4. 会检查商业存在的常见涉税问题。
5. 会检查服务业存在的常见涉税问题。
6. 会对典型行业的错账进行相应账务调整或纳税调整。

任务一　房地产开发企业税务检查

任务导入

某房地产开发公司于2004年11月成立，已开发美丽花园一期和二期两个项目，规划建筑面积为26万平方米，其中一期和二期分别为10万平方米和16万平方米。检查人员于2020年6月对其进行检查时，发现该公司至2019年年底一直未进行完工清算，按预售收入8 200万元申报缴纳了税款。检查人员实地察看了楼盘，对住户进行了调查，了解到该项目一期在2019年上半年早已完工。检查人员又从质监部门获取了《工程竣工验收备案表》，证实一期工程已于2019年4月竣工验收合格。检查人员根据完工楼盘、门牌号，结合销控台账、销售合同、售房发票等资料，与“预收账款”“主营业务收入”“应交税费”账户进行了比对，查实企业未及时进行一期项目完工清算，未及时结转营业收入，少申报缴纳税款。

请问该企业少缴纳了什么税？

解析：

检查结论：

该企业少缴纳了增值税及相应税金及附加、企业所得税、土地增值税等。

政策依据：

政策依据1：财政部、国家税务总局《关于全面推开营业税改征增值税试点的通知》财税〔2016〕36号：

（四）纳税人发生本办法第十四条规定情形的，其纳税义务发生时间为服务、无形资产转让完成的当天或者不动产权属变更的当天。

政策依据2：国家税务总局关于印发《土地增值税清算管理规程》的通知（国税发〔2009〕91号）第九条：

纳税人符合下列条件之一的，应进行土地增值税的清算。

（一）房地产开发项目全部竣工、完成销售的；

（二）整体转让未竣工决算房地产开发项目的；

（三）直接转让土地使用权的。

政策依据3：《房地产开发经营业务企业所得税处理办法》：开发产品完工后，企业应及时结算其计税成本并计算此前销售收入的实际毛利额，同时将其实际毛利额与其对应的预计毛利额之间的差额，计入当年度企业本项目与其他项目合并计算的应纳税所得额。

[知识回顾与提升]

一、"营改增"后房地产开发企业的税目和税率

（一）销售不动产

销售不动产，是指转让不动产所有权的业务活动。不动产，是指不能移动或者移动后会引起性质、形状改变的财产，包括建筑物、构筑物等。

建筑物，包括住宅、商业营业用房、办公楼等可供居住、工作或者进行其他活动的建造物。

构筑物，包括道路、桥梁、隧道、水坝等建造物。

转让建筑物有限产权或者永久使用权的，转让在建的建筑物或者构筑物所有权的，以及在转让建筑物或者构筑物时一并转让其所占土地的使用权的，按照销售不动产缴纳增值税。

（二）税率

销售不动产一般计税方法的税率为11%，自2018年5月1日税率降为10%，自2019年4月1日税率降为9%；简易计税方法征收率为5%。

二、"营改增"后房地产开发企业税额的计算

（一）一般计税方法与简易计税方法的选择

（1）一般纳税人销售其2016年4月30日前取得（不含自建）的不动产，可以选择适用简易计税方法，以取得的全部价款和价外费用减去该项不动产购置原价或者取得不动产

时的作价后的余额为销售额，按照 5% 的征收率计算应纳税额。

（2）一般纳税人销售其 2016 年 4 月 30 日前自建的不动产，可以选择适用简易计税方法，以取得的全部价款和价外费用为销售额，按照 5% 的征收率计算应纳税额。纳税人应按照上述计税方法在不动产所在地预缴税款后，向机构所在地主管税务机关进行纳税申报。

（3）一般纳税人销售其 2016 年 5 月 1 日后取得（不含自建）的不动产，应适用一般计税方法，以取得的全部价款和价外费用为销售额计算应纳税额。纳税人应以取得的全部价款和价外费用减去该项不动产购置原价或者取得不动产时的作价后的余额，按照 5% 的预征率在不动产所在地预缴税款后，向机构所在地主管税务机关进行纳税申报。

（4）一般纳税人销售其 2016 年 5 月 1 日后自建的不动产，应适用一般计税方法，以取得的全部价款和价外费用为销售额计算应纳税额。纳税人应以取得的全部价款和价外费用，按照 5% 的预征率在不动产所在地预缴税款后，向机构所在地主管税务机关进行纳税申报。

（5）小规模纳税人销售其取得（不含自建）的不动产（不含个体工商户销售购买的住房和其他个人销售不动产），应以取得的全部价款和价外费用减去该项不动产购置原价或者取得不动产时的作价后的余额为销售额，按照 5% 的征收率计算应纳税额。纳税人应按照上述计税方法在不动产所在地预缴税款后，向机构所在地主管税务机关进行纳税申报。

（二）一般计税方法与简易计税方法税额的计算

房地产开发企业中的一般纳税人销售自行开发的房地产项目，适用一般计税方法计税，按照取得的全部价款和价外费用，扣除当期销售房地产项目对应的土地价款后的余额计算销售额。计算公式如下：

应纳增值税税额＝销项税额－进项税额

销项税额＝销售额×适用税率

销售额＝(全部价款和价外费用额－当期允许扣除的土地价款)÷(1＋9%)

在计算销售额时从全部价款和价外费用中扣除的土地价款，应当取得省级以上（含省级）财政部门监（印）制的财政票据。

一般纳税人销售自行开发的房地产老项目适用简易计税方法计税的，以取得的全部价款和价外费用为销售额，不得扣除对应的土地价款。

应纳增值税税额＝销售额÷(1＋5%)×5%

做中学

某房地产开发企业开发的产品为框架结构的楼房，账面反映建安成本达 2 980 元/平方米，远高于当地 2 200～2 500 元/平方米的平均水平。

请思考：应使用哪些检查方法和手段判定企业成本存在的问题?

解析：通过查阅工程施工合同、项目预决算资料核实是否存在多记成本的现象。详见表 7－1“房地产业常见涉税问题及主要检查方法”。

归纳提升

房地产业常见涉税问题及主要检查方法，如表 7－1 所示。

表 7-1　房地产业常见涉税问题及主要检查方法

检查内容	企业常见涉税问题	税务机关和中介机构主要检查方法
销售商品房收取的价款和价外费用未及时入账	1. 收取的售房款长期滞留在销售部门，未按规定入账。 2. 采取委托销售方式销售开发产品，部分售房款由中介服务机构收取并开具发票或收据，开发企业隐匿收入。包销方式下，未按包销合同约定的收款时间、金额确认收入申报纳税。 3. 将售房款分解为两部分，一部分记入账内，另一部分记在账外。销售阁楼、停车位、地下室以及精装房装修部分单独开具收款收据，取得的收入未按规定入账。 4. 私改规划增加销售面积，隐匿增加面积部分的收入。私建违建阁楼、车库、仓库，对外销售使用权开具收款收据，隐匿收入未申报纳税。 5. 以手续费、基金、集资费、配套费、代收款项、代垫款项等名义向购房者收取的有线电视、电话、宽带网络、一户一表、空调设备、防盗门、可视门铃、房屋装修等各种性质的价外收费，客户放弃的购房定金，没收的违约保证金，施工方延误工期的罚款收入，取得的政府奖励收入等未按规定申报纳税。 6. 无正当理由，以明显偏低的价格将商品房销售给本公司股东及相关联企业及个人，未确认收入申报纳税。 7. 开发的会所等产权转给物业，未按开发产品进行税务处理，或者将未需要办理房产证的停车位、地下室等公共配套设备对外出售，未计收入申报纳税。 8. 将未售出的房屋、商铺、车位出租，取得的租金收入未计或少计收入，未申报纳税。或者发生售后返租业务，以冲减租金后实际收取的款项作为收入，冲减的租金未计收入申报纳税。 9. 从事小产权房开发的单位和个人，不进行纳税申报。一些村民小组和个人从事房地产开发，他们既不办理税务登记手续，也不向税务机关申报应缴的各项税款。	1. 实地察看、了解楼盘开发、销售情况，核对房源销售平面图，调查、询问阁楼、停车位、地下室是否单独作价出售，掌握住宅、阁楼、停车位、地下室的销售状况。 2. 调取售楼处资料，收集台账、销售合同、销售发票、收款收据等纸质资料以及销售合同统计数据、预售房款统计数据、售房发票记录等电子文档，统计已售面积及销售金额。查看物业公司入住通知单，核对销售数据的真实性。将确认的已售面积及销售金额与“预收账款”“主营业务收入”账户及纳税申报表进行核对，检查企业收取的销售款是否全部入账并申报纳税。 3. 调取开发企业与中介服务机构签订的代理销售合同、协议，根据计提的销售佣金金额和比例反向计算销售额，与申报的预售收入和销售收入比对，寻找差异，并对照检查中介服务机构的销售明细表，检查有无分解开票，隐瞒销售收入问题。 4. 将《建设工程规划许可证》中开发项目的建筑面积、容积率、可销售面积、不可销售面积以及公共配套设施等信息，与账面记载面积、实地开发面积核对，检查有无私改规划、增加可售面积、销售后不计收入问题。 5. 调查部分买受人，核实开具发票的金额与收取的价款是否一致。有无将销售的阁楼、停车位、地下室和精装房装修部分取得的价款单独开具收款收据问题。预交房款账号是否为个人账户而非房产开发企业账户。
完工前预售收入和完工后结转收入	1. 在开发产品完工前采取预售方式销售，取得的预售收入未按规定预缴或少预缴增值税。 2. 开发产品完工后，预售收入长期挂在“预收账款”等往来账户，未按规定结转收入、申报纳税。	1. 对照核查“预收账款”等账户及纳税申报资料，核实预收的房款是否按规定预缴税款。 2. 实地察看各期楼盘开发销售进展情况，根据《工程竣工验收备案表》确定开发产品完工项目，根据已售楼号、门牌号，对照预售款确定应税收入，与“主营业务收入”和“预收账款”明细账进行比对，核实预收账款是否按规定结转收入。

续表

检查内容	企业常见涉税问题	税务机关和中介机构主要检查方法
以银行按揭方式销售产品收取的价款	1. 以银行按揭方式销售开发产品，开发企业在收到首付款、银行按揭贷款到账后，未按规定计税。 2. 将收到的按揭款项以银行贷款的名义记入“短期借款”账户，隐匿收入。	1. 到贷款银行核查银行按揭的保证金账户存款余额（银行按贷款额的5%～7%收取保证金），推算按揭贷款数额，与结转的收入比较，查找涉税问题。 2. 到开发企业开户银行查询按揭贷款的发放情况，核对计税收入。 3. 核对银行存款日记账与银行对账单，查验从银行按揭贷款账户转入的款项是否记入“预收账款”或“主营业务收入”账户。
进项税额检查	1. 存在多个房地产项目，选择不同的计税方法，对2016年5月1日后取得的进项无法准确划分，将选择简易计税老项目的进项税进行抵扣。 2. 配套设施中自建自用的不动产如物业楼等，进项税金与开发商品无法划分，未执行分期抵扣政策，多抵进项税。 3. 未售出的开发商品转出租，如将底商出租给商店、幼儿园等，未将开发商品转入固定资产，一次性抵扣进项未作进项转出。	1. 查看企业选择简易征收的老项目备案情况，对仍未完工交付使用的老项目发生的进项是否有进项税额转出的情况，如申报表中无此项，进一步查看企业老项目建设进度、核对账簿。 2. 了解企业自用楼房及开发商品销售、出租情况，核对是否执行分期抵扣政策。
虚抵进项税金	1. 采取甲供材方式下，签订虚假单项合同，取得虚开钢材、水泥、砂子等专用发票。 2. 从有关联关系的贸易公司购进材料或接受建筑服务，人为提高材料价格或建安费用，虚抵进项。	1. 采取工程成本总量控制法，调查了解当地同类开发产品的平均建筑材料用量和成本，对用量过大、价格过高的建筑材料成本进行重点审查。 2. 查看企业工程造价师出具的报告，看企业单体项目需用的钢筋等建筑材料用量，再根据钢筋等建材市场价格与决算书中的成本进行比较，寻找差异。 3. 审查施工合同和预（决）算书，核对工程内容，参照审计事务所出具的审计报告，对决算超出预算价格过高的项目，重点审查单项合同、补充协议的真实性。 4. 调取工程监理部门的监理记录及《材料物资进场试验报告》，核实有关材料的真实性。 5. 掌握开发企业的关联企业，通过行业比较、营业常规等方面对比分析是否存在利用关联关系虚抵进项。 6. 对照有关合同款项支付的约定要求，审查企业资金支付情况，对长期挂账的大额应付款项，到对方核实未付款项的真实性。 7. 审查建筑工程真实性、合理性。一是代开发票的真实性、合理性；二是工程项目和工程量的真实性、合理性。

续表

检查内容	企业常见涉税问题	税务机关和中介机构主要检查方法
签订虚假合同、协议，虚列、多列或重复列支成本费用	1. 签订虚假单项合同，取得虚开发票，加大建安工程费。 2. 从有关联关系的贸易公司购进材料，向关联企业发包或分包工程，人为提高材料价格或建安费用，转移利润。 3. 采取包工不包料方式的发包工程，在开发企业提供的材料、水电和其他物资已凭发票计入开发成本的情况下，指使施工企业按劳务费和材料价款的合计金额再次开具发票，并负担其多开部分的税款，重复列支开发成本。	1. 采取工程成本总量控制法，调查了解当地同类开发产品的平均建筑成本，对价格过高的建筑成本进行重点审查。 2. 聘请专业的工程造价师，对照图纸，进行工程量和工程造价评估，与企业列支数额进行核对。根据工程结构施工图中配筋图的设计，运用中国建筑科学研究院开发的PKPM结构设计软件或聘请专业技术人员计算出单体项目需用的钢筋重量，再根据钢筋市场价格确定钢筋成本，与决算书中的成本进行比较，寻找差异。 3. 审查施工合同和预（决）算书，核对工程内容，参照审计事务所出具的审计报告，对决算超出预算价格过高的项目，重点审查单项合同、补充协议的真实性。 4. 调取工程监理部门的监理记录及《材料物资进场试验报告》，核实有关材料的真实性。 5. 掌握开发企业的关联企业，通过对比行业比较、营业常规等方面，分析是否存在利用关联关系转移利润的问题。 6. 对照有关合同款项支付的约定要求，审查企业资金支付情况，对长期挂账的大额应付款项，到对方核实未付款项的真实性。
取得不符合规定的发票入账，多列成本费用	1. 取得作废发票入账。 2. 涂改、伪造、自行填开发票入账。 3. 取得第三方开具的发票入账。 4. 取得开具内容不实的发票入账。 5. 通过虚开专用发票抵扣税额，少缴增值税。	1. 检查发票版次，查看有无旧版或作废发票。 2. 审核发票代码信息与发票上的印章单位及实际业务是否一致，检查有无从第三方取得发票的问题。 3. 从发票开具痕迹上辨别真伪。 4. 检查建筑服务发票备注栏是否注明项目名称及项目所在地。
混淆成本核算对象，未按配比原则结转产品成本	1. 未根据开发项目的特点及实际情况确定成本核算对象，所有开发工程成本在一个账户中核算，无法确认当期单项工程开发成本。 2. 企业各期成本核算混乱，提前列支下期项目的成本。 3. 一次性列支应由各期分摊的土地成本（含土地附属成本）。 4. 未单独核算有偿转让或自用配套设施成本，将其全部计入可售房屋开发成本。 5. 虽单独核算有偿转让或自用配套设施的成本，但只分摊建筑安装工程费，而土地成本、前期工程费、基础设施费、借款利息等费用在已售房屋中分摊。 6. 发生销售退回业务，只冲记收入，不冲回已结转成本。	1. 审查《建设工程规划许可证》及规划总图，确定成本核算对象。检查是否按确定的成本核算对象归集与分配开发费用。 2. 审查土地转让协议是否有附加条件，检查在账面如何列支、分摊，有无全部计入完工产品成本。 3. 根据项目规划及测绘报告，确定完工项目总可售面积。审核是否将拆建换建面积、产权归全体业主所有的公共配套设施、开发企业自用的配套设施及周转房等不可销售或出租的房屋面积计入总可售面积。是否按测绘报告中的建筑面积计算可售面积。 4. 检查企业开发产品成本明细账，审查是否将有偿转让或自用的配套设施开发成本计入可售房屋开发成本。成本分配计算表核算内容是否缺项，分摊比率是否准确。

续表

检查内容	企业常见涉税问题	税务机关和中介机构主要检查方法
		5. 根据当期销售面积以及可售单位工程成本，计算当期销售成本。检查企业销售成本明细账，将销售成本与销售收入对比分析，复核计入销售成本的户数、面积和销售收入的统计口径是否一致，有无销货退回只冲减收入、不冲减成本问题。
将资本性支出直接列入当期成本，减少应纳税所得额	1. 将办公用的电子设备、汽车、音像设备等固定资产计入销售费用核算，进行税前扣除。 2. 由开发企业投资建设的，位于开发小区内的邮电通信、学校、医疗等配套设施在完工后出租的，未将其按固定资产进行账务处理。 3. 在开发小区内建造的会所、售楼部、停车场库、物业管理场等产权归开发企业所有的，未按固定资产进行账务处理。	1. 通过现场检查，核实有无可有偿转让的配套设施，如商店、银行、邮电所等。 2. 检查“固定资产”明细账，核实是否作为固定资产管理。 3. 审核立项报告书和竣工验收单，了解公用设施、配套设施和经营资产的处理情况，检查企业办理产权情况，核实是否将产权为本企业所有的开发产品作为固定资产进行账务处理。
扩大期间费用列支范围及标准，减少应纳税所得额	1. 预售收入作为广告费、业务宣传费、业务招待费的计算基数，多列管理费用。 2. 开发产品完工前的借款利息，一次性计入当期损益，虚增财务费用。	1. 以核实的销售收入为基数计算广告费、业务宣传费、业务招待费的扣除标准，审核是否多列“三项费用”。审核以前年度结转扣除的“三项费用”是否超过 3 年期限（2008 年 1 月 1 日起，广告费、业务宣传费的扣除执行新的《企业所得税法》）。 2. 审核银行借款利息支付凭证，是否属于成本对象完工前发生的，是否计入开发产品成本。

任务二　建筑业税务检查

任务导入

安建建筑公司为增值税一般纳税人，2019 年 5 月 10 日以清包工方式跨省承接 A 工程项目，5 月 30 日发包方按工程进度预付工程价款 300 万元，该项目当月发生工程成本为 100 万元，其中购买材料、动力、机械等取得增值税专用发票上注明的金额为 50 万元，税额为 6.5 万元，企业认证抵扣了税款，安建建筑公司对 A 工程项目选用简易计税方法计算应纳税额，而且没有申报任何税款。请问该操作是否正确？

解析：

检查结论：

安建建筑公司对 A 工程项目选用简易计税方法计算应纳税额是正确的。企业以清包工方式提供建筑服务或为甲供工程提供建筑服务可以选用简易计税方式，但其进项税额不能抵扣，企业抵扣税款应做进项税转出。

政策依据：

根据《关于全面推开营业税改征增值税试点的通知》财税〔2016〕36号：

（1）一般纳税人以清包工方式提供的建筑服务，可以选择适用简易计税方法计税。以清包工方式提供建筑服务，是指施工方不采购建筑工程所需的材料或只采购辅助材料，并收取人工费、管理费或者其他费用的建筑服务。

（2）一般纳税人为甲供工程提供的建筑服务，可以选择适用简易计税方法计税。甲供工程，是指全部或部分设备、材料、动力由工程发包方自行采购的建筑工程。

（3）一般纳税人为建筑工程老项目提供的建筑服务，可以选择适用简易计税方法计税。

建筑工程老项目，是指：

1）《建筑工程施工许可证》注明的合同开工日期在2016年4月30日前的建筑工程项目。

2）未取得《建筑工程施工许可证》的，建筑工程承包合同注明的开工日期在2016年4月30日前的建筑工程项目。

自2017年7月1日起，以预收款方式提供建筑服务，收到预收款的当天不再发生纳税义务，但是需要预缴税款，按照现行规定应在建筑服务发生地预缴增值税的项目（指跨市跨省项目），纳税人收到预收款时在建筑服务发生地预缴增值税。

［知识回顾与提升］

一、建筑安装业经营核算特点

（一）建筑安装的概念

建筑安装，是指使用建筑材料建造建筑物、构筑物并对其进行修缮、装饰以及安装各种设备的劳务活动。建筑安装业，是指进行建筑安装工程作业的行业。建筑安装业具有生产经营管理业务不稳定、管理环境多变、机构人员变动大等特点，其生产过程具有流动性、长期性、综合协作性等特点。

（二）建筑安装的施工程序

建筑安装施工程序是指建筑施工中各个步骤的先后顺序。建筑安装施工程序遵循以下规律：

（1）先地下，后地上。在地上工程开始之前，尽量完成地下土方、地下管道、管线和设施的施工。

（2）先土建，后设备。先进行土建施工，后进行水、暖、电等设备的施工。

（3）先主体，后围护。先进行主体框架施工，后进行围护工程（墙体）施工。

（4）先结构，后装饰。先进行主体结构施工，后进行装饰工程的施工。

（三）建筑安装业的经营方式

建筑安装业的主要经营方式是建设单位与建筑安装企业通过不同形式建立承发包关

系，签订施工合同，按合同要求组织施工，其中建设单位为合同的甲方（又称发包方），建筑安装企业为合同的乙方（又称承包方）。具体承包方式可按与建设单位的关系、承包的工作范围、包价计算方法、承包的内容进行分类。其中，按承包的内容可分为三种：第一种是包工包料，工程所需材料统一由承包方负责采购供应。第二种是包工半包料，工程所需材料由承包单位和发包单位分别负责供应。第三种是包工不包料，承包方仅提供劳务，工程所需材料统一由发包方供应。这三种方式是目前市场上最常见的承包方式。另外，在建筑安装市场，分包、转包、无资质的建筑安装企业和个人挂靠有资质的建筑安装企业的现象比较普遍，总包方一般向分包方、转包方或挂靠方收取分包、转包、挂靠工程价款5%～7%的管理费。

（四）建筑安装业涉及的中介机构

建筑安装业涉及的中介机构主要有建设工程监理公司和审计（会计师）事务所。

1. 建设工程监理公司

建设工程监理公司的主要职责是控制工程建设的投资、建设工期、工程质量；进行安全管理、工程建设合同管理；协调有关单位之间的工作关系。

监理公司在履行施工阶段的委托监理合同时，必须在施工现场设立项目监理机构，项目监理机构在工作中会形成以下资料：

（1）对施工过程进行巡视和检查，形成监理日记和有关的监理记录。

（2）检查承包单位投入工程项目的人力、材料、主要设备及其使用、运行状况，形成检查记录或工程材料、构配件和设备的质量证明文件。

（3）由项目监理机构主持的，在工程实施过程中针对工程质量、造价、进度、合同管理等事宜定期召开的、由有关单位参加的工地例会，形成会议纪要。

（4）根据承包合同的约定，合同一方因另一方原因造成本方经济损失，通过项目监理机构向对方索取费用，形成索赔文件。

（5）审核签署承包单位的申请、支付证书和竣工结算，形成工程计量单和工程款支付证书。

（6）工程单价或总价变更时，形成工程变更资料。

（7）每月形成监理月报。

（8）工程竣工后形成竣工结算审核意见书。

（9）施工阶段监理工作结束时，向建设单位提交监理工作总结。

2. 审计（会计师）事务所

负责对预（决）算报告进行审计，出具审计报告。审计报告是编制决算的重要依据，对审核建筑业应税收入的真实性具有重要参考价值。

（五）建筑安装业部分参考数据

在建筑安装行业，人工费和钢筋、混凝土、地面砖、墙面砖等主要材料的消耗均有定额，其依据是各省、市建设行政管理部门制定印发的《建筑工程量计算规则》《建筑工程消耗量定额》《建筑工程消耗量定额价目表》《建筑工程费用项目组成及计算规则》等文件。

在建筑安装工程成本中，人工费约占15%，材料费占60%～65%，机械费用、其他直接费用和间接费用占20%～25%。在材料费中，钢筋的消耗定额可通过查阅发包方向规划部门提交的工程结构施工图中有关项目的配筋图获得，其参考值是七层以下的普通住宅每平方米需用钢筋30～35千克，小高层每平方米需用钢筋50～60千克。

二、建筑安装业的财务核算

（一）财务核算方式

建筑安装企业在经营管理上的特点，决定了其在财务核算上有不同于其他行业的特点。

1. 分级核算

由于施工现场不断变换，而且较为分散，为避免集中核算造成财务核算与施工生产相脱节，规模大的建筑安装企业一般采用公司、工区、施工队三级核算体制，规模小的建筑安装企业一般采用公司、工区两级核算体制。在分级核算方式下，收入由公司统一核算，成本费用由公司、工区和施工队按照规定的内容和方式分别核算，在公司进行归集。

2. 按项目确认收入，归集成本

由于建筑产品具有多样性，施工生产具有单件性，不同产品之间差异大、可比性差，不能根据一定时期内所发生的全部施工生产费用和完成的工程量归集计算各项工程的单位成本。因此，建筑安装企业必须按照每项工程分别归集施工生产费用，单独计算每项工程的收入。

3. 分阶段进行工程成本核算与工程价款核算

建筑安装企业一般按完成的工程量分期计算工程成本，并与建设单位进行工程价款的中间结算。对于跨年度施工的工程，一般采用完工百分比法分别计量和确认各年度的工程价款结算收入和工程施工费用，以确定各年度的经营成果。

（二）建设工程价款结算方式

建设工程价款结算，是指对建设工程的合同价款进行约定和依据合同约定进行工程预付款、工程进度款、工程竣工价款结算的活动。建设工程价款结算具有结算周期长、结算过程复杂、结算手续烦琐等特点，一般都要跨越一个会计年度，有的甚至长达数年。

建设工程价款结算遵循以下顺序和方式。

1. 约定工程合同价款

合同价款在合同中约定后，任何一方不得擅自改变。如需要调整工程合同价款，由承包人和发包人在规定的时间内进行书面确认。

2. 工程预付款结算

包工包料工程的预付款按合同约定拨付，原则上预付比例不低于合同金额的10%、不高于合同金额的30%，对重大工程项目，按年度工程计划逐年预付。预付的工程款必须在合同中约定抵扣方式，并在工程进度款中进行抵扣。

3. 工程进度款结算

工程进度款结算的方式有两种：一种是按月结算与支付。即按月支付进度款，竣工后清算。合同工期在两个年度以上的工程，在年终进行工程盘点，办理年度结算。另一种是分段结算与支付，即当年开工、当年不能竣工的工程按照工程形象进度，划分不同阶段支付工程进度款。具体划分方法在合同中明确。

工程进度款的结算程序是：根据确定的工程计量结果，承包人向发包人提出支付工程进度款申请，发包人应按不低于工程价款的60%、不高于工程价款的90%向承包人支付工程进度款。按约定时间发包人应扣回的预付款，与工程进度款同期结算抵扣。发包人超过约定的支付时间不支付工程进度款，可与承包人协商签订延期付款协议，经承包人同意后可延期支付。协议应明确延期支付的时间和从工程计量结果确认后第15天起计算应付款的利息，利率按同期银行贷款利率。如因承包人的原因造成延期付款的，责任由承包人自负。

4. 工程竣工结算

工程完工后，双方应按照约定的合同价款及合同价款调整内容以及索赔事项，进行工程竣工结算。

（1）工程竣工结算的方式有两种：一种是单项工程竣工结算；另一种是建设项目竣工总结算。

（2）工程竣工结算的程序：工程竣工结算以合同工期为准。单项工程竣工结算或建设项目竣工总结算的结算报告和完整的结算资料由承包人在合同约定的期限内编制，由发包人在法定期限内或合同约定的期限进行审查，给予确认或者提出修改意见。发包人根据确认的竣工结算报告，在法定期限或合同约定的期限内向承包人支付工程竣工结算价款，保留5%左右的质量保证（保修）金，待工程交付使用一年质保期到期后清算（合同另有约定的，从其约定）。质保期内如有返修，发生费用应在质量保证（保修）金内扣除。发包人到期没有支付的应承担违约责任。如达成延期支付协议，发包人应按同期银行贷款利率支付拖欠工程价款的利息。如因承包人的原因造成延期付款的，责任由承包人自负。

5. 其他价款的结算

其他价款的结算包括索赔价款结算和合同以外零星项目工程价款结算。

（1）索赔价款结算。发包人、承包人未能按合同约定履行自己的各项义务或发生错误，给另一方造成经济损失的，由受损方按合同约定提出索赔，索赔金额按合同约定支付。

（2）合同以外零星项目工程价款结算。发包人要求承包人完成合同以外零星项目，承包人应在接受发包人要求后就用工数量和单价、机械台班数量和单价、使用材料和金额等向发包人提出施工签证，发包人签证后施工。如发包人未签证，承包人施工后发生争议的，责任由承包人自负。

（三）主营业务收入的确认

1. 建筑安装业营业收入的组成

建筑安装企业营业收入包括主营业务收入和其他业务收入。主营业务收入是指所承包工程的工程价款收入；其他业务收入是指工程价款收入以外从事其他业务活动所取得的收入，包括产品销售收入、材料销售收入、机械作业收入、设备租赁收入等。

2. 主营业务收入的确认方法

建筑安装企业一般采用完工百分比法确认主营业务收入。在运用完工百分比法时，先确定工程的完工进度，然后根据完工百分比确认和计量当期的收入。

（1）确定完工进度的方法主要有两种：一种是根据累计实际发生的工程成本占工程预

计总成本的比例确定。该方法适用于房屋建筑工程。其计算公式为：

$$完工进度=\frac{累计实际发生的工程成本}{工程预计总成本}\times 100\%$$

另一种是根据已经完成的工程工作量占工程预计总工作量的比例确定。该方法适用于工作量容易确认的道路工程、土石方工程和砌筑工程等。其计算公式为：

$$完工进度=\frac{已经完成的工程工作量}{工程预计总工作量}\times 100\%$$

（2）确认主营业务收入的计算公式为：

当期确认的主营业务收入＝(合同总收入×完工进度)－前期累计已确认的收入

3. 完工进度的确认依据

以《工程验收单》《建筑安装工程施工进度明细表》或预算人员根据实际完成的工作量编制的《工程结算书》为主要依据。

（四）施工成本费用的核算

1. 成本核算对象的确定

建筑安装企业一般根据本企业施工组织的特点、承包工程的实际情况和加强成本管理的要求，确定建筑安装工程成本核算对象。

（1）建筑安装工程一般以每一独立编制施工图预算的单位工程为成本核算对象。

（2）一个单位工程由几个施工单位共同施工时，各施工单位应以同一单位工程为成本核算对象，各自核算自行完成的部分。

（3）规模大、工期长的单位工程，可将工程划分为若干部位，以分部位的工程作为成本核算对象。

（4）同一建设项目，即由同一个单位施工、同一施工地点、同一结构类型、开竣工时间相接近的若干个单位工程，可以合并为一个成本核算对象。

2. 成本项目组成

建筑安装工程成本由直接费用和管理费用组成，一般包括人工费用、材料费用、机械使用费、其他直接费用和间接费用五个项目。

3. 核算方式

施工成本的核算方式以分级核算为基础，分为三级成本核算方式和两级成本核算方式。

（1）三级成本核算方式。第一级是公司，负责核算本公司的管理费用，汇总整个企业的施工成本，审核汇总所属单位成本报表，全面进行成本分析和考核。第二级是工区，负责预测和核算本工区的成本，编制本工区的成本报表，对所属施工队进行成本分析和考核。第三级是施工队，负责签发工程任务单和定额领料单，建立、健全各项原始记录和计量检验制度，组织班组核算制造成本，进行成本分析，编制各个工程项目的成本报表。

（2）两级成本核算方式。第一级是公司，与三级核算方式下公司核算的内容相同。第二级是工区，包含三级核算方式下工区和施工队两级的核算内容。

三、建筑业“营改增”要点

（1）一般纳税人以清包工方式提供的建筑服务，可以选择适用简易计税方法计税。以清包工方式提供建筑服务，是指施工方不采购建筑工程所需的材料或只采购辅助材料，并收取人工费、管理费或者其他费用的建筑服务。

（2）一般纳税人为甲供工程提供的建筑服务，可以选择适用简易计税方法计税。甲供工程，是指全部或部分设备、材料、动力由工程发包方自行采购的建筑工程。

（3）一般纳税人为建筑工程老项目提供的建筑服务，可以选择适用简易计税方法计税。

建筑工程老项目，是指：

1）《建筑工程施工许可证》注明的合同开工日期在2016年4月30日前的建筑工程项目。

2）未取得《建筑工程施工许可证》的，建筑工程承包合同注明的开工日期在2016年4月30日前的建筑工程项目。

3）《建筑工程施工许可证》未注明合同开工日期，但建筑工程承包合同注明的开工日期在2016年4月30日前的建筑工程项目。

（4）一般纳税人跨县（市）提供建筑服务，选择适用简易计税方法计税的，应以取得的全部价款和价外费用扣除支付的分包款后的余额为销售额，按照3%的征收率计算应纳税额。纳税人应按照上述计税方法在建筑服务发生地预缴税款后，向机构所在地主管税务机关进行纳税申报。

（5）试点纳税人中的小规模纳税人（以下简称“小规模纳税人”）跨县（市）提供建筑服务，应以取得的全部价款和价外费用扣除支付的分包款后的余额为销售额，按照3%的征收率计算应纳税额。纳税人应按照上述计税方法在建筑服务发生地预缴税款后，向机构所在地主管税务机关进行纳税申报。

（6）纳税人跨县（市、区）提供建筑服务，按照以下规定预缴税款：

1）一般纳税人跨县（市、区）提供建筑服务，适用一般计税方法计税的，以取得的全部价款和价外费用扣除支付的分包款后的余额，按照2%的预征率计算应预缴税款。

2）一般纳税人跨县（市、区）提供建筑服务，选择适用简易计税方法计税的，以取得的全部价款和价外费用扣除支付的分包款后的余额，按照3%的征收率计算应预缴税款。

3）小规模纳税人跨县（市、区）提供建筑服务，以取得的全部价款和价外费用扣除支付的分包款后的余额，按照3%的征收率计算应预缴税款。

（7）纳税人跨县（市、区）提供建筑服务，按照以下公式计算应预缴税款：

1）适用一般计税方法计税的，应预缴税款＝（全部价款和价外费用－支付的分包款）÷（1＋11%）×2%；自2018年5月1日后，应预缴税款＝（全部价款和价外费用－支付的分包款）÷（1＋10%）×2%。

2）适用简易计税方法计税的，应预缴税款＝（全部价款和价外费用－支付的分包款）÷（1＋3%）×3%。

纳税人取得的全部价款和价外费用扣除支付的分包款后的余额为负数的，可结转下次预缴税款时继续扣除。

纳税人应按照工程项目分别计算应预缴税款，分别预缴。

（8）纳税人取得的全部价款和价外费用中扣除支付的分包款，应当取得符合法律、行政法规和国家税务总局规定的合法有效凭证，否则不得扣除。

上述凭证是指：

1）从分包方取得的2016年4月30日前开具的建筑业营业税发票。

上述建筑业营业税发票在2016年6月30日前可作为预缴税款的扣除凭证。

2）从分包方取得的2016年5月1日后开具的，备注栏注明建筑服务发生地所在县（市、区）、项目名称的增值税发票。

3）国家税务总局规定的其他凭证。

（9）纳税人跨县（市、区）提供建筑服务，在向建筑服务发生地主管国税机关预缴税款时，需提交以下资料：

1）《增值税预缴税款表》。

2）与发包方签订的建筑合同原件及复印件。

3）与分包方签订的分包合同原件及复印件。

4）从分包方取得的发票原件及复印件。

（10）纳税人跨县（市、区）提供建筑服务，向建筑服务发生地主管税务机关预缴的增值税税款，可以在当期增值税应纳税额中抵减，抵减不完的，结转下期继续抵减。

纳税人以预缴税款抵减应纳税额，应以完税凭证作为合法有效凭证。

（11）小规模纳税人跨县（市、区）提供建筑服务，不能自行开具增值税发票的，可向建筑服务发生地主管税务机关按照其取得的全部价款和价外费用申请代开增值税发票。

（12）对跨县（市、区）提供的建筑服务，纳税人应自行建立预缴税款台账，区分不同县（市、区）和项目逐笔登记全部收入、支付的分包款、已扣除的分包款、扣除分包款的发票号码、已预缴税款以及预缴税款的完税凭证号码等相关内容，留存备查。

（13）纳税人跨县（市、区）提供建筑服务预缴税款时间，按照财税〔2016〕36号文件规定的纳税义务发生时间和纳税期限执行。

（14）纳税人跨县（市、区）提供建筑服务，应向建筑服务发生地主管税务机关预缴税款，而自应当预缴之月起超过6个月没有预缴税款的，由机构所在地主管税务机关按照《中华人民共和国税收征收管理法》及相关规定进行处理。

做中学

1. 中大建筑公司为增值税一般纳税人，2016年5月8日承接A工程项目，为包工包料承包方式。5月30日发包方按进度支付工程价款222万元，该项目当月发出工程成本为100万元，其中购买材料、动力、机械等取得增值税专用发票上注明的金额为50万元。中大建筑公司对A工程项目选择适用简易计税方法计算应纳税额，请问公司的操作是否正确？

解析：2016年5月1日后包工包料新项目应适用一般计税方法，不能按简易计税方法计税。

2. 恒地建筑公司为增值税小规模纳税人，机构所在地为合肥市肥西县。2016年5月1日公司到合肥市肥东县承接A工程项目，并将A项目中的部分施工项目分包给了乙公司。5月30日发包方按进度支付工程价款222万元。5月恒地建筑公司支付给乙公司工程分包款50万元。恒地建筑公司5月应如何缴纳增值税？

解析：2016 年建筑服务适用征收率为 3%，该公司应纳税额＝（222－50）/1.03×3%＝5.009 7（万元）。

归纳提升

建筑业常见涉税问题及主要检查方法，如表 7－2 所示。

表 7－2　建筑业常见涉税问题及主要检查方法

检查内容	企业常见涉税问题	税务机关和中介机构主要检查方法
提供建筑服务收取的价款和价外费用未及时入账	1. 收取的建筑服务款项长期滞留在往来科目或项目部，未按规定入账。 2. 收取的竣工奖、优质奖通过往来直接发放给职工。	1. 实地察看、了解工程进度和收取款项情况。 2. 调取有关合同，查阅“其他应付款”账户及纳税申报表进行核对，检查企业收取的款项是否全部入账并申报纳税。
计税方法有问题	简易计税方法和一般计税方法适用错误，未正确计算应纳税额。	对照合同是否符合简易计税条件，看合同约定的开工日期以及承包性质，是否属于甲供工程或清包工，采用简易计税方法。
纳税义务发生时间	1. 预收工程款未按规定申报纳税。 2. 未按合同约定收款时间纳税。 3. 已开票未收款是否已经纳税。	1. 查阅有关合同是否按规定纳税。 2. 查阅发票开具情况，是否存在发票已经开具，但未收款不申报纳税的现象。 3. 核对“银行存款”日记账与银行对账单，查验从银行转入的款项是否记入“预收账款”并已申报纳税。
对进项税金无法准确划分，多抵进项	1. 存在多个建安项目，选择不同的计税方法，对 2016 年 5 月 1 日后取得的进项无法准确划分，将选择简易计税老项目的进项税进行抵扣。 2. 进项转出金额计算是否正确。	1. 查看企业选择简易征收的项目备案情况，对简易计税项目发生的进项是否有进项税额转出情况，如申报表中无此项，进一步查看企业项目建设进度、核对账簿。 2. 了解企业两类不同计税方法计税销售额，进项税额转出金额计算是否正确，尤其年末是否进行了清算。
虚抵进项税金	1. 采取甲供材方式下，签订虚假单项合同，取得虚开钢材、水泥、砂子等专用发票。 2. 从有关联关系的贸易公司购进材料或接受分别服务，人为提高材料价格或建安费用，虚抵进项。	1. 审查施工合同和预（决）算书，核对工程内容，参照审计事务所出具的审计报告，对决算超出预算价格过高的项目，重点审查单项合同、补充协议的真实性。 2. 调取工程监理部门的监理记录及《材料物资进场试验报告》，核实有关材料的真实性。 3. 对照有关合同款项支付的约定要求，审查企业资金支付情况，对长期挂账的大额应付款项，到对方核实未付款项的真实性。 4. 审查建筑工程真实性、合理性。一是代开发票的真实性、合理性；二是工程项目和工程量的真实性、合理性。

续表

检查内容	企业常见涉税问题	税务机关和中介机构主要检查方法
签订虚假合同、协议，虚列、多列或重复列支成本费用	1. 签订虚假单项合同，取得虚开发票，加大建安工程费。 2. 从有关联关系的贸易公司购进材料，向关联企业发包或分包工程，人为提高材料价格或建安费用，转移利润。	1. 采取工程成本总量控制法，调查了解当地同类开发产品的平均建筑成本，对价格过高的建筑成本进行重点审查。 2. 聘请专业的工程造价师，对照图纸，进行工程量和工程造价评估，与企业列支数额进行核对。根据工程结构施工图中配筋图的设计，运用中国建筑科学研究院开发的PKPM结构设计软件或聘请专业技术人员，计算出单体项目需用的钢筋重量，再根据钢筋市场价格确定钢筋成本，与决算书中的成本进行比较，寻找差异。 3. 审查施工合同和预（决）算书，核对工程内容，参照审计事务所出具的审计报告，对决算超出预算价格过高的项目，重点审查单项合同、补充协议的真实性。
取得不符合规定的发票入账，多列成本费用	1. 取得作废发票入账。 2. 涂改、伪造、自行填开发票入账。 3. 取得第三方开具的发票入账。 4. 取得开具内容不实的发票入账。 5. 通过虚开专用发票抵扣税额，少缴增值税。	1. 检查发票版次，查看有无旧版作废发票。 2. 审核发票代码信息与发票上的印章单位及实际业务是否一致，检查有无从第三方取得发票问题。 3. 从新的发票管理系统查验发票真伪。
收入和成本未按配比原则结转产品成本	1. 未根据完工进度结转收入和成本。 2. 企业各期成本核算混乱，提前列支下期项目的成本。	1. 审查《建设工程规划许可证》及规划总图，确定成本核算对象。检查是否按确定的成本核算对象归集与分配开发费用。 2. 根据项目规划及测绘报告，确定完工进度。 3. 检查成本分配计算表核算内容是否缺项，分摊比率是否准确。
纳税地点错误	1. 跨县、市提供建筑服务未预缴税款。 2. 预缴税款金额有误。	1. 通过查阅合同了解机构所在地与项目所在地是否跨县、市。 2. 根据项目适用计税方法准确判断预缴率，预缴增值税。

任务三　制造业税务检查

子任务一　一般制造业涉税问题及检查

任务导入

五星公司主要生产笔记本电脑、一体机、台式电脑、服务器、手机、平板电脑、打印机等商品。

(1) 2019年6月，五星公司将一批某型号台式电脑捐赠给贫困地区的希望小学，数量共50台，此型号产品售价为4 200元，成本为3 800元，该公司按照成本价格190 000元计入营业外支出。

（2）2019年国庆节，五星公司将本单位生产的某型号平板电脑奖励给中层以上管理人员，共奖励30台，此型号产品售价为4 000元，成本为3 200元，该公司按照成本价96 000元计入管理费用。

（3）五星公司参加电子科技节，提供10台某型号电脑（与捐赠电脑型号相同）促销，作为抽奖环节的奖品奖励给中奖者，按照成本价格38 000元计入销售费用。

（4）五星公司计划2019年4月采取实物投资的方式注资给某科技公司，共投资200台某型号电脑（与捐赠电脑型号相同）。请问：

（1）将电脑捐赠给希望小学，五星公司的会计处理是否正确？

（2）奖励中层以上管理人员的平板电脑，五星公司的账务处理是否正确？

（3）在促销中提供10台电脑作为奖品，五星公司的账务处理是否正确？

（4）实物投资应如何进行账务处理？

解析：

检查结论：

（1）将电脑捐赠给希望小学，五星公司的会计处理是不正确的。

（2）奖励中层以上管理人员的平板电脑，五星公司的账务处理是不正确的。

（3）在促销中提供10台电脑作为奖品，五星公司的会计处理是不正确的。

（4）实物投资是企业将自产的产品对外投资，属于视同销售行为，应按企业同类资产同期对外销售价格确定销售收入，并计算增值税的销项税额。

政策依据：

（1）企业将自产的产品对外捐赠属于视同销售，应按售价计算增值税的销项税额。

（2）企业将自产的产品作为福利发给职工属于视同销售，应按企业同类资产同期对外销售价格确定销售收入，并计算增值税的销项税额。账务处理应该是借记“应付职工薪酬”，贷记“主营业务收入”“应交税费——应交增值税（销项税额）”。

（3）在促销中提供10台电脑作为奖品属于增值税视同销售，应按企业同类资产同期对外销售价格确定销售收入，并计算增值税的销项税额。

[知识回顾与提升]

一、增值税和企业所得税视同销售问题

根据《中华人民共和国增值税暂行条例实施细则》第四条的规定，单位或者个体工商户的下列行为，视同销售货物：

（1）将货物交付其他单位或者个人代销。

（2）销售代销货物。

（3）设有两个以上机构并实行统一核算的纳税人，将货物从一个机构移送其他机构用于销售，但相关机构设在同一县（市）的除外。

（4）将自产或者委托加工的货物用于非增值税应税项目。
（5）将自产、委托加工的货物用于集体福利或者个人消费。
（6）将自产、委托加工或者购进的货物作为投资，提供给其他单位或者个体工商户。
（7）将自产、委托加工或者购进的货物分配给股东或者投资者。
（8）将自产、委托加工或者购进的货物无偿赠送其他单位或者个人。

根据国家税务总局《关于企业处置资产所得税处理问题的通知》（国税函〔2008〕828号）的规定，企业发生下列情形的处置资产，除将资产转移至境外以外，由于资产所有权属在形式和实质上均不发生改变，可作为内部处置资产，不视同销售确认收入，相关资产的计税基础延续计算：

（1）将资产用于生产、制造、加工另一种产品。
（2）改变资产形状、结构或性能。
（3）改变资产用途（如自建商品房转为自用或经营）。
（4）将资产在总机构及其分支机构之间转移。
（5）上述两种或两种以上情形的混合。
（6）其他不改变资产所有权属的用途。

企业将资产移送他人的下列情形，因资产所有权属已发生改变而不属于内部处置资产，应按规定视同销售确定收入：

（1）用于市场推广或销售。
（2）用于交际应酬。
（3）用于职工奖励或福利。
（4）用于股息分配。
（5）用于对外捐赠。
（6）其他改变资产所有权属的用途。

企业发生上述规定情形时，属于企业自制的资产，应按企业同类资产同期对外销售价格确定销售收入；属于外购的资产，可按购入时的价格确定销售收入。

自2016年1月1日，企业发生上述规定情形的，除另有规定外，应按照被移送资产的公允价值确定销售收入。

二、购进不动产分期抵扣问题

增值税一般纳税人（以下简称“纳税人”）2016年5月1日后取得并在会计制度上按固定资产核算的不动产，以及2016年5月1日后发生的不动产在建工程，其进项税额应按照有关规定分两年从销项税额中抵扣，第一年抵扣比例为60%，第二年抵扣比例为40%。60%的部分于取得扣税凭证的当期从销项税额中抵扣；40%的部分为待抵扣进项税额，于取得扣税凭证的当月起第13个月从销项税额中抵扣。

做中学

2019年10月某工业企业（增值税一般纳税人）向房产公司购买办公楼一幢，当月投入办公使用。取得增值税专用发票，价款1 000万元，税款90万元。企业当月认证了发票并抵扣了税款 90 万元。账务处理如下：

借：固定资产　　10 000 000

　　应交税费——应交增值税（进项税额）　　900 000

　贷：银行存款　　10 900 000

请判断企业涉税处理是否存在问题。

解析：自 2019 年 4 月 1 日起购进固定资产可以一次性抵扣进项税额，故以上账务处理正确。

归纳提升

制造业主要检查方法

（1）实地检查企业重点生产车间，查看生产设备、工艺流程，了解企业设备生产能力。

（2）调取产成品库的“保管账”，产品出入库凭证，核实产品出入库数量与结存数量，并与财务产品明细账核对，检查是否存在差异。

（3）检查“应收账款”账户，若存有贷方余额，要进一步落实，在当前存在买方市场的情况下，一般企业不可能存在预收账款，很可能为发出商品问题。

（4）核对“应收账款”账户贷方发生额，查找是否有以物易物的行为。

（5）核对在产品账户的生产成本，是否存在将产品售后不按规定流程结转产成品入库的现象。

（6）计算各月产品的平均销售单位，检查有无异常波动现象，查看有无与关联企业进行交易，与关联企业间是否按独立企业进行公平交易行为。

（7）检查“原材料”“产成品”账户有无红字余额及发生额，入库、发出及结转是否符合规定。

（8）检查企业有无将价外费用列入“其他应付款”等账户长期挂账行为。

（9）检查企业的“期间费用”“营业外支出”“生产成本”等账户，是否存在用于样品、捐赠、广告、抵债等产品未计税的问题。

（10）检查企业“预提费用”“待摊费用”等科目，了解企业大修理费用情况，是否存在费用跨年度问题。

（11）对经营状况一直很好，而长期出现“零”、低税负申报的企业，针对该企业核心问题进行检查。例如，对以电能为主的企业，有必要进行实时监控，合理计算出单位产品耗电情况。

子任务二　特殊制造业——酒类生产企业税务检查应对

任务导入

某稽查局在检查某酒业有限公司时，发现生产完工产品成本减去产品销售成本比该酒业有限公司期末的产品库存成本多60万元。针对这一问题，检查人员到仓库盘点部分产品，核查保管员的实物账，发现仓库实物账上的数量比财务部门的产品账上的数量少3 000箱（每箱成本117元）。经与“预收账款”明细账核对，预收货款的产品有153万元已经发出。请分析该企业存在的纳税问题。

解析：

检查结论：

企业为调节以后年度利润，将收到的一部分销货款转入“预收账款”账户，减少了当年的销售收入。发出商品不按规定申报纳税，将已实现的销售收入长期挂往来账户。该酒业有限公司隐匿销售收入，少缴各种税款。

政策依据：

增值税纳税义务、扣缴义务发生时间为纳税人发生应税行为并收讫销售款项或者取得索取销售款项凭据的当天；先开具发票的，为开具发票的当天。

收讫销售款项，是指纳税人销售服务、无形资产、不动产过程中或者完成后收到款项。

取得索取销售款项凭据的当天，是指书面合同确定的付款日期；未签订书面合同或者书面合同未确定付款日期的，为服务、无形资产转让完成的当天或者不动产权属变更的当天。

做中学

1. 某稽查局在对某酒厂检查时发现账面记载主要原料是瓜干，均以农产品收购统一发票入账，付款全部通过现金。检查人员通过到原料科核实，发现原材料购进台账记载的是进口木薯干。通过询问采购人员了解到，企业生产所用主要原料是进口木薯干，每当进口木薯干到岸时，采购人员要加班加点疏港发货，厂里还给原料科人员发加班费。但通过检查财务账面，未发现有加班费发放记录。检查人员又对部分农产品收购发票进行实地调查，通过派出所调查出售人的真实性；通过调查农民个人，掌握了部分农民未销售瓜干的证据。在此基础上，检查人员对企业负责人及财务人员进行询问，在证据面前，企业不得不承认了税收违法事实。原来，该酒厂从某公司购入进口木薯干时，由于价格较低，对方为逃避纳税不给酒厂开具发票，为抵扣税款，酒厂便将货款及相关费用自行填开农产品收购统一发票入账。请分析该企业存在的纳税问题。

解析：购进农产品可以按一定扣除率抵扣税款，但一定是真实发生的。该企业虚构农产品收购业务，多抵扣税额，少缴纳增值税。

2. 某酿酒公司每逢中秋节和春节都会生产一部分礼盒包装的成品酒。检查人员在察看该酿酒公司样品室时发现，该类礼品酒的包装中包含打火机、水杯等物品，包装物价值较大，出厂价每盒200元（两瓶装），但在对该酿酒公司账面进行检查时，发现该品种酒账面售价每瓶只有60元，检查人员怀疑该公司存在分解包装物价值、少计消费税的问题。通过查阅该礼品酒的销售明细账及“其他业务收入——包装物销售”明细账，检查人员发现该礼品酒每销售一笔，“其他业务收入——包装物销售”贷方也对应一笔。经过查阅记账凭证及所附原始凭证，发现该公司每发生一笔销售业务，都要开具两份发票，一份按酒的销售额开具，记入“主营业务收入”明细账，分别计提增值税和消费税；另一份按酒瓶及其他外包装价款开具，作为材料销售记入“其他业务收入”账户，只计提增值税。经进一步到经销单位调查，检查人员取得了经销商的证明和账面购进证据。经销商确认，该礼品酒购进时就已完整包装好，并有厂家的防伪标签封口，确系从厂家成套购进，在结算时厂家分别开具了白酒和包装物两份发票，由于不影响申报抵扣税款，也就同意了。至此，企业不得不承认将该礼品酒包装价值分别开发票偷逃消费税的事实。请分析该企业违反了哪些税收相关法规？

解析：成套礼品酒应一并缴纳增值税和消费税，而企业拆分礼盒，少缴纳消费税。

归纳提升

酒类生产企业常见涉税问题及主要检查方法，如表 7－3 所示。

表 7－3　酒类生产企业常见涉税问题及主要检查方法

检查内容	企业常见涉税问题	税务机关和中介机构主要检查方法
隐匿白酒销售数量和销售收入	部分酿酒企业，特别是规模较小的企业存在隐匿白酒的生产和销售现象： 1. 设置两套账，将部分业务从购进、生产到销售环节全部在账外核算，不申报纳税。 2. 将生产的部分产品直接从车间发出，不记销售，不申报纳税。 3. 发出商品不按规定申报纳税，将已实现的销售收入长期挂往来账户。	1. 分析企业产能与实际是否相符。在了解酿酒企业的经济技术指标的基础上，对企业的生产经营状况和投入产出情况进行分析，结合审阅企业的资产负债表、利润表，查阅“生产成本”“产成品”“主营业务收入”明细账，对比分析各月生产成本、产品库存、销售收入等变化情况，从中找出疑点；对核算不够健全的中小企业，应对企业的设备状况、生产能力、工人工资定额、出酒率、耗能指标（如吨酒耗粮，吨酒耗电、耗水指标等）进行综合分析，核实出酒率是否正常，产销量与耗能、人工费、生产成本等是否相适应，判断是否存在隐匿产销量的可能。 2. 全方位调取相关涉税资料和数据。在调取财务账簿凭证的同时，注意从供应、生产、销售、厂办等各部门调取与生产经营和纳税有关的资料，如购销合同、产品规格型号标准、生产报表、各类经济技术考核指标等；同时注意应用电子数据取证方法，调取企业财务核算电子数据和相关电子文档，从中发现问题线索。 3. 检查账面是否隐匿销售。一是审查“生产成本”“产成品”“自制半成品”等明细账，看其对应科目是否正确，注意其贷方是否直接与“库存现金”“银行存款”科目的借方发生对应关系，判断是否存在完工产品不转库存、直接从车间发出，或虽已完工入库但直接从成品库发出不记销售的问题。二是审核“银行存款”“库存现金”日记账，检查其借方是否与往来账、“所有者权益”、“营业外收入”、“其他业务收入”等类账户对应，而不属“主营业务收入”“应收账款”的情况。查阅其原始凭证，核实是否属于转移销售收入、价外费用、随产品销售单独计价的包装物等收入没记销售等问题。三是审核往来账户、公积金账户。注意审查长期挂账、只增不减的往来账项，

续表

检查内容	企业常见涉税问题	税务机关和中介机构主要检查方法
		注意审查“预收账款”与“分期收款发出商品”“产成品”之间内在的逻辑关系及其真实性，注意审查“盈余公积”“应付福利费”账户的对应关系是否正确，核实有无转移销售问题。 4. 检查销售发票是否全部入账。抽查审核部分销售数额较大业务的“销货发票”“产品出库单”等原始凭证，将原始凭证上的数额与“主营业务收入”明细账上的数额相核对；审核销售发票存根联，看有无断号或缺少的情况，查明有无销售发票不入账等问题。 5. 到销售部门、成品仓库、车间实地核实。检查销售部门“销售台账”是否和财务销售账记载一致。若检查期产成品库存较大，可到仓库抽查主要产品，将实际盘存数与保管员实物账、财会人员明细账的数量相核对，看是否一致。若实际库存量小于账面结存量，进一步查证是否属销售产品既不体现销售收入，又不结转成本的情况。到生产车间进行核实，查找原料从投入到产出各环节的相关原始记录，结合原材料、包装物的购进、发出情况，核实实际投入数量，半成品、成品酒的实际生产数量和入库、发出数量，落实是否存在生产的酒类产品直接从车间发货不记账问题。 6. 调查企业资金状况。在账面检查的同时，及时调查企业资金流入、流出情况，可以查询企业银行开户情况，核实企业是否将部分银行账号隐匿不报，对部分规模较小的企业还应了解企业负责人、会计、出纳及相关人员的银行卡及储蓄存款开户情况。到有关金融机构依法查询资金收支情况，核实现金流量规模与企业申报是否相符合，并查阅有关银行传票，核实资金支付和来源的单位、金额，从中发现隐匿购料和销售收入的线索。 7. 实施调查取证。在账面检查、资金调查的基础上，到有关原材料供货单位、酒类经销单位实施调查，调查有关购销合同、发票、款项收付等资料，取得账外生产和销售的证据。
利用关联销售公司低价销售，减少消费税计税依据	白酒生产企业利用消费税在生产环节征收的特点，通过设立独立核算的销售公司，把一个产销过程人为地划分为工业生产和商业销售两个环节，生产环节将白酒以不正常价格低价销售给销售公司，销售公司再以高价对外销售，减少消费税的计税依据。	1. 核实销售价格是否异常。查阅“生产成本”“产成品”“主营业务收入”等明细账，掌握企业主要产品单位生产成本、销售价格等资料；分析各月产成品的平均销售单价，检查有无异常波动；抽查部分主要客户，测算企业对各客户的平均销售单价是否有异常差异。 2. 检查酒类产品销售公司营业执照、税务登记证等设立资料，确定销售公司是否具备独立核算资格。对不具备独立核算资格的销售公司销售的白酒，应按销售公司的对外销售价格计算缴纳消费税。 3. 抽查部分销售发票，查阅同期、同品种酒类产品销售价格，与该品种酒类产品的生产成本、市场价格等进行对比分析，对无正当理由销售价格明显偏低的，按照征管法的规定予以调整。 4. 对账面生产成本与销售价格无明显异常的，应延伸检查生产环节和销售环节。对照酒类产品标准、生产过程的分析调查，核实是否将部分灌装、包装环节转移到销售公司，从而降低生产成本和销售价格；结合酒类产品销售特点、企业的销售政策及销售费用的检查，核实是否将部分销售费用转移到销售公司，从而降低销售价格。

续表

检查内容	企业常见涉税问题	税务机关和中介机构主要检查方法
白酒用于赠送、福利、抵债等未按规定计税	酿酒企业经常发生将白酒用于捐赠、广告、样品、发放福利、管理部门消费，以及用于换取生产资料和消费资料、投资入股、抵偿债务等业务。有的企业在账面反映一部分，有的往往不将这类业务在财务环节核算，而是直接从车间或成品仓库环节发出；有的在财务环节以生产损耗来处理，有的甚至不作账务处理，财务与仓库、车间数据不符，从中逃避缴纳税款。	1. 检查“产成品”“自制半成品”明细账及贷方对应科目。一是看其贷方发生额是否与“管理费用”“应付福利费”“在建工程”“营业外支出”“生产成本”“应付账款”“应收账款”“其他应付款”等科目有对应关系，判断是否存在自产自用、处理损耗情况及相关线索，尤其注意春节、中秋节期间企业账面记载情况。二是看产成品类账户的贷方是否直接与“材料采购”“原材料”账户的借方对应，判断是否属于用产品兑换原材料不记销售的情况。三是看是否直接与“应付账款”“其他应付款”借方对应，判断是否属于用白酒抵偿债务的情况。 2. 核实税金计算和提取是否正确。查阅相关记账凭证及企业税金计提计算表，根据账面线索查阅产品去向和用途，核实企业自产自用业务是否按规定计税；对用白酒换取生产资料和消费资料、投资入股、抵偿债务等业务逐笔核对，看其计税价格、计税数量是否正确，核实是否按最高价格计提消费税。 3. 核实账面记载损耗、破碎业务情况。对账面未反映产品用于捐赠、广告、样品、发放福利、管理部门消费等业务的，应核实是否将其以损耗的名义处理账务，需查阅有关原始凭证，对处理损耗情况及相关线索进行审核，核对原始凭证记载损耗业务的经办人员、审批人员，与实际经办人进行核实，看是否属厂办、后勤、财务等人员经办，对有关责任人签字不全的原始凭证重点核实。 4. 到包装车间、成品仓库等环节进行实地核查，了解正常损耗业务的操作过程和有关经办人员，查看损耗过程记录及责任人说明，并与财务记载情况核对，必要时进行仓库盘点。 5. 到企业所属后勤服务、招待所、食堂等非生产部门调查公务用酒的来源、结算等情况，与企业财务记载情况核对。
利用农产品收购发票违法抵扣进项税额或违法列支原材料成本	1. 编造交货人、身份证号码等虚假信息开具农产品收购发票。 2. 通过中间商采购的农产品或半成品不能取得发票，自行开具农产品收购发票入账。 3. 采购过程中支付的运输费、装卸费、包装费等列入农产品收购金额之中，开具农产品收购发票。	1. 检查账面原材料购进情况。查阅“原材料”“应付账款”明细账及有关购料原始凭证，掌握企业农产品购进渠道、付款状况，特别应重点掌握企业农产品的大批量购进渠道，从中了解货物来源、发票开具和资金结算等线索。 2. 检查原材料收购部门。了解原料购进及入库的业务流程，查阅原材料台账和原料购进合同等资料，有针对性地抽查过磅单、验收单、检验单等原始资料，掌握实际购进品种、产地、来源、运输方式、批次、质量状况、入库数量、资金流向等情况。找企业原料采购业务人员了解主要农产品供货商情况，并将合同、原材料台账与财务部门数据及结算情况进行比对。 3. 核实农产品收购发票。检查农产品收购发票的开具情况，对同一出售人出现概率较高的收购发票进行整理，分析其出售数量是否符合自产的特点、产地是否与当地农产品种植习惯相符（如高粱一般产自东北、糯米一般产自南方、木薯干一般属进口货物等），分析是否存在未按规定开具发票的情况，必要时可选取部分出售人进行实地调查。

续表

检查内容	企业常见涉税问题	税务机关和中介机构主要检查方法
白酒包装物不按规定计税	1. 销售散白酒及酒精收取包装物押金不按规定计税。 2. 将包装物价格从白酒销售额中分离出来，分别开具两张发票，且包装物价格不计消费税。 3. 将包装过程转移到销售公司或超市，另行核算，降低消费税计税依据。 4. 将白酒和其他酒组成套装酒出售，先销售后包装，分别核算销售额，逃避从高适用税率计税。	1. 检查“其他应付款——包装物押金”科目与“应交税费——应交增值税（销项税额）”和“应交税费——应交消费税”科目，是否存在收取包装物押金未缴纳增值税和消费税的现象。 2. 有没有通过其他销售公司收取包装物押金款项。检查“库存商品”和“主营业务收入”及有关销售合同，是否存在将不同商品分别销售，然后组成成套消费品，少纳消费税的现象。
假借委托加工业务少计消费税	通过签订虚假委托加工合同，将自制白酒销售业务转变为委托加工业务，隐匿白酒生产销售数量和销售额，从而少计消费税。	1. 判断委托加工业务的合法性。特别注意以下业务不得视为委托加工：一是受托方提供原材料；二是受托方先将原材料卖给委托方，然后再接受加工；三是受托方以委托方名义购进原材料生产白酒。上述业务无论财务上如何核算，都应当按照自制白酒缴纳消费税。 （1）审查委托加工合同、受托加工来料备查簿及有关材料明细账，查明材料来源、用途及有关情况。 （2）检查“原材料”“其他业务收入”明细账及有关会计凭证，核实企业对外销售原料的去向和付款人；然后检查加工业务收入及有关会计凭证，核对委托方，若销售原料的对象和委托方一致，则存在虚假的委托加工业务的可能，应作进一步调查核实。 （3）将“原材料”“生产成本”明细账与有关会计凭证对照，看接受加工业务有无从本企业直接领用原料的行为。将“生产成本”明细账中的委托加工业务与有关付款凭证对照，看企业有无以委托方的名义购进原料加工白酒的行为。 2. 检查“产成品——代制品”“工业性加工劳务收入”明细账的贷方发生额、发生时间，核对企业收取加工费时开具的发票存根联，查清委托方提货时间。 3. 检查“其他业务收入”和“营业外收入”明细账及应收应付明细账，看有无将加工业务收入隐匿其中，未申报纳税的情况。特别注意企业是否将代扣的税款挂在往来账户而迟迟不缴或不履行代扣代缴义务。 4. 审查“应交税费——应交消费税”明细账贷方、借方发生额，核实受托方是否在委托方提货时代扣了税款，是否及时将税款解缴入库；复核代扣税款的计算是否正确，是否按同期同类白酒销售价格计税，无同期同类价格的是否按组成计税价格计算。

续表

检查内容	企业常见涉税问题	税务机关和中介机构主要检查方法
附设非独立核算门市部销售白酒未按门市部对外销售价格计税	白酒生产企业一般均设立非独立核算的门市部（或展销厅）等作为企业产品的窗口直接对外销售酒类产品，门市部按市场价销售，酒厂按出厂价计税，差价隐匿在门市部。	1. 核实企业是否设立非独立核算的门市部。通过座谈、观察等方法，了解企业内部机构设立情况，看是否设立门市部（或展销厅、参加展销会等），了解门市部的管理、核算方式，是否办理营业执照，是否办理税务登记等情况。 2. 检查企业销售明细账及相关往来账和原始凭证。核实是否存在通过非独立核算门市部销售业务，是否将门市部的销售记入往来账现象。对发现的非独立核算门市部的销售业务，注意查看门市部对外销售价格是否与同期酒厂的出厂价格一致，若财务记载的门市部对外销售价格与酒厂正常销售的出厂价格一致，则存在通过非独立核算门市部销售、转移差价的可能。 3. 检查产成品明细账及相关原始凭证，看通过非独立核算门市部销售的产品库存结转方式，是否存在销售直接冲减库存的现象。 4. 对非独立核算的门市部进行实地检查。了解是否承包经营、是否设立账簿；了解其进货、销售、收款、缴款、记账、发票开具等各环节工作流程；查阅实际原始销售记录，掌握一定时段门市部直接销售的数量、价格、金额等信息（必要时延伸到部分客户调查销售价格情况）。 5. 将掌握的信息与厂财务记载情况、纳税申报情况相核对。对未单独设立账簿的非独立核算门市部，核实门市部销售数据是否全部在厂财务体现并按规定纳税申报。对实行二级核算的非独立核算门市部，看其财务收支数据是否并入厂财务，并与纳税申报情况相核对，查明是否只合并利润而未按门市部对外销售价格申报纳税，从而少计增值税、消费税的问题；是否存在将二级核算的门市部内部承包作为独立单位管理，而将实现的差价隐匿在门市部，从而少计增值税、消费税、所得税等问题。
折算白酒销售数量，少计从量定额消费税	部分白酒生产企业在进行纳税申报时，不申报实际白酒销售数量，而按照折算为65度标准白酒后的数量申报，从中少计从量定额消费税。 1. 账面记载销售数量真实，而纳税申报时换算为标准白酒数量。 2. 账面按换算为标准白酒数量记账而将真实销售数量隐匿在原始凭证或隐匿在生产销售各环节。	1. 通过座谈、查阅企业生产部门技术资料等方式，了解企业产品结构，重点掌握主要品种酒的生产技术标准、酒精度、产量、包装规格等信息。 2. 将企业“主营业务收入”明细账记载的销售数量与企业从量消费税纳税申报情况相核对，按照不同品种酒的包装规格、酒精度、体积、比重等指标换算为销售重量，看账面记载销售数量与申报数量是否一致。 3. 将企业“主营业务收入”明细账记载的销售数量与记账凭证所附发票记账联记载数量核对。对账面记载与申报数量一致的，应进一步检查主要品种酒的销售明细账，并抽查部分大额销售记账凭证，逐笔核对所附发票等附件，结合产品标准（酒精度）、包装规格（箱、瓶、容积、重量等）、折算标准等，计算核实企业的账面记载销售数量与发票中记载的销售数量是否一致；若仍然一致，则核实发票销售价格是否是已折算为65度标准白酒后的价格（一般销售散白酒存在此类问题）。

续表

检查内容	企业常见涉税问题	税务机关和中介机构主要检查方法
		4. 进一步延伸检查“主营业务成本”“产成品”“自制半成品”“生产成本”明细账，核实企业是否从生产环节将实际生产数量（重量）折算为65度标准数量记账。检查结转销售成本、结转完工产品成本记账凭证，领用半成品酒、包装物记账凭证及酒度折算单等原始附件，核对半成品酒和包装物耗用数量，看账面记载完工产品数量是否已折算为65度标准数量。必要时可到车间、仓库实地调查核实企业白酒规格等情况。 5. 根据各环节检查取得的原始资料及计算核对情况，找出重量差异，确认违法问题。
收取品牌使用费未按规定计税	白酒生产企业将一部分品牌白酒包销给经销单位，并向经销单位收取品牌使用费，账面作为转让无形资产处理，未按规定申报纳税。	1. 查阅相关销售合同，了解企业白酒销售模式及销售政策，从中发现线索。 2. 检查“其他业务收入”“营业外收入”等账户及相关记账凭证，看是否存在收取品牌使用费业务，收取的品牌使用费是否存在应按酒类税目缴纳增值税和消费税而未纳税的问题。 3. 检查“管理费用”“销售费用”“生产成本”等账户，看是否存在收取品牌使用费，红字冲减有关费用成本账户而未申报纳税的情况。 4. 检查往来账户、权益类账户，看是否存在收取品牌使用费挂往来账或记入权益类账户而不申报纳税的情况。 5. 调查有关经销单位，调取有关品牌使用费合同、支付标准、支付凭证及相关品牌酒销售资料等。根据检查及调查取得的证据，确认违法事实。
以扣减返利后的销售收入作为计税依据，少缴税款	一般白酒生产企业为鼓励经销单位多销售，经常出台返利（销售费用、回扣）等促销政策，账面却将支付给经销单位的返利等款项直接从销货款中扣除，减少计税依据。	1. 查阅有关销售合同，了解企业促销政策，从中查找问题线索。 2. 查阅“主营业务收入”明细账，看是否有红字冲减销售收入的业务，并延伸检查记账凭证，核实红字冲减收入是否符合税收政策规定。 3. 抽查部分品种“主营业务收入”明细账，核实部分记账凭证，逐份查阅所附销售发票记账联，看是否存在开具红字发票，而账面按红蓝相抵后的金额记账，核实所开具红字发票是否符合税收政策规定，是否属于支付返利。 4. 到相关经销单位调查取证，查阅“库存商品”“主营业务收入”“应付账款”“库存现金”“银行存款”等科目，核实酒类产品购进、销售、付款等情况，确认实际销售情况、收取返利方式、数额等情况；根据检查和调查取得的证据确认违法事实。

任务四　生活服务业税务检查

子任务一　餐饮业税务检查

任务导入

某酒店主要经营餐饮服务，稽查人员对该酒店实施突击检查，在对收银台、财务部检查时发现，“签单簿”中，酒店出租方的消费长期不结算，而在企业收入账户中无记录；已结算的账单仍挂在“预收账款”账户未作账务处理。检查人员查看了酒店承包经营合同，并经询问、笔录，证实酒店将酒店出租方的消费抵冲了房屋租赁费，少计营业收入。请分析该企业存在的纳税问题。

解析：

检查结论：

（1）该企业设置账外账。

（2）该企业收支抵冲，少计营业收入。

常见涉税问题：

（1）将不开发票的现金收入或为他人虚开发票取得的违法所得记入账外。常见的账外账主要涉及：不开发票的经营收入；酒、饮料等供货商支付的促销费；海鲜等供货商支付的进场费、广告费、赞助费等。

（2）收支抵冲，少计营业收入常见的手段为：餐饮企业承租人与出租人约定以餐饮消费抵冲承包费；餐饮企业与餐饮场所出租方约定以餐饮消费抵冲租赁费，不计或少计营业收入。

（3）纳税人伪造、变造、隐匿、擅自销毁账簿、记账凭证；在账簿上多列支出或者不列、少列收入；经税务机关通知申报而拒不申报或者进行虚假的纳税申报，不缴或少缴应纳税款的，是偷税行为，要受到税务机关的相应处罚。

[知识回顾与提升]

一、餐饮业经营管理及行业特点

餐饮业是指通过同时提供饮食和饮食场所的方式为顾客提供饮食消费服务的业务。餐饮企业按其装修档次和经营规模可分为高、中、低档；按其经营方式可分为只提供餐饮服务的企业和既提供餐饮服务，又从事餐饮产品对外销售的企业。

餐饮业的行业特点：

（1）餐饮业产品手工制作居多，事先核定的原料价格、配方、产品制作流程、产品制作成本等受到手工生产制约；在原料采购中，质量、规格、鲜活程度等方面都可能影响事先核定的成本；营业收入的变化（生意的好坏）、操作人员对原材料使用的差异性等都会影响营业成本的增减。

(2) 餐饮业经营环节少，财务核算相对简单，但其发展状况和内在特点给税收征管和检查增加了较大的难度。

(3) 现金流量较大，餐饮业消费多以现金结算为主，其成本、费用支出也以现金交易为主。

(4) 大多企事业单位签单消费，定期结算。

(5) 餐饮业财务电算化程度和水平提高较快。目前，绝大多数餐饮企业，特别是中高档酒楼和连锁店都采用专门的业务和财务计算机管理系统，电子表单、计算机数据代替了传统的纸质流水单、营业日报表，有的还自行开发、使用个性化软件。其相关业务及财务资料多存在于计算机硬盘等存储介质之中。

二、餐饮业财务核算特点

大中型餐饮企业基本上实行电算化管理，财务软件不设接口，仅为财务部门提供单纯的会计服务，税务机关实施税款查账征收；小型餐饮企业一般以“流水账”记录经营情况，按传统的实收实付方式进行核算，税务机关实施核定征收。

(一) 收入的核算

1. 收入的会计核算

餐饮企业的销售活动包括售货、开单、收款三个环节，主要有取菜单、餐费账单和营业日报表等原始凭证，营业日报表根据餐费账单汇总编制，综合反映每日的销售情况。财务人员根据该表数据，借记“现金”“银行存款”“应收账款”等明细账户，贷记“营业收入”明细账户。

2. 收入的三条控制线路与两个关键控制点

餐饮企业的销售活动涉及币、单、物三个方面。其关系为：物品消费，账单开出，货币收进。其中物品是前提，货币是核心，单据是关键，它连接物品与货币。企业一般通过物品传递线（见图 7 - 1）、餐单传递线（见图 7 - 2）、货币传递线（见图 7 - 3）进行销售业务的控制与协调，防止营业收入的外流。传递控制中把握两个关键点的核对，即取菜单与餐费账单的核对、餐费账单与货币的核对。

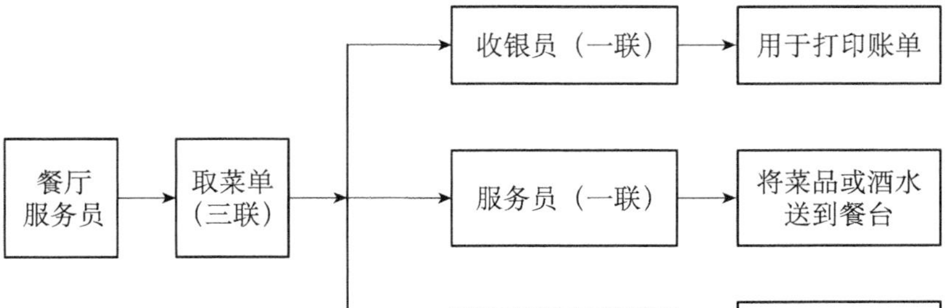

图 7 - 1　物品传递线

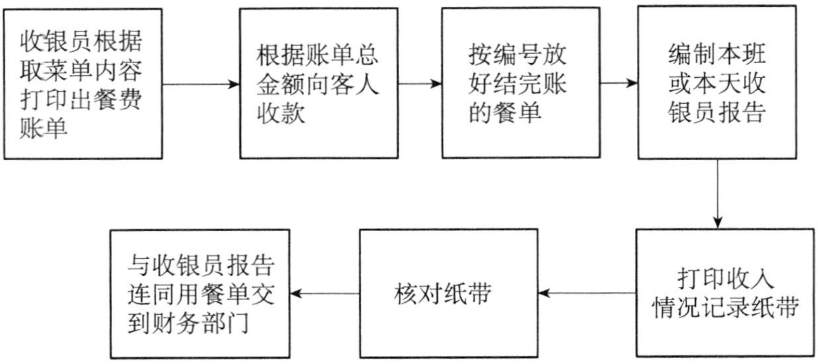

图 7-2　餐单传递线

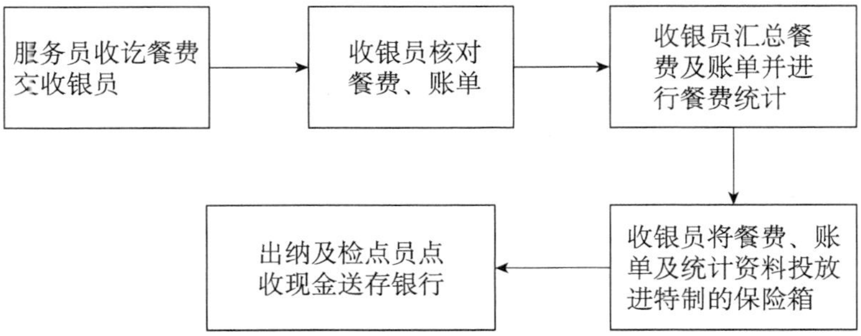

图 7-3　货币传递线

（二）成本的确认及核算流程

1. 原料采购

批量或大宗的商品原料由指定或协议的供应商组织送（配）货，由仓库保管、领发、记账并记入财务信息系统；小批量鲜活商品、蔬菜由业主指定专门人员组织采购，经验收后一次性领发并由专职验收人员监收，由专人记入财务信息系统。

2. 营业成本的确认

企业以实地盘存制、永续盘存制等方法核算本月原材料耗用总成本，一般以实地盘存制为主。核算时通过调整酒店内部调拨额、员工餐费、招待费等杂项成本，计算当月成本净额。

食品成本分类一般按成本产生的原因分为三部分，第一部分是直接带来经营收入的食品成本，是食品成本率的核算依据；第二部分是不能直接带来经营收入的食品成本，包括员工用餐、内部宴请、免费赠送、活动免单、备料浪费等；第三部分是内部人员消费成本。

正常经营食品成本（第一部分成本）及食品成本率计算公式：

$$\text{正常经营食品成本}=\text{餐饮部全部食品成本}-\text{第二部分食品成本}-\text{第三部分食品成本}$$

$$\text{食品成本率}=\frac{\text{正常经营食品成本}}{\text{实际食品收入}-\text{内部人员消费收入}}\times 100\%$$

成本单价的确认。由于餐饮业实行实时、实地盘点确定存货的价值，一般采用先进后出法。它的特点是在某个时间段内能化解由于价格变动而引起的潜在成本变化。如用信息管理系统 ERP 财务软件，则采用加权平均法确定，它的特点是能平衡某一结算期内的单位平均价格，避免由于价格升降，引起成本的波动过大。

三、餐饮业税收优惠政策

受新型冠状病毒感染的肺炎疫情影响较大的交通运输、餐饮、住宿、旅游四大类困难行业企业 2020 年度发生的亏损，最长结转年限由 5 年延长至 8 年。困难行业企业 2020 年度主营业务收入须占收入总额（剔除不征税收入和投资收益）的 50%以上。自 2020 年 1 月 1 日到新型冠状病毒感染的肺炎疫情结束对纳税人提供公共交通运输服务、生活服务，以及为居民提供必需生活物资快递收派服务取得的收入，免征增值税。

做中学

1. 某家餐饮企业 2020 年受新型冠状病毒感染的肺炎疫情影响，部分年前预订的酒席被退订，已经采购的食材无法售出并已经变质，请问增值税是否需要转出，能否作为损失在企业所得税税前扣除?

解析：税法规定非正常损失的购进货物，以及相关的加工修理修配劳务和交通运输服务进项税额不得抵扣。非正常损失，是指因管理不善造成货物被盗、丢失、霉烂变质，以及因违反法律法规造成货物或者不动产被依法没收、销毁、拆除的情形。故新型冠状病毒感染的肺炎疫情影响税额可以抵扣。

食材属于餐饮企业的存货，发生变质的情况，可以根据《国家税务总局关于发布〈企业资产损失所得税税前扣除管理办法〉的公告》（国家税务总局公告 2011 年第 25 号）的相关规定进行税前扣除。

2. 某餐饮企业为私营企业，稽查人员对该企业的征管档案进行对比，发现该企业的销售利润率与同一地段、规模相同的企业相比，明显偏低。稽查人员对仓库进行盘点，并查看进、销、存日记账，发现有的商品入库后当天就被领用，且数量较大，与平时实际消耗量不符；在检查厨房鲜活商品领用单时，发现商品数量与采购员所填商品验收单不符；在检查账簿时，稽查人员重点抽查了菜油的成本核算，发现某月菜油成本是其他月份的 3 倍，而当月营业额并无增加。稽查人员进一步对相关人员进行询问取证，证实该企业存在让他人为自己虚开发票、套取现金、虚列成本的事实。请分析该企业存在的纳税问题。

解析：该企业隐匿收入、虚开发票、虚列成本，这些都属于偷税行为。

归纳提升

餐饮业常见涉税问题及主要检查方法，如表 7－4 所示。

表 7-4　餐饮业常见涉税问题及主要检查方法

检查内容	企业常见涉税问题	税务机关和中介机构主要检查方法
不计或少计营业收入	1. 设置账外账。将不开发票的现金收入或为他人虚开发票取得的违法所得记入账外。主要手段有：不开发票的经营收入；酒、饮料等供货商支付的促销费；海鲜等供货商支付的进场费、广告费、赞助费；连锁加盟店的加盟费；会员制餐厅的会员费；通过为未在餐饮企业消费的他人虚开餐饮业发票并收取一定比例的“开票费”等。 2. 收支抵冲，少计营业收入。主要手段有：餐饮企业承包人与发包方约定以餐饮消费抵冲承包费；餐饮企业与餐饮场所出租方约定以餐饮消费抵冲租赁费；餐饮企业与餐饮场所装修业务提供方约定以餐饮消费抵冲应付装修款；餐饮企业与原料供应方约定以餐饮消费抵冲应付原料款；餐饮企业与其他单位约定以餐饮消费抵冲桌椅等用餐器具及其他如音响设备等用餐辅件的购置款；餐饮企业与电台、电视台、报刊等单位约定以餐饮消费抵冲进行广告宣传的广告款等。采取以餐费抵顶应付款，双方均在结算付款期结算差价，只就“结差”部分入账。 3. 不按规定及时确认收入。主要手段有：签单消费不按规定进行账务处理或不及时确认收入，少计应税收入；将客人支付的押金在结算后仍挂在往来账户，不按规定进行账务处理或不及时确认收入，少计应税收入；对持卡消费，按照消费者先期付费购卡金额开具发票，已开具的发票不计入当期收入，而是以持卡者的实际消费金额计入当期收入，少计应税收入。	1. 实施检查前应了解情况，并制订检查方案。一般应实地观察营业场所，了解餐桌、包厢、收银台的布局，收费标准，收费手续和结算方法等；同时建立电费成本模型、燃料成本模型和工资成本模型等测算模型，为报表分析和查寻疑点提供评估工具，以判断其收入的真实性。 2. 实施检查时应明确分工，落实到人。实施突击检查时，要检查收银台、财务室、仓库等，查找、收集销售日报表、营业额记录簿、签单簿、押金结算簿、收银账单、使用票据，各类合同及其他收支方面的各种原始资料；对使用餐饮管理软件的企业，应调派精通会计电算化和熟练操作财务管理软件的人员共同进行检查，以顺利进入收费系统，获取有关电子证据。检查中要特别注意及时整理现场取得的有关证据，做好现场检查笔录。 3. 检查“营业成本”“营业费用”“管理费用”等明细账及有关凭证，审核成本、费用账户的贷方发生额，检查有无将收入直接冲减成本、费用而不记入“营业收入”账户的现象。 4. 检查核对“应付账款”“预收账款”等明细账户及有关的记账凭证、原始凭证，检查有无将收入长期挂往来账户、不记收入的现象。特别要注意企业将营业收入抵顶承包费、租赁费、装修费和其他各种债务的情况，逐笔审核往来款项的记录和承包、租赁、装修合同。 5. 抽取部分发票进行检查，对餐饮业开具发票的检查，主要根据突击检查中从财务、收银台取得的发票，与发票购印本进行核对，检查是否使用假发票；对其他企业检查中发现的数额较大的餐饮发票及举报提供的发票，到有关餐饮企业进行核对。 6. 抽取部分合同进行检查，主要查看有无商业折扣及除商品价格以外的其他约定，检查“营业收入”“其他业务收入”“营业外收入”等相关账户，分析这些收入与分类商品收入是否配比，有无年度差异，必要时组织外调。 7. 抽查销售价格，看其是否按配料定额成本和规定的毛利率或加成率计算营业收入。销售价格＝原材料成本÷(1－毛利率)＝原材料成本×(1＋加成率)。

续表

检查内容	企业常见涉税问题	税务机关和中介机构主要检查方法
虚列成本和费用	1. 随意结转食品成本，调节利润。造成账实不符；同一餐饮企业在不同地域开办分店、联营店，属不同税务机关管辖，实行独立核算属地申报纳税，且由于各地企业所得税征收方式不同，采购环节采取统一进货分发，统一开具发票计入总店的采购成本。对各分店、联营店领用部分及因管理不善造成的货物霉烂变质和内部员工自用部分均未进行相应的财务处理，虚列当期成本。 2. 自有固定资产进行装修：投入使用前装修费用未按规定记入“固定资产”科目计提折旧，而是作为“递延资产”分次或一次计入当期损益。 3. 在成本中列支不属企业的费用。企业为员工租用的宿舍，个人车辆的保险费、养路费和与其经营活动无关的差旅费、会议费以及私人消费支出等随意进入企业“管理费用”从而增加企业费用，同时少代扣代缴个人所得税。 4. 用未按规定取得的发票列支成本。部分餐饮企业在进货时未按规定取得合法、有效凭证，其主要表现形式有：应取得而未取得发票，以其他单据或白条代替发票入账；取得假发票代替真发票入账；取得无真实业务的发票入账；取得填写不规范的发票入账。企业在支付水电费、租金时未按规定取得发票，其主要表现形式有：支付水电费、租金时以收取的各种收据、服务业发票、商业发票、假发票、白条等代替发票入账。	1. 检查企业年度及月度间营业成本结转的方法是否一致。 2. 分析企业销售利润率、成本利润率与同类地段、档次的餐饮企业相比是否正常。 3. 重点核查主要原料的消耗与营业收入是否配比。 4. 可到厨房调取鲜活商品领用单，与财务实际入账数量、金额对比，分析商品单价是否合理。 5. 从信息管理系统 ERP 服务器中提取相关数据，核对仓库进、销、存的原始记录与财务是否一致。 6. 检查大宗高档原料进货发票，并与仓库账及进出库领用单相核对，核实原料购进及领用的真实性；特别要注意对一些消耗相对稳定的原料领用情况与营业收入相对比，查找漏洞。 7. 检查是否按规定开具农副产品收购统一发票，必要时检查收购业务的真实性。 8. 对其他取得的大额整数发票进行检查，通过网上发票查询系统对取得的建筑、安装发票进行抽查，或对开票单位进行外调协查。
未足额扣缴个人所得税	餐饮企业通过隐匿收入和虚列成本费用等方式套取现金，支付总经理、副总经理、大堂经理以及厨师等人员的工资，未按规定代扣代缴个人所得税。	1. 检查企业人事部门资料及相关考勤记录，核实管理人员、厨师人数。 2. 调查厨房人员工资的内部考核情况，调查厨房人员工资是否全额承包及全额承包管理中相关人员的工资分配情况。 3. 对工资发放凭证检查发现疑点后，及时对主要管理人员、厨师进行询问。 4. 对成本、费用类账户进行检查，核实有无虚列成本，套取现金，用以发放职工工资、奖金的情况。

子任务二　娱乐业税务检查

任务导入

某稽查局对存在较大偷税嫌疑的某娱乐有限公司进行突击检查，从其收银台获取了部分营业日报表和收银记录，并从其KTV操作系统服务器中提取了该公司KTV包厢的营业数据。稽查人员通过对该原始资料、电子数据与会计账册的比对，查实其账面收入按照发票开票金额记载，隐匿未开发票收入。请分析该企业存在哪些纳税问题。

解析：

检查结论：

企业将不开发票的现金收入取得的违法所得记入账外，少列收入。

政策依据：纳税人伪造、变造、隐匿、擅自销毁账簿、记账凭证，在账簿上多列支出或者不列、少列收入，经税务机关通知申报而拒不申报或者进行虚假的纳税申报，不缴或少缴应纳税款的，是偷税行为，要受到税务机关的相应处罚。

[知识回顾与提升]

一、娱乐业的经营特点

（一）提供的产品具有特殊性

娱乐业为消费者提供娱乐场所、设施及相关服务，消费者通过参与和体验获得身心放松和精神愉悦。与一般工业制造业、采掘业、农林渔牧业等行业不同，娱乐业所生产的并非是有形商品，而是一种精神产品，具有意识形态非物质特征，娱乐企业通过提供劳务和销售商品来完成服务，所取得的劳务收入与商品销售收入构成了娱乐业收入。

（二）劳动力密集，部分娱乐业从业人员结构复杂

娱乐业是劳动力密集的服务业，劳动力成本占其经营成本的比重较大。同时部分娱乐业（主要是歌厅、舞厅、夜总会等）的从业人员结构比较复杂，主要由以下三部分组成：

（1）在职职工，即与企业签订了劳动合同的一般服务人员、管理人员、后勤保障人员及演职人员，企业定期为其发放工薪。

（2）临时聘请的从事表演的演艺人员，企业一般按次支付劳务报酬。

（3）其他人员，主要是指那些依附于娱乐场所的人员，这些从业人员流动性大，与企业无雇佣关系，不从企业领取工薪或劳务报酬，其收入主要来源于顾客给予的“小费”。

（三）固定资产投入比重大、更新快，高风险和高收益并存

娱乐企业设立时固定资产的一次性投入较大，为保持其竞争力，还需要经常对其场所和设施进行更新。固定资产后续投入也很大，一般情况下娱乐业的固定成本在其整个经营成本中所占比重最大。由于娱乐企业间的竞争十分激烈，顾客流动性大，企业的收入变动大，企业一旦经营不佳就很难收回投资，因此行业的风险很高；大多数娱乐业属于典型的

高消费行业，利润率高。

（四）计费方式多样，结算方式以现金为主

娱乐业项目众多，经营方式各异，各行业的顾客消费款计费方式各不相同，主要有以下几种类型。

1. 按实结算方式

按顾客实际消费的服务和商品的数量乘以预定的单价来计算消费额，主要应用于酒吧、音乐茶座、高尔夫球场、游艺类企业。

2. 分时段按时计费方式

主要应用于台球、保龄球场，网吧，量贩式 KTV 企业。

3. 最低消费额方式

设定一个最低消费额，顾客无论有无消费都按最低消费额计费，超出部分再按实结算，主要应用于卡拉 OK 歌舞厅、夜总会企业。

4. 门票制计费方式

门票费包含各项设施的使用费，顾客购买门票后可任意享用其娱乐设施，不受种类和次数限制，主要应用于室外的大型游乐园企业。

5. 包场制计费方式

顾客以约定的价格取得某一时间内娱乐场所和设施的独家使用权，并享受相应服务，主要应用于卡拉 OK 歌舞厅、夜总会、酒吧、音乐茶座等企业。

娱乐业的收入结算方式包括现金、银行 POS 机刷卡、储值卡、签单挂账等。目前，娱乐业的消费者以个人居多。

（五）高尔夫球场等部分高档娱乐项目实现会员制经营方式

目前高尔夫球场等部分高档娱乐项目还实行会员制经营方式。所谓会员制是指给予定期缴纳一定数量会费的俱乐部会员各种优惠和优先待遇的经营方式。会员俱乐部向会员收取高额的入会费和年会费，其会员无论是否使用俱乐部设施均需付年会费，同时会员在俱乐部进行各项活动时，还应支付相关的费用。

二、娱乐业的管理特点

（一）市场集中度低，管理制度不统一

目前我国娱乐业项目繁多，从业企业数量众多，以个人和私营投资为主，大部分企业规模较小，行业竞争激烈，市场集中度低，缺乏统一的行业标准和管理制度。

（二）管理层级少，管理架构较简单

娱乐企业生产服务环节较少，业务流程较为简单；管理层级少，管理架构较简单。一般情况下正规的娱乐企业实行总经理负责制，内设财务部、办公室、保安部、业务部等职能部门；而大量规模较小的个体私营娱乐企业只配置少量的服务员和收银员，企业主往往身兼数职亲自参与经营及服务工作，以减轻经营成本。会员制娱乐企业管理组织结构图，如图 7 - 4 所示。

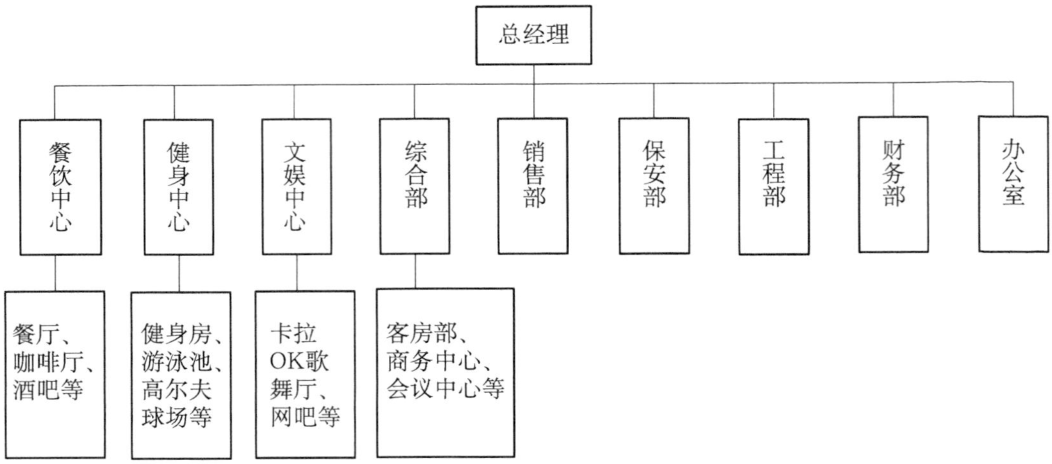

图 7－4　会员制娱乐企业管理组织结构图

（三）部分企业采用行业信息管理系统软件对其日常营运进行管理

目前，部分娱乐企业采用行业信息管理系统软件对其日常营运进行管理，这些系统的主要特点是操作简便、功能强大，实现了娱乐企业日常营运的全面自动科学管理。其功能主要有：宾客预约、会员管理、消费管理、收银结算、储值卡管理、系统管理、数据维护、营业查询、利润分析、报表统计等。采用这种管理系统的企业需要建立一套电脑网络系统来运行系统软件：一是在收银、服务、仓库、财务等部门设立电脑操作点；二是在后台设置系统服务器并与上述操作点实现联网，由系统服务器进行数据储存，由服务器操作员进行数据维护和系统管理。在日常营运时，各相关岗位工作人员要按系统设置的权限和功能进行操作，系统自动进行业务流转并发出相关指令，各岗位工作人员按指令完成相关服务，系统自动对营业数据进行储存和处理，并进行统计和分析。在娱乐业内运用较多的信息管理系统主要有：KTV 娱乐业管理系统软件、网吧管理系统软件、会员俱乐部管理系统软件等。

三、娱乐业财务核算

娱乐企业的财务核算遵循国家制定的财务会计制度，目前我国娱乐业从业企业数量众多，但大部分娱乐企业规模较小、管理不规范、财务核算不健全，不实行建账管理。只有那些规模较大、财务核算健全、有齐全的会计资料的企业才实行建账管理。

（一）营业收入的核算

1. 主营业务收入的构成

娱乐企业的主营业务收入是指企业在一定时期内向消费者提供劳务服务和商品销售而取得的全部收入，由于经营方式不同，各类型娱乐企业主营业务收入的构成也不同：

（1）卡拉 OK 歌舞厅、夜总会等歌舞类娱乐企业，其主营业务收入主要包括房费收入、酒水食品收入、服务费收入及其他娱乐服务活动收入。

（2）高尔夫球场等会员俱乐部企业，其主营业务收入主要包括入会费收入（会籍销售收入），会员卡年费收入，运动、娱乐项目使用费收入，餐饮收入，配套服务设施收入及其他收入。

（3）台球、保龄球场和网吧经营企业，其主营业务收入主要是设施使用费收入及其他服务收入。

（4）游艺场经营企业，其主营业务收入主要包括门票、娱乐设施使用费收入及其他服务收入。

2. 其他业务收入的构成

娱乐企业的其他业务收入是指除主营业务活动以外的其他经营活动实现的收入，主要包括租金收入、承包费收入、佣金收入等。娱乐企业的佣金收入主要是指企业从酒水、饮料、食品等供应商处取得的进场费、销售返利等各种返还性收入。

3. 营业收入的确认

娱乐企业在完成劳务服务时应确认营业收入的实现，其中特殊经营行为的营业收入的确认如下：

（1）储值卡销售收入的确认。娱乐企业在对外出售储值卡时，所取得的售卡收入一般计入预收账款而不确认为营业收入，待顾客持卡进行消费时，再按账单所计的实际消费额结转主营业务收入。

（2）会员费收入的确认。根据企业会计准则规定，实行会员制经营方式的娱乐企业一次性收取的入会费，全部计入当期损益或是按受益期限分期计入受益期损益，应根据不同的情况分别处理：如果一次性收取的入会费，仅仅是入会者为了获取会员资格，会员在接受企业所提供的具体商品或服务时，需另行交纳相关费用的，则一次性收取的入会费在款项收回不存在重大不确定性时确认为收入；如果一次性收取的入会费，入会者不仅是为了获取会员资格，还包括为将来接受公司的商品或服务而预先支付的订购费用，或包括接受公司以低于非会员价格提供的商品或服务，在整个受益期内分期确认收入。

（二）娱乐企业的成本费用

娱乐企业的成本费用包括营业成本、营业费用、管理费用、财务费用、税金及附加、营业外支出。娱乐企业最主要的成本费用支出是人工成本、固定资产的折旧费、使用费等，无论企业运行好坏，这些成本费用支出都比较固定，且占整个企业经营成本费用的比重最大。

（三）娱乐企业的财务核算流程

娱乐企业的规模和经营方式各不相同，因此其财务核算流程也有所不同，下面以目前娱乐业中最常见的卡拉 OK 歌舞厅（夜总会）为例，介绍娱乐企业的财务核算流程：

卡拉 OK 歌舞厅（夜总会）的营业活动一般包括提供服务、开单、收款三个环节，反映营业活动的凭证主要有水单（服务人员填写的记录顾客开房、点菜及进行其他消费的原始消费明细单，企业据此提供相应服务并计算消费款）、账单（收银台制作的反映顾客消费项目和金额的结算单据）、营业日报表、收款收据、出入库单、现金缴款单等单据。企业一般每日营业结束后，由收银员将收取的现金营业款、POS 机记录、储值卡消费记录、签单与当日的账单进行核对，经核对无误后按营业项目明细编制营业日报表，再将现金送存银行，之后将相关凭证单据交部门主管进行审核，部门主管审核无误后再将上述凭证单据交财务部门进行复核，经复核无误后，财务人员再进行账户处理。而一些规模较小、未实行建账管理的企业，一般在对相关凭证单据进行审核后由专人负责登记简单的收入支出流水账，以进行盈亏核算。

做中学

1. 某稽查局对一家娱乐公司进行检查时发现，该公司所用房产系向某房产公司租赁，账面反映租金为每年 10 万元，其价格与同类市场价相比明显偏低，财务人员的解释是因为双方老板私交较好，因此能以较低廉的价格承租，并提供了一份合同进行验证。稽查人员对出租方进行调查，提取了一份内容不同的租房合同。该合同约定：出租房产每年的租金为 30 万元，其中 10 万元以现金支付，其余 20 万元以房产公司在该娱乐公司招待客户时所发生的消费款冲抵。请判断该企业是否存在纳税问题。

解析： 该企业存在纳税问题。房租抵消费款双方均少确认收入，均少缴纳增值税，出租方还少缴纳了房产税。

2. 某稽查局对某高尔夫球娱乐观光有限公司进行检查，该公司主要经营高尔夫球场及球场的配套服务（包括会员休息室、酒店、餐厅），高尔夫球场的收入主要有两方面：一是发展会员出售会员证，每年收取的会费收入；二是日常经营收入。稽查人员通过会员打球时的电脑刷卡记录资料核实了会员人数。经进一步检查发现，该公司开业以来取得的会员费收入未进行纳税申报。请判断该企业是否存在纳税问题。

解析： 该企业存在纳税问题。会员费收入应按会费所属期均匀确认，并入当年应纳税所得额。

归纳提升

娱乐业常见涉税问题及主要检查方法，如表 7－5 所示。

表 7－5　娱乐业常见涉税问题及主要检查方法

检查内容	企业常见涉税问题	税务机关和中介机构主要检查方法
未按规定开具发票，隐匿营业收入	1. 不给消费者发票，少计收入。 2. 企业以赠送饮料、代金券等来替代发票，或者以不开发票多打折的形式收款，隐匿营业收入。	1. 进行分析比对，掌握纳税人领购发票的情况，将其发票使用量与其实际经营规模进行分析对比，与企业的营业日报表、水单、账单及营业收入明细账进行核对。 2. 对被查企业的客户进行外调，了解其收受被查企业发票的情况，审查有无收受自制收据、大头小尾发票或假发票的情况。
以营业收入抵顶费用，少申报营业收入	纳税人与供应商或债权人进行协商，约定供应商或债权人在其娱乐场所进行消费时可签单挂账，以消费款抵顶货款或欠款，双方互不开具发票，坐支收入，少缴税金。	1. 检查被查企业往来账户及相关原始凭证，重点检查长期挂账的应付账款、其他应付款等账户，审核其账户余额的真实性，查看被查企业是否已用营业收入进行抵顶。 2. 检查被查企业所签订的购货、借款、承包、租赁、装修等经济合同，查看有无以收抵支、以收抵债的内容。

续表

检查内容	企业常见涉税问题	税务机关和中介机构主要检查方法
会员费收入、佣金收入不入账或记入往来账户	1. 实行会员制经营方式的纳税人，对会员入会时一次性缴纳的入会费，不入账或记入往来账户，不进行纳税申报，少缴相关税款。 2. 纳税人从供应商处取得的进场费、销售返利等各种佣金收入不入账或记入往来账户，不进行纳税申报，少缴相关税款。	1. 检查被查企业的营业记录、会员消费时的电脑刷卡记录，获取其会员的消费记录，确定其实际会员人数。 2. 逐笔审核被查企业往来款项的账务处理记录，重点检查预收账款、其他应收款、其他应付款等往来账户的发生额，与被查企业的银行对账单、现金日记账、银行存款日记账、营业收入明细账的数据进行对比，并与其纳税申报表进行对比，审核被查企业是否将收取的会员费、佣金收入按时入账，是否全部进行了纳税申报。

任务五 商业企业税务检查

任务导入

某稽查局对某汽车销售公司的销售情况进行了检查，发现其账面记录的一款轿车的销售价格低于市场上同期同类车型的销售价格。对此，检查人员到该公司的销售展厅对该车型的实际销售价格进行了了解。检查人员从销售部门调取了客户资料档案，抽取了部分客户进行了调查，将购车者持有的发票、实际支付的购车款与该汽车销售公司据以作账的发票和售车款进行了核对，查实该汽车销售公司在销售汽车时将购车款分解为两部分，一部分开具了发票，另一部分开具了收据，开具收据部分的收入未按规定入账。请分析该汽车销售公司存在哪些纳税问题。

解析：

检查结论：该汽车销售公司将整车销售款分解为两部分，一部分开具《机动车销售统一发票》，另一部分价款开具收款收据，开具收款收据部分的收入不入账，少缴了税款。

政策依据：销售额为纳税人销售货物或者应税劳务向购买方收取的全部价款和价外费用，但是不包括收取的销项税额。

[知识回顾与提升]

一、汽车销售行业销售模式

汽车行业的销售模式由过去的混车销售转为品牌专卖，服务项目由单一的销售整车转为集整车销售、零配件供应、售后服务、信息反馈、租赁、二手车置换为一体，形成了一个完善的销售和服务体系。

（一）汽车专卖店

汽车专卖店是目前最常见的汽车营销模式，俗称4S店，即集整车销售、零配件供应、售后服务、信息反馈于一体的品牌专卖店。汽车专卖店的经营形式有特许经营和区域代理两种。

1. 特许经营

汽车生产企业家将全国市场划分为若干片区，选择汽车销售企业进行特许授权，并通过地区分公司进行管理。其特点是片区内可以有一个或多个特许汽车销售企业，汽车销售企业之间允许在同一区域内竞争但不允许进行跨片区销售，也不允许销售其他品牌的汽车。

2. 区域代理

汽车生产企业在其划定的区域内选择唯一的代理汽车销售企业进行买断经营。其特点是汽车销售企业在区域内是唯一的，不允许进行跨区域销售也不允许销售其他品牌。

（二）汽车交易市场

汽车交易市场指众多汽车销售企业把各种品牌的车型集中在一个大型市场销售，其特点是品牌多样、车型齐全，一般都有金融、保险和车管等部门入驻现场服务。

（三）汽车超市

汽车超市又称汽车城、汽车广场，是近几年兴起的一种销售模式，多偏重于销售轿车等车型较小的汽车，一般不经营体形较大的卡车等汽车。汽车超市和交易市场有很多相似之处，不同之处是汽车超市的环境、服务等软硬件要明显好于传统的交易市场。

（四）厂家直销

厂家直销即汽车生产企业直接设立销售点销售本企业生产的汽车，其特点是一般在厂家所在地设立直销点，在国内主要销售区域设立销售分公司或办事处。这种销售方式一般为大中型企业在自己总部所在地采用，另有部分客车、货车、专用车辆生产企业也采用这种销售模式。

（五）多品牌销售

多品牌销售即部分汽车销售企业混合经营多个品牌的汽车，通常在当地或附近地区开设多家连锁店。

二、汽车销售行业销售流程

汽车销售流程包括车辆采购、车辆入库、车辆销售、车辆代办、车主回访等环节，具体流程如图7-5所示。

三、汽车销售行业财务管理

（一）汽车销售行业的主要收入

汽车销售行业的主要收入包括整车销售收入、返利收入、代办汽车保险和贷款等事项所取得的佣金收入、汽车装饰收入、售后服务收入和汽车维修保养收入。

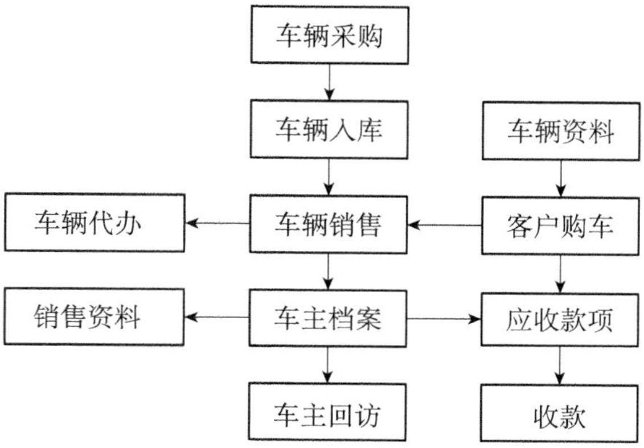

图 7－5　汽车销售流程

（二）汽车销售行业财务管理的特点

（1）汽车销售活动财务管理主要包括进货管理、仓库管理、销售管理、收付管理、客户管理、索赔管理、强制保养管理、基础资料管理等。

（2）汽车销售行业财务核算与普通商业批发企业基本相同，适用商业企业会计制度，但品牌专卖店核算既有商业核算，又有汽车维修行业、服务行业的会计核算。其财务管理的主要特点是：单位数量易清点，按个别计价法核算；汽车销售企业占用资金多，存货流动速度快，资金来源大部分是银行贷款；汽车价值高，部分客户购买车辆时需要办理银行按揭。

做中学

1. 检查人员在对某汽车销售公司检查时发现，该公司在销售某品牌的小轿车时，将其收取的中控锁加装费用 800 元、皮座套费用 3 000 元、CD 音响费用 700 元按销售服务开具发票，并按较低的税率缴纳了增值税。同时，检查人员通过向购车者进行调查取证，还查实该公司利用该种车型供不应求的特点，向购买现车的客户额外收取 1 万～3 万元的提车费、加快费、运输费、中介费等费用进行账外经营，偷逃增值税的事实。请分析该公司存在的纳税问题。

解析： 该公司存在的纳税问题：一是增值税税目和税率问题，高税率货物按低税率纳税；二是收取价外费用应并入销售额纳税。

2. 检查人员对某汽车销售企业进行检查时，经对其账面及申报资料审核，发现其为购车者提供更换机油、“三滤”等养护服务，取得养护收入 674 455 元，按照销售服务开具发票入账并申报缴纳了增值税。另根据收集到的客户资料，对其中部分客户进行调查取证，发现该汽车销售企业为一些私家车客户提供汽车维护，以现金结算。经查账核实，发现这部分收入均记入“其他应付款”账户，未按规定结转销售收入，未申报纳税。请分析该企业存在的纳税问题。

解析： 收取款项计入其他应付款属于隐匿收入，该企业应补缴增值税和企业所得税。

3. 某稽查局对一汽车销售企业进行检查时，要求其提供购销合同和返利政策，对方称没有合同，也没有返利，拒不提供相关资料。经对其账面资料进行审查也未发现返利线索。检查人员到为其供货的汽车生产企业进行了调查取证，发现汽车生产企业根据销售奖励政策以现金方式进行年终返利。在未收到该汽车销售企业货款的情况下，汽车生产企业自行开具收款收据作为汽车销售企业付款凭据，直接折抵了汽车销售企业的应付货款。请分析该企业存在的纳税问题。

解析：汽车销售企业收到厂家折扣返利应做进项税额转出，生产企业应取得合法票据方可在所得税前扣除，凭付款凭据是不符合税法规定的。

归纳提升

汽车销售行业常见涉税问题及主要检查方法，如表 7-6 所示。

表 7-6　汽车销售行业常见涉税问题及主要检查方法

检查内容	企业常见涉税问题	税务机关和中介机构主要检查方法
销售整车取得的收入未按规定入账	1. 分解销售收入。将整车销售款分解为两部分，一部分开具《机动车销售统一发票》；另一部分价款开具收款收据，开具收款收据部分的收入不入账。 2. 账外隐匿收入。运用账外资金进行经营，进货、销货均不在账面反映，销售整车时以代销的名义提供外地《机动车销售统一发票》，或提供伪造的《机动车销售统一发票》。 3. 将销售整车取得的收入长期挂在往来账户，未按规定结转收入。	1. 调取客户资料档案。从销售部门获取详细的客户资料档案，将其与“主营业务收入”明细账和发票记账联、存根联进行核对，查找是否存在隐匿销售收入的问题。 2. 检查资金流向。到银行查询购车者付款的资金流向，查明汽车销售企业存入购车款的账户。 3. 检查异常往来账。针对“预收账款”等往来账的贷方余额长期挂账的情况，注意审查货款的具体来源，结合库存商品明细账、发货单、汽车销售合同、企业代办银行按揭和挂牌记录等资料进行检查，核实企业有无汽车已经销售，而未按时结转收入的情况。
收取各种代办费用和价外费用未按规定申报纳税	汽车销售企业为购车者提供按揭、挂牌、保险等服务时，在正常车价外，收取不符合税法规定不纳税项目费用，比如改装费、装璜费、试车费、提车费、加快费、运输费等费用，未按规定申报纳税。 1. 将收取的代办费用和价外费用长期挂在往来账。 2. 收取的各种装修费、改装费、试车费等不入账。	1. 实地调查、了解掌握代办事项的种类和方式，有针对性地进行检查。 2. 检查往来账。结合售车记录和凭证所附原始单据，审核借、贷方收付款的业务往来，着重检查其他应付款等往来账，看有无将收取的价外费用隐匿在往来账中。 3. 获取各种代办费记事簿等有关资料。获取汽车销售企业记录的各种代办费记事簿和经办人员散落在外的有关记录资料。 4. 外围调查。通过突击检查或正面交锋等方式让其提供客户资料档案。从中选取一部分，到购车者处调查其支付各种价外费用的证据。

续表

检查内容	企业常见涉税问题	税务机关和中介机构主要检查方法
随车无偿赠送物品未按规定申报纳税的检查	在销售汽车时向购车者赠送装饰物品、油品、掌上电脑、倒车雷达、GPS 等物品，未按视同销售的规定进行账务处理，未按规定申报纳税。	通过查阅“销售费用”“管理费用”等科目与企业实际经营情况进行比较，发现企业可能存在的问题，比如检查人员在对某汽车销售企业检查时，发现该公司“管理费用”账户记录的汽油耗用量较大，远超过了该单位自用车的正常耗油量。对此，检查人员到该公司的汽车销售展厅了解了促销措施，得知该公司为提高销量，向每辆车的购车者赠送 100 公升汽油。检查人员调取了客户资料档案，到购车者处对赠送汽油的情况进行了调查取证，查证了该公司向购车者赠送汽油未按视同销售的规定进行账务处理，未按规定申报纳税的事实。
隐匿售后服务取得的收入的纳税检查	为购车者提供汽车装饰、更换零配件、汽车维修等售后服务，隐匿取得的收入，未按规定申报缴纳税款。 1. 混淆应税项目，将增值税销售货物收入按照销售服务收入申报缴纳。 2. 从汽车生产企业取得售后服务费，长期挂往来账户，未按规定结转收入。	1. 现场调查。直接到销售现场调查，了解具体的售后服务方式。 2. 外围调查。根据客户档案资料，找到该公司的购车客户，进行外调，取得接受售后服务的证据资料，核实汽车销售企业是否从汽车生产商处获得“三保”收入而不入账，变相从消费者处以超出“三保”期限而收取费用不入账。 3. 核对申报资料。检查纳税申报资料，看是否将应纳增值税的售后服务项目，错按其他税申报。 4. 审核往来账。注意异常往来账的检查：账户余额长期挂账不变或只有借方（贷方）发生额；往来账二级明细科目混乱或未设，无法直接辨别其核算对象。
收取销售返利，未按规定冲减进项税额	1. 收取的现金返利或实物返利未入账，或长期挂在往来账户。 2. 收取的现金返利或实物返利虽按规定入账，但未按规定冲减当期进项税额。 3. 收取的现金返利或实物返利虽按规定入账，但按生活服务业申报缴纳增值税。	1. 了解有关返利政策。要求汽车销售企业提供购销合同和生产厂家与汽车销售企业之间的汽车销售奖励办法等有关政策，有针对性地开展检查。 2. 调查上游企业。若汽车销售企业不提供返利政策和有关资料，可以采取到汽车生产商调查，获得上游汽车生产商的返利奖励办法，汽车销售企业取得返利的时间、金额，以及收到返利而不入账的有关证据。 3. 注重关联企业的检查。注意与其有关联关系的企业之间的业务往来，检查与之相关的专门汽车维修企业，检查它们之间的资金往来、借款、还款、划款等账务的真实性，查清汽车销售企业将返利转移的情况。 4. 审查重点账户。注重对企业往来账户的检查，分析该账户所附原始资料是否真实、合理，是否隐藏返利款。 5. 盘点库存商品中的汽车配件，调查是否存在汽车生产商无偿提供汽车维修配件，企业不入账，而实物形成的汽车配件盘盈。

续表

检查内容	企业常见涉税问题	税务机关和中介机构主要检查方法
未按规定取得运费发票	1. 非法取得运费发票入账。要求承运方开具超过实际支付金额的发票，或通过非法渠道购买运费发票入账。 2. 以加油发票代替运输发票。由承运方以为汽车销售企业的名义取得货物名称为油品的增值税专用发票。	1. 观察票面。在检查汽车销售企业运输发票时，可以通过观察票面印刷质量、纸张、水印、发票监制章、发票号码等防伪特征，发现疑点，必要时送相关部门进行鉴定。 2. 调查分析。在市场运价起伏不大的情况下，根据市场单车运费和汽车销售企业的进货数量估算出年度运费总额，与账面数比对，若有异常，可分析原因并进行重点检查。也可以按运输公司名称将运费分户统计，筛选出不符合营业常规的业务进行重点检查。如企业某时间段突然更换承运人，短时间发生大量业务，之后不再合作，有可能是虚构的运输业务。 3. 对比查证。要求汽车销售企业提供与运输公司签定的运输合同和业务往来资料（如送货人签单等原始凭证），与账面资料进行对比，并对其资金流向进一步检查，从而发现疑点。 4. 协查发票。对外地有疑点的运输发票，可以发函到其主管税务机关，要求对方协助调查发票的真伪、是否有真实业务。

练一练

一、单选题

1. 自 2019 年 4 月 1 日房地产一般计税方法销售不动产税率降为（　　）。

A. 11%　　B. 10%　　C. 9%　　D. 5%

2. 房地产开发企业中的一般纳税人销售自行开发的房地产项目，适用一般计税方法计税，其销售额为（　　）。

A. 全部价款和价外费用

B. 全部价款和价外费用额－当期允许扣除的土地价款

C. （全部价款和价外费用额－当期允许扣除的土地价款）÷（1+9%）

D. 全部价款和价外费用额－当期允许扣除的土地价款和开发成本

3. 一般纳税人为建筑工程老项目提供的建筑服务，可以选择适用简易计税方法计税。建筑工程老项目，是指《建筑工程施工许可证》注明的合同开工日期在（　　）的建筑工程项目。

A. 2016 年 4 月 30 日后　　B. 2016 年 4 月 30 日前

C. 2018 年 4 月 30 日前　　D. 2019 年 4 月 30 日前

4. 受新型冠状病毒感染的肺炎疫情影响较大的交通运输、餐饮、住宿、旅游四大类困难行业企业 2020 年度发生的亏损，最长结转年限由 5 年延长至（　　）年。

A. 6　　B. 7　　C. 8　　D. 10

5. 汽车销售企业销售额为纳税人销售货物或者应税劳务向购买方收取的全部价款和价外费用，但是不包括收取的（　　）。

A. 装修费　　B. 改装费　　C. 装饰款　　D. 销项税额

二、多选题

1. 房地产开发企业以下项目适用简易计税方法的是（　　）。

A. 一般纳税人销售其 2016 年 4 月 30 日前取得（不含自建）的不动产

B. 一般纳税人销售其 2016 年 4 月 30 日前自建的不动产

C. 一般纳税人销售其 2016 年 5 月 1 日后取得（不含自建）的不动产

D. 一般纳税人销售其 2016 年 5 月 1 日后自建的不动产

2. 下列属于房地产企业常见涉税问题的是（　　）。

A. 销售商品房收取的价款和价外费用未及时入账

B. 虚抵进项税金

C. 一般计税方法与简易计税方法选用不正确

D. 签订虚假合同，多列成本

3. 建筑业一般纳税人提供的（　　）建筑服务，可以选择适用简易计税方法计税。

A. 清包工　　B. 甲供工程

C. 建筑工程老项目　　D. 所有项目

4. 下列属于建筑企业常见涉税问题的是（　　）。

A. 提供建筑服务收取的价款和价外费用未及时入账

B. 虚抵进项税金

C. 一般计税方法与简易计税方法选用不正确

D. 纳税义务发生时间不正确

5. 下列属酒类企业常见涉税问题的是（　　）。

A. 隐匿白酒销售数量和销售收入

B. 隐匿黄酒、啤酒销售数量

C. 利用关联销售公司低价销售，减少消费税计税依据

D. 虚抵农产品进项税额

三、案例分析与实践操作

1. 注册税务师 2020 年 5 月份审核某工业公司 2019 年度纳税情况，该企业为增值税一般纳税人，2019 年 7—12 月出租仓库收到的租金 21 万元挂在“预收账款”账户上，未作收入处理。该仓库按原值缴纳了 7—12 月份房产税 2.1 万元；厂房租赁合同已贴花，但其他相关税金漏计。请判定企业存在的涉税问题并做相应账务调整（该企业位于市区）。（该房屋为 2015 年 10 月份购进，企业所得税税率为 25%，不考虑税金及附加）

2. 2020 年税务机关检查某房地产开发企业，检查发现该企业 2019 年 3 月销售写字楼一栋，应进行土地增值税清算，但未进行清算，共取得含税收入 5 250 万元，经查得知该公司为取得土地使用权而支付的地价款和相关税费为 500 万元；房地产开发成本为 1 500 万元；房地产开发费用中的利息支出为 120 万元（能够按转让房地产项目计算分摊并提供金融机构证明），公司所在地政府规定的其他房地产开发费用的扣除比例为 5%。

（说明：该写字楼为老项目，适用增值税征收率为 5%，城市维护建设税税率为 7%，教育费附加征收率为 3%，地方教育附加征收率为 2%）

要求：计算该公司销售写字楼应缴纳的土地增值税税额。

参考文献

1. 全国税务师职业资格考试教材编写组．税法（Ⅰ）. 北京：中国税务出版社，2019.

2. 全国税务师职业资格考试教材编写组．税法（Ⅱ）. 北京：中国税务出版社，2019.

3. 全国税务师职业资格考试教材编写组．涉税服务实务．北京：中国税务出版社，2019.

4. 国家税务总局教材编写组．税务检查．北京：中国税务出版社，2016.